世界哲學家叢書

# 韋　伯

韓　水　法　著

*1998*

東大圖書公司印行

國家圖書館出版品預行編目資料

韋伯／韓水法著. --初版. --臺北市：
東大：民87
　　面：　公分. --（世界哲學家叢書）
參考書目；面
含索引
ISBN 957-19-2257-9 （精裝）
ISBN 957-19-2258-7 （平裝）

1.韋伯（Weber, Max, 1864-1920)
-學術思想-社會學　2.社會學-德國

540.2943　　　　　　　　87013708

網際網路位址　http://www.sanmin.com.tw

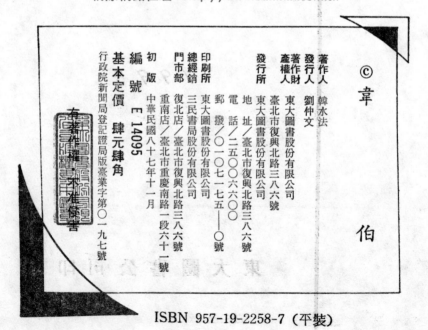

© 韋　　　伯

著作人　韓水法
發行人　劉仲文
產權財作著　東大圖書股份有限公司
發行所　東大圖書股份有限公司
　　　　地址／臺北市復興北路三八六號
　　　　電話／二五○○六六○○
　　　　郵撥／○一○七一七五——○號
印刷所　東大圖書股份有限公司
總經銷　三民書局股份有限公司
門市部　復北店／臺北市復興北路三八六號
　　　　重南店／臺北市重慶南路一段六十一號
初版　　中華民國八十七年十一月
編　號　E 14095
基本定價　肆元肆角
行政院新聞局登記證局版臺業字第○一九七號

有著作權·不准侵害

ISBN 957-19-2258-7 （平裝）

# 「世界哲學家叢書」總序

　　本叢書的出版計畫原先出於三民書局董事長劉振強先生多年來的構想，曾先向政通提出，並希望我們兩人共同負責主編工作。一九八四年二月底，偉勳應邀訪問香港中文大學哲學系，三月中旬順道來臺，即與政通拜訪劉先生，在三民書局二樓辦公室商談有關叢書出版的初步計畫。我們十分贊同劉先生的構想，認為此套叢書（預計百冊以上）如能順利完成，當是學術文化出版事業的一大創舉與突破，也就當場答應劉先生的誠懇邀請，共同擔任叢書主編。兩人私下也為叢書的計畫討論多次，擬定了「撰稿細則」，以求各書可循的統一規格，尤其在內容上特別要求各書必須包括（1）原哲學思想家的生平；（2）時代背景與社會環境；（3）思想傳承與改造；（4）思想特徵及其獨創性；（5）歷史地位；（6）對後世的影響（包括歷代對他的評價），以及（7）思想的現代意義。

　　作為叢書主編，我們都了解到，以目前極有限的財源、人力與時間，要去完成多達三、四百冊的大規模而齊全的叢書，根本是不可能的事。光就人力一點來說，少數教授學者由於個人的某些困難（如筆債太多之類），不克參加；因此我們曾對較有餘力的簽約作者，暗示過繼續邀請他們多撰一兩本書的可能性。遺憾的是，此刻在政治上整個中國仍然處於「一分為二」的艱苦狀態，加上馬列教

條的種種限制，我們不可能邀請大陸學者參與撰寫工作。不過到目前為止，我們已經獲得八十位以上海內外的學者精英全力支持，包括臺灣、香港、新加坡、澳洲、美國、西德與加拿大七個地區；難得的是，更包括了日本與大韓民國好多位名流學者加入叢書作者的陣容，增加不少叢書的國際光彩。韓國的國際退溪學會也在定期月刊《退溪學界消息》鄭重推薦叢書兩次，我們藉此機會表示謝意。

原則上，本叢書應該包括古今中外所有著名的哲學思想家，但是除了財源問題之外也有人才不足的實際困難。就西方哲學來說，一大半作者的專長與興趣都集中在現代哲學部門，反映著我們在近代哲學的專門人才不太充足。再就東方哲學而言，印度哲學部門很難找到適當的專家與作者；至於貫穿整個亞洲思想文化的佛教部門，在中、韓兩國的佛教思想家方面雖有十位左右的作者參加，日本佛教與印度佛教方面卻仍近乎空白。人才與作者最多的是在儒家思想家這個部門，包括中、韓、日三國的儒學發展在內，最能令人滿意。總之，我們尋找叢書作者所遭遇到的這些困難，對於我們有一學術研究的重要啟示（或不如說是警號）：我們在印度思想、日本佛教以及西方哲學方面至今仍無高度的研究成果，我們必須早日設法彌補這些方面的人才缺失，以便提高我們的學術水平。相比之下，鄰邦日本一百多年來已造就了東西方哲學幾乎每一部門的專家學者，足資借鏡，有待我們迎頭趕上。

以儒、道、佛三家為主的中國哲學，可以說是傳統中國思想與文化的本有根基，有待我們經過一番批判的繼承與創造的發展，重新提高它在世界哲學應有的地位。為了解決此一時代課題，我們實有必要重新比較中國哲學與（包括西方與日、韓、印等東方國家在內的）外國哲學的優劣長短，從中設法開闢一條合乎未來中國所需

求的哲學理路。我們衷心盼望,本叢書將有助於讀者對此時代課題的深切關注與反思,且有助於中外哲學之間更進一步的交流與會通。

　　最後,我們應該強調,中國目前雖仍處於「一分為二」的政治局面,但是海峽兩岸的每一知識分子都應具有「文化中國」的共識共認,為了祖國傳統思想與文化的繼往開來承擔一分責任,這也是我們主編「世界哲學家叢書」的一大旨趣。


　　　　　　　　　　傅偉勳　韋政通
　　　　　　　　　　　　一九八六年五月四日

# 自　序

　　馬克斯‧韋伯對當代社會思想的巨大影響是一個不爭的事實。與此相偕的現象則是，人們出於不同的立場以不同的思維方式同韋伯爭論，修正乃至重建韋伯學說的某個部分，為詮釋韋伯而相互批評。正是在這個意義上，任何韋伯研究的文字都同時包含著這幾個方面的內容，此書亦當如是觀之。

　　韋伯學說在中國受重視的程度，從外在方面來說，似乎不亞於西方，但潛心研究者為數不多。原因之一在於學術制度的不規範；原因之二就是資料匱乏，這在大陸情況尤甚。比之於十餘年前筆者初涉韋伯，西文文獻依然難得，中文文獻雖然有所增加，然而畢竟不多，而且研究的深度和廣度都有待於提高。

　　十餘年前，筆者雖然先從翻譯踏入韋伯研究領域，曾與人合作譯出韋伯著作和研究著作各一部。但筆者的中心關切卻是韋伯所研究的某些問題，如社會科學方法論，資本主義興起的學說，中國傳統社會的性質，以及現代性諸問題。今天，這些問題依然是筆者的關切和研究興趣所在，研究的基本立足點也一如既往，即堅持中國本位的立場。

　　筆者多年的德國哲學研究，尤其康德哲學研究對於詮證韋伯極

有幫助。一方面，這是因為對韋伯學說，尤其方法論學說產生決定性影響的哲學家基本上都是新康德主義者；另一方面因為那個時代的德國思想有一種本質上的一致性；德國哲學和學術理論盛極而衰，在韋伯的思想裏面實際上已經透露其不祥的徵兆。此外，筆者近年來著力頗多的政治哲學研究也大有助於把握韋伯一些重要學說和思想的特性，比如韋伯的民主理論、官僚制與現代性的問題。

當代不少重要的思想家以韋伯為其理論和學說的出發點，創立了重要的思想和理論體系，帕森斯和哈伯馬斯就是其中的佼佼者。這說明了一個基本的事實：韋伯的學說不僅成為現代學術和思想的一個寶庫，而且在現代社會宏觀研究的領域內亦已經成為一種無法迴避的經典。出於這樣一種認識，以後筆者將在一個更為廣闊的理論和現實的視野裏，圍繞韋伯學說和自己的中心關切，進行更為深入的研究。

筆者在這裏衷心感謝韋政通先生邀我撰寫《韋伯》一書，使我有機會將自己積年的研究心得甄綜為文，付梓行世；筆者特別感謝德國海德堡大學教授施路希特爾(Wolfgang Schluchter)先生惠贈大作而有助於拙著的寫作；筆者也要衷心感謝東大圖書公司編輯部為編輯出版拙著所付出的辛勤工作。最後筆者要感謝我的同學王宗昱教授以及北京大學哲學系研究生陳國峰、張凝，他們分別校讀此書電腦打印稿的全部或一部分，指出文字上的一些疏漏，俾筆者得以酌情修改，而使文稿更加完善。

筆者所引韋伯著作漢譯本的文字，必要時參照原文（《經濟與社會》則以 Guenther Roth and Claus Wittich 的英譯本為主）酌情改動，以便達意和行文的一致。

韋伯學說的博大精深，使得任何後來的研究者都不免在某些領

域有力不從心之感。是故，書中容有錯誤不足之處，敬請海內外讀者不吝賜教。

韓水法

一九九八年九月六日識於北京大學燕北園聽風閣

# 韋 伯

## 目 次

# 第一章　前　言

## 一、韋伯學說的當代意義

今天，無論在中國，還是在世界其他地方，韋伯思想的影響已經深入到社會科學和人文學科的各個領域，韋伯研究也因此深入到韋伯學說的各個層面，並且從總體上來把握韋伯思想的趨勢越來越強，越來越明顯。韋伯思想確實在相當大的程度上改變了許多人對於社會科學與人文學科的作用、原則以及它們之間彼此關係的理解，影響了這兩個領域的許多研究，從而影響了當代人對自己生存方式和境遇的理解和評價。韋伯為什麼能夠產生這種影響？韋伯的哪些思想和觀點造成了這些影響？以及什麼是這些影響具體作用的方向？這些問題是本書通過闡述和分析韋伯學說要予以回答，或者提示的。當然，本書的基本任務在於闡述和分析韋伯學說。由於韋伯學說的許多部分並沒有形成一個內在邏輯一致的體系，因此，為了將他的學說以合理的形式敘述出來，一定意義上的重構就是不可避免的了。但是筆者重構的原則是嚴格地以韋伯文本為根據進行甄綜分疏，依照韋伯基本命題從事推論演繹。韋伯學說的現代意義是以其整體的形式發揮出來的，但這並不意謂，人們對韋伯學說意義的領會是一

義而不變的，相反，實際上幾乎每個詮釋者都有自己獨特的理解。這首先是因為韋伯學說太過博大，幾乎沒有哪一個後來的學者達到那樣的水平，從而有能力對韋伯所涉及的領域進行專業化的研究，其次還因為理解韋伯思想的意義本來就是一個歷史過程。鑑於這樣的情形，筆者在這裏從一個特殊的角度來討論韋伯學說的當代意義。

　　由於現代西方合理化的社會分工制度，思想、學術研究與高等教育的功能被組織在同一個機構即大學之內，各種高級研究機構分擔了部分思想和學術研究的任務。儘管它們並未形成絕對的壟斷，但當代的思想家沒有幾個能夠在大學或研究機構之外逍遙行吟，而不是通過大學的學術和教學活動來產生影響的。因此，韋伯學說的當代意義應該強調的第一點就是對現代學術本身的影響。學科的分類在西方起源於古希臘的哲學和科學活動。但是，近現代以來的自然科學發展加速和深化了這種劃分，尤其現代大學使這種劃分制度化。這種劃分自然而然影響到社會科學和人文學科的研究方向。各個學科越是專門化，其視野就會越趨狹窄。分工和專門化促進了現代社會科學和人文學科專業領域內的巨大進步，但同時卻使研究日益偏於一隅，而無法對於人類歷史活動的整體，無論是一個時期，一個時代，還是既往的全部歷史，進行總體的考察。孔德與馬克思的出現打破了這一局面。馬克思建立了一個宏大的社會歷史理論體系，同時預言了人類未來發展的方向。馬克思的抱負並不限於解釋世界，同時還在於改造世界。馬克思的理論標誌著宏觀社會理論時代的到來，它關於社會的理論研究突破了近現代以來學科和大學體制的限制，開創了一個自由的天地。社會學從孔德起一直到韋伯那個時代，與其今天美國化的變種不同，實際上是將所有其他可能的學科都納入自己的概念手段之內，它超越了學科及其概念的束縛，

而以對象為自己的界定。在那個時代，哲學家與社會學家往往是一身而兼二任的，這一特點在那些社會學的創始人身上最為昭著；人們不得不說，哲學以其形而上學的精神和包羅萬象的氣魄對科學又一次發揮了主導作用。

　　然而，哲學對社會學的這種意義，與它對自然科學曾經有過的意義那樣，很快就抽象化而不切實際了。不過，其中的佼佼者卻如偉大的科學家一樣，依然保持形而上學的終極關切，或者受到某些哲學思想和觀念的深刻影響。韋伯就是這樣一個人物。韋伯與孔德和馬克思不同，他在所涉足的領域，無論法律、經濟、歷史、政治、還是音樂乃至建築，都可謂精深的專家。但是，他幾乎從不單純以某一個學科的概念手段來措置他的研究對象，而始終綜合地運用不同學科的概念手段，全面地研究社會─歷史的個體。這種研究不僅在他那個時代為人所不及，而且也很難為人理解，因為人們對此還沒有做好準備，無論是學術上的素養，經驗認識，還是方法論上的高瞻遠矚。自韋伯以降，人們逐漸認識到，當研究的對象乃是社會─歷史的個體時，那麼單純的歷史學、政治學、法律學等概念手段都失去獨立應用的可能性，因為它們既不敷用，而且更準確地說，在現實研究中它們也從來沒有以其純粹的形式發揮過作用。歷史學尤其如此，單純的歷史學，根本無法清楚地闡述社會─歷史個體的內外的因果聯繫，解釋其變遷因素的來源、彼此的際合、趨向。阿隆說：「任何社會學都是把某些像所有人類生存一樣模糊不清、晦澀難懂的人類生存加以整理，使之能夠為人理解。資本主義的含義從來也沒有像在社會學的概念中這樣清晰明白過，以此來指責他們是不應該的。社會學家的目的是使不為人們所理解的東西在可能的範圍內為人們所理解，是闡明人經歷過的事情有哪些尚未為人們所意

識到的意義。」　❶阿隆所說的社會學與韋伯所謂的文化科學意義相近，指那種包羅一切的社會－歷史研究。韋伯那個時代的社會學就是這樣一種社會學。對於中國人來說，理解我們這個變遷甚速，各種歷史的、現實的因素盤根錯節，內在和外在的關係際會的複雜社會，更是捨這種宏觀研究方式而無能為力的。

第二，現代社會的全面合理化，高度的技術和生產率，便捷舒適的生活條件和豐富的物質財富，曾是前人夢寐以求的理想王國。當它以巨大的慣性發展到今天，而君臨我們的時代，浸潤我們生活的每一個層面時，人們卻反而感受到它巨大的壓迫，或者用泰勒的話來說，覺得彆扭❷。首當其衝的是敏感的知識分子。他們試圖理解這種壓迫，解釋這種現象，分析其原因和由來。他們需要求助於各種理論的工具和手段。馬克思的理論是人們使用得最為廣泛的一種解釋手段和批判工具。韋伯學說之為人重新發現在一定意義上也緣於這種需要。其間自然不乏歷史的偶然原因。一種理論的內在價值為人所領會、認識，通常需要一定的時間。如果這種理論包含著對於未來現象的預言，那麼尤其如此。韋伯學說原本就是作為馬克思主義和歷史唯物主義的一個對立面出現的，它反對為整個人類社會提出一個最終的決定根據，一套唯一的發展規律。韋伯提出了分析人類行為的四個基本類型，從合理化進程角度考察現代西方社會的變遷；與此相關，他認為以形式－技術合理化為取向的全面官僚制化，總是努力將整個社會都納入自己的結構之中，並且成為一種超行政的力量。韋伯認為，這個過程的結果之一就是，資本主義經

❶　雷蒙·阿隆：《社會學主要思潮》，上海譯文出版社，1988年，第550頁。

❷　參見拙文《泰勒與多元文化主義》，載《讀書》，1998年第7期。

濟使物質的動力成為一件人們無法掙脫的鐵罩衫。人們失去宗教信仰，失去了自由。韋伯這些概念和觀點對人們研究和認識現代社會的影響是無可估量的。我們看到，今天對現代社會持批判態度的人們，有兩個最重要的思想武庫，一個是馬克思主義，另一個就是韋伯。即使在一些以馬克思主義為道統的學者所描繪的現代社會圖卷裏，我們也可以看出韋伯概念的輪廓。馬爾庫塞在《單向度的人》裏批判現代西方社會說：這個社會作為總體卻是非理性的。它的生產率對於人的需要和才能的自由發展是破壞性的，它的和平要由經常的戰爭威脅來維持，它的發展取決於對各種平息（個人的、國家的、國際間的）生存競爭的實際可能性的壓抑。……當代社會的力量（智力的和物質的）比以往大得無可估量。我們社會的突出之處是，在壓倒一切的效率和日益提高的生活水準這雙重的基礎上，利用技術而不是恐怖去壓服那些離心的社會力量❸。讀者在下面的行文就會看到，這種狀況韋伯大多已經預見到了。至於泰勒所說的現代性的三個彆扭，即個人主義、工具理性（合理性）的優先性以及自由的失落❹，更是韋伯的關切所在，論述的重點。深受韋伯學說影響的重要思想家還可以舉出長長的一串名單，但讀者可以從所讀到的有關現代社會的理論著作中，自己去印證這一點。

　　第三，對於中國人來說，韋伯研究有兩個特別的意義。韋伯中國研究的最終結論說，中國傳統思想根本缺乏彼岸性的追求，因而缺乏彼岸與此岸的對立，缺乏宗教理想與現世的不完善，宗教的教義與現世行為之間的緊張對立，從而缺乏改造現世的絕對動力。資本主義經濟在中國社會不可能自發地產生出來。韋伯甚至還根本否

---

❸　《單向度的人》，上海譯文出版社，1989年，第2頁。

❹　參見《讀書》，1998年第7期，第75–7頁。

認中國社會存在著中國人幾千年來念茲在茲的仁義誠信。東亞經濟起飛，特別是中國大陸市場經濟的啟動和經濟的高速發展，使韋伯學說的意義在重被發現和復興之際遭到嚴重的挑戰。但是，韋伯的具體研究結論其實是大有迴旋餘地的，因為韋伯清楚地認識到，一些在西方甚至需要通過革命才能實現的社會現象，在中國早就存在了，因此雖然中國不可能裁成資本主義經濟，但是中國人有能力，甚至比其他民族更有能力學會現代在技術和經濟方面都已充分發展了的資本主義。但是問題的尖銳性在於，這些為數不少而非常有利於資本主義的條件與中國傳統思想的關係究竟是怎樣的？中國人為什麼比其他民族更有學會已經發達的資本主義而不是裁成之的能力？更為深遠的問題還在於，現代資本主義興起究竟以何種因素或哪一些因素為樞機？今天這個理論爭論又面臨嚴峻的事實：東亞及東南亞經濟危機；人們自然就要提出如下的問題：與西方不同的資本主義精神是神話還是現實？這是其一。在中國大陸的「文化熱」潮中，韋伯學說是作為正統意識形態及其話語系統的對立面而被引入的，人們原來尋求的是現代化理論，即如何實現現代化的啟示、方子和套路，同時從中獲得批評和否定中國傳統文化的新武器。然而稍一深涉卻發現，韋伯理論的堂奧深處赫然樹立著對現代化前景的悲觀態度。大陸的許多文化人（並非知識分子）於是突然就如墜五里霧中。知識分子的理智主義就因此產生了新的動力，他們覺得有必要來澄清韋伯思想的本真。這是其二，而且已經牽涉到筆者下面要論述的問題，即韋伯學說的主題。韋伯學說的現代意義自然還有許多其他方面，筆者這裏略而不談，並不意謂它們不重要，而是留等來日詳論。

## 二、韋伯學說的主題

韋伯學說的當代意義與韋伯學說的主題是兩個相互依賴的題目。人們只有準確地領會了韋伯學說的主題，深入地把握了相關的內容，才能理解它在現代的意義；另一方面，對於韋伯學說主題的理解實際上總是受到人們當下認識的影響，這就是說，像韋伯這樣偉大的思想家，其思想的蘊涵原本就要隨著社會在歷史中的不斷展開而顯示出來。

從這個意義上來說，韋伯學說主題之爭也就是韋伯被重新認識和重新詮釋的過程，這一點正是與實際情況相符的。這個問題最早的緣起是反對帕森斯將韋伯思想解釋為一種規範化的學說，即所謂的「去帕森斯化」。 以後牽涉進來的問題實際上就更為廣泛，比如韋伯的政治態度與威瑪共和國、納粹和第二次世界大戰的關係❺。純從學術上來說，韋伯學說主題之爭涉及兩個基本問題：第一，韋伯學術活動的分期以及每個時期學術活動的主題；第二，韋伯學說有無一以貫之的主題，如果有，它是什麼。

一般的觀點都同意韋伯學術活動分為兩個時期。瑪麗安妮在《韋伯傳》裏認為，大致的分界限就是韋伯精神崩潰時期。在前一個創造時期，韋伯所研究和撰著的都是圍繞實在本身的問題，也就是法律史和經濟史中的事件，同時也關心他那個時代的政治和社會問題，在後期，韋伯開始轉向文化科學的思想以及邏輯的和認識論的問題❻。金子榮一基本同意瑪麗安妮的分期，但認為，韋伯在前

---

❺　《社會學主要思潮》，第688頁。

❻　Weber, Marianne: *Max Weber–A Biography*（下引簡稱《韋伯傳》），

期主要是將學術研究與現實政治結合起來，而歷史研究則在其次；
韋伯的後期則是社會學時期，不過在1908年以後才進入自覺的社會
學研究時期，主題則集中在「什麼是現代資本主義」，和「什麼是
現代歐洲合理（理性）主義」❼。這種將韋伯前期研究規定為歷史
性的，而後期為社會學的，或規範性的觀點，正是韋伯主題之爭的
焦點。莫姆森認為，後期從1913年開始，標誌是韋伯在方法論上的
重要轉變，原先只作為社會學研究方法論工具的理想類型，現在成
了研究的目的本身❽。莫姆森的特殊之點在於不同意將韋伯的早期
與晚期截然區別開來，而是認為無論對於歷史事件的研究，還是社
會學研究，皆貫穿「理想類型」的方法❾。

在八十年代以來的爭論中，諸家各派在如下一點上趨於一致，
即韋伯學說的主題在前後期有其連貫性和一致性，但是這個一致性
的主題究竟是什麼，各家的說法依然紛紜。騰布魯克1975年發表的
《韋伯的著作》和1980年發表的《論韋伯著作的主題統一性》,全力
抨擊帕森斯化的韋伯詮釋，認為韋伯著作的統一主題在於世界祛巫
和合理化的歷史發展過程❿，《世界宗教的經濟倫理》的系列研究要

　　　with a new introduction by Guenther Roth, translated and edited by
　　　Harry Zohn, New Brunswick (USA) and Oxford (UK): Transaction
　　　Books, 1988年，第306頁。

❼　金子榮一：《韋伯的比較社會學》(李永熾譯)，臺北水牛出版社，1977
　　年，第1–8頁。

❽　Mommsen, Wolfgang: *The Age of Bureaucracy*, Oxford: Basil Black-
　　well, 1974年，第14頁。

❾　*The Age of Bureaucracy*, 第4頁。

❿　*Gesammelte Aufsätze zur Religionsoziologie*, I, J. C. B. Mohr (Paul
　　Siebeck) Tübingen, 1988年（引稱《宗教社會學論文集》第一卷），第

遠比《經濟與社會》重要；前者集中關切合理化過程：實在的全面合理化的唯一淵源在於，人們專注於合理的和有條理的生活方式的意義。儘管所有宗教都試圖以自己的方法提供有條理的生活方式，但這種包羅萬象的合理化受到種種現世關切的束縛，或者只指向來世的得救。只有入世的禁慾主義才創造了合理而有秩序的生活模式，後者證明自身在此世擺脫了巫術的影響❶。騰布魯克一方面固然強調了世界各種合理化過程的同等重要性，但由於貶低《經濟與社會》，卻也就在一定程度上輕視方法論和類型學說在韋伯後期研究中，尤其在世界宗教與經濟倫理研究之中的重要作用，而沒有那些理想類型和規範性的概念，世界宗教的系列研究是不可能的。騰布魯克的觀點自然激起關於韋伯學說主題的廣泛和深入的爭論。

　　另一位重要的德國韋伯學者，亦是《韋伯全集》編委之一，施路希特爾教授認為，韋伯有兩個主題，即資本主義和合理（理性）主義，而後者的研究是從前者的研究過程中轉化而來的。施路希特爾與騰布魯克的區別在於如下一點：他認為，韋伯研究這兩個問題時既採用了歷史的方法，也採用了類型論的方法，即規範的方式。他說，他同意騰布魯克的說法：韋伯形成了演化的視角，但這是與比較的方式聯結在一起的；他也同意騰氏的說法：韋伯構成了觀念，尤其宗教觀念的自律的「邏輯」，但這是與制度的研究結合在一起的；他也同意騰氏的說法，韋伯在假定從古代猶太教到新教的序列有其內在必然性的基礎上解釋西方合理化，但這必須與韋伯亦分析了它們之間偏離的過程的觀點結合起來❷。

---

　　266頁。

❶　*Reading Weber*，第73頁。

❷　Schluchter, Wolfgang: *The Rise of Western Rationalism*, University of

韋伯主題之爭的結果是論戰諸方不斷修正自己的觀點，從而使彼此的觀點相互接近，分歧建立在共同點之上 ❸。筆者認為，韋伯學說並不止有一個主題，而是具有多個主題，因為不僅韋伯一生關懷頗多，而且韋伯所研究的題目牽涉極廣，它們迫使也誘使韋伯採取不同的視角，應用不同的方法，不斷地去探討新的社會現象。此外，像任何一個博大的思想家和學者一樣，韋伯學說並不具有嚴格一致的內在邏輯，更何況韋伯一生的興趣隨著研究的進展不斷在變移，他也從來沒有像馬克思那樣有建立一種主義的企圖和計劃。所以，為了全面說明韋伯學說，就需要從幾個方面來加以規定。第一，韋伯重點研究的領域；第二，貫穿這些研究的中心關切；第三，完成這些研究，闡釋這些關切的方法；第四，韋伯批判經濟決定論的態度也是影響其研究思路的重要因素。這類規定，正如其他論者所認定的韋伯主題一樣，在一定程度上乃是對韋伯學說的重構。因為韋伯的本來研究一如其文本，而筆者上面所舉的四個方面，以及其他的主題，都是體現在這些文本，以及由這些文本所承負的具體研究之中的。譬如就第二點而言，韋伯主題除了資本主義、合理（理性）主義之外，還包括傳統與現代性的關係、歷史的際會與必然性的關係等。但是在韋伯著作裏面，幾乎沒有單獨論述其中某一個的章節，這些主題總是關聯在一起而被討論的。上述的其他幾個方面也是一樣。更進一步說，這些問題的每一個又是由幾個密切相關的次要問題組成的，它們與其他幾個方面又以不同的方式聯繫在一起。

---

California Press, 1981，第5–12頁。

❸ 有關爭論較為詳細的論述參見顧忠華《韋伯學說新探》（臺北唐山出版社，1992 年）之第一篇第一章《韋伯詮釋的典範轉移與韋伯學研究》。

韋伯的獨特性還在於，他的研究是跨學科的，而不同學科的研究會
產生各種不同的觀點和結論，以及它們之間不同的關聯。就此而言，
對韋伯學說的重建就是梳理乃至演繹這樣一些關聯，使之清楚地展
現出來。

　　韋伯學說主題之爭還直接受到我們今天的立場的影響。韋伯研
究的深刻性和預見性，韋伯主題的多樣化，韋伯立場的變移，使現
代解釋在韋伯學說裏找到了理論拓展的廊大餘地。人們依照自己的
需要、悟性和判斷力，分別從韋伯那裏獲得啟示、概念手段、理論
基礎、學說的源泉或原材料，這些都直接或潛隱地影響人們對韋伯
的解釋；然而正是因為有這些形形色色的可能性，韋伯學說才能從
深度和廣度兩方面得到不斷的發揮和奮庸。比如，在當代中國，對
現代資本主義和現代化的關切，以及對兩個馬克思（斯）之爭的關
切，就會在相當大的程度上左右人們對韋伯主題的理解，而關切所
指的理論和實在正是思想大可馳騁的場所。

　　從總體上來說，韋伯學說的主題和中心關切可以概括為幾個方
面，但是在具體的研究之中，他關切的思路在研究進程總是不斷地
變移。比如，他在解釋資本主義這個歷史現象時，注意焦點就轉移
到資本主義精神與宗教信仰基礎上面，隨後又對準宗教與合理性的
問題；而合理性本身由於具有多種不同的指向，韋伯又建立了各種
合理行為的理想類型，如目標合理的類型，價值合理的類型等等。
這個現象給我們理解韋伯學說提供了一個非常有意義的方式，即多
視點的方式：韋伯的不同主題及其研究思路可以成為檢視其他主題
和相關思路的立足點；在韋伯的理論之中，人們總是能夠從一個主
題，相關問題和思路找到通向其他主題，相關問題和思路的合理的
途徑。這樣，在韋伯那裏，視野不是固定的，而是隨著視點的變換

而變換的；這些視點的每一個都在其他視點的視野之內。這誠然不能算作韋伯自己的方法，但確實是一個理解韋伯的有效方法。借助這個觀察方法，我們就能領會和把握韋伯方法和觀點的多元性；同時我們也可理解韋伯學說和方法中的許多弔詭之點：徹底合理化進程的非理性的絕對根據，官僚制的民主基礎與其扼殺民主的拓展之間的張力。

韋伯許多被人判為自相矛盾的觀點，其中不少正是這種方法的結果。

# 三、生平與著述

在偉大的學者思想家之林，韋伯的一生算得上是豐富多彩的了。除了精神崩潰的特殊經歷之外，還在於他內在傾向和終身成就之間的不合拍。韋伯一生傾向於社會和政治活動，但是他嚴峻的道德要求，過分的敏感和不妥協，使他事實上無法成就政治上的事業，而這些品格對於具有原創力的偉大思想家和學者來說，卻是必需的稟賦；他原先希望將學術作為他的副業，然而正是學術的成就，不僅使他不朽，而且對於二十世紀下半葉的人類思想產生了重大的影響。這一節所敘述的韋伯生平，旨在於顯示韋伯一生的這兩個主旋律發展的背景。

1864年4月21日，馬克斯·韋伯和海倫·韋伯（娘家姓法倫斯泰因）的長子在圖林根的埃爾富特出世，兒子襲用了父親的名字，也叫馬克斯。老馬克斯·韋伯當時就任埃爾富特的地方官員。韋伯在評論自己的出身時說，我是市民階級❶的一員，知道自己的這種

---

❶ "bürglische Klasse"，亦可譯資產階級、中產階級。

身份，我是被市民階級的觀點和理想教育成人的❶。韋伯這裏所說的市民階級，人們可以從其廣義來理解，它覆載了資產階級、知識分子和官僚士紳的傳統、精神氣質和信念。韋伯家祖上幾代都是殷實的商人，而法倫斯泰因家族也可以說是名門望族。

　　在韋伯五歲那一年，隨著老韋伯成為有薪的柏林市評議員，全家搬到了柏林。老韋伯隨後又作為國家自由黨的代表成為帝國議會的議員。國家自由黨是帝國議會中的多數黨團，堅定地站在俾斯麥一邊，支持他的國內政策，尤其是在文化鬥爭中給予他毫無保留的支持。於是，韋伯家經常是國家自由黨精英滿座：民主自由主義的政治家弗里德里希・卡普❶、議員老海因里希・李凱爾特❶、黨的領袖魯道夫・馮・貝尼希森❶，此外還有一時的學者名流狄爾泰❶、戈爾德施密特❶、希貝爾❶、特賴奇克❷和莫姆森❷。他們之中的一些人奠定了那個時代的理智主義的特徵。這樣一種直接的

---

❶　菲根：《馬克斯・韋伯》（王容芬譯），三聯書店，1988年，第3頁。

❶　Friedrich Kapp, 1824–1844.

❶　Heinrich Rickert, Sr., 1833–1902.

❶　Rudolf von Bennigsen, 1824–1902.

❶　Wilhelm Dilthey, 1833–1911, 哲學家和文學史家，1882年起任柏林大學教授。

❷　Levin Goldschmidt, 1829–1897, 曾任海德堡大學和柏林大學法學教授。

❷　Heinrich von Sybel, 1817–1895, 歷史學家，曾任波昂大學、馬堡大學和慕尼黑大學教授。

❷　Heinrich von Treitschke, 1824–1896.

❷　Theodor Mommsen, 1817–1903.

文化和政治的熏陶，對於韋伯日後的發展，無論其政治抱負，還是學術的創造，都有莫大的影響。

　　韋伯從小就十分好學。他喜歡學習拉丁文，由於他過目成誦的記性，進步很快。韋伯的這種語言天才對於他日後博大的研究，助益良多。少年韋伯對於歷史知識有一種特別的愛好，十四歲那年他曾繪製過一幅1360年的德國地圖。稍稍熟悉德國歷史的人立刻就會意識到，這對於一名少年來說，實在是一個巨大的工程，因為那時候的德意志帝國實際上已成空名，國內小邦林立，各種公爵領地，伯爵領地，帝國選侯領地，主教領地，帝國直轄領土，帝國自由城市名目繁多，數量頗夥。這些小邦的領土不僅因戰爭而變動不定，而且也常常因繼承、聯姻等關係而易主易幟。所以為了繪得準確，韋伯既需要查考王公們的家譜，又要考證領土的變遷歷史等等。在複雜的歷史事件之中找出各種經驗的因果聯繫，是韋伯歷史─文化的和社會學的研究的基本要求和特徵，我們或許可以說，這種傾向在少年韋伯的愛好中就已經滋生和實現出來了。韋伯的這種志趣還體現在他同一年作為禮物而寫的兩篇有關德國歷史的論文，以及兩年後所寫的有關印歐語系民族的歷史論文裏面。在文科中學期間，韋伯開始閱讀哲學家和其他經典作家的大部頭著作。瑪麗安妮說，在文科中學的最後二年裏，前一年韋伯讀了斯賓諾莎和叔本華的著作，後一年讀了康德的著作❷。歌德的全集他早就在課堂偷偷地讀過了一遍，馬基維利的《君主論》也已經閱過幾遍了。此外荷馬、希羅多德、西塞羅等人的作品也是他的所愛。

　　1882年春，韋伯通過文科中學的畢業考試。學校老師給予如下的評語：韋伯見識傑出，可惜這並不像一般人那樣是通過勤奮學習

---

❷　《韋伯傳》，第45頁。

得到的。瑪麗安妮認為，學校老師實際上懷疑，這個麻煩的、內心深處無禮的青年在道德上早熟㉕。

　　接著，韋伯進入德國最古老和最負盛名的海德堡大學學習。與其父親一樣，韋伯選擇法學作為主修專業，同時學習歷史、經濟和哲學。不久，他就開始學習人文藝術學院裏名教授們所講授的一切內容。他選修了正處於聲名頂峰的伊曼努爾・貝克爾教授㉖的羅馬法課程。這位教授的授課頗具特色。他很少給出確定的觀點，而是提出很多的非難和懷疑。這就使法律體系顯得比實際上更為流動不定。克尼斯教授㉗是位有名的經濟家，講課卻相當的枯燥，韋伯不耐煩恭聽，就轉而去讀他和另一位經濟學教授羅雪爾㉘的著作。在約二十年之後，韋伯撰寫了一篇長文《羅雪爾和克尼斯與歷史的國民經濟學的邏輯問題》，專門評論這兩位他早年就從書本上受教過的經濟學家，可惜他們那時都已作古了。韋伯還選修了中世紀史的課程，而且很快就寫出了一篇論文。他同時閱讀了那個時代德國史學巨擘蘭克㉙的兩本著作——《羅馬和日爾曼人民史》以及《現代歷史學家批判》。然而韋伯的求知慾是無饜足的，他還選修了新康德主義著名哲學家和哲學史家庫諾・菲舍爾的演講課，儘管他在文科中學已經學過哲學了。但是，菲舍爾教授的邏輯課開講時間太早，早晨七點就開始了。年輕的韋伯覺得，為了掌握黑格爾的概念實在

㉕　《韋伯傳》，第64頁。

㉖　Ernst Immamuel Bekker, 1827-1916, 曾任哈勒大學，格賴夫斯瓦爾德大學羅馬法教授，1874年起海德堡大學羅馬法教授，1886年起任該校校長。

㉗　Karl Knies, 1821-1898, 1865年至1896年任海德堡大學教授。

㉘　Wilhelm Roscher, 1817-1894, 曾任哥廷根大學和萊比錫大學教授。

㉙　Leopold von Ranke.

論，六點過一刻就要起床，不太值得。直到後來再選修菲舍爾的拿手好戲哲學史時，他才覺得獲益匪淺。

　　與此同時，韋伯在其表兄弟，當時在海德堡學習神學的奧托・鮑姆加騰的影響之下，很快對宗教發生了興趣。他們一起閱讀哲學和神學著作，如柏拉圖的著作，洛采❸❶的《微宇宙》，比德爾曼❸❶的《教義學》，施特勞斯❸❷的《古代與現代的信仰》，普弗賴德爾的《保羅主義》，施萊伊馬赫的《宗教談錄》等等。施萊伊馬赫的著作並沒有給韋伯留下什麼印象，因為韋伯根本沒有領會它的意思；與此相反，普弗賴德爾❸❸的《保羅主義》卻讓韋伯很感興趣，韋伯覺得它提供了一些有意義的東西❸❹。他們還一起閱讀了另一位新康德主義哲學家朗格❸❺的《唯物主義史》。不知何故，韋伯對於此書有一種特別的好感，他評價說：我最心愛的讀物是朗格的《唯物主義史》，看到這種學說的平靜的、現實主義的見解發展，是一種真正的享受❸❻。

　　第二個學期，奧托離開了海德堡，韋伯的生活情趣和內容轉向那個時代富家子弟大學生活的流俗。他與阿雷曼同鄉會保持密切聯繫，參加他們的宴飲聚會；這樣漸漸就過起大學生兄弟會式的生活，頭戴會員帽，身著會員服，參加決鬥，飲酒縱樂。這種生活使原本細長瘦弱的韋伯變得粗壯有力。韋伯母親在第一次見到大兒子這副

❸❶　Rudolf Hermann Lotze, 1817–1881, 哲學家和生理學家。

❸❶　Gustav Biedermann, 1815–1890, 哲學家和醫生。

❸❷　David Friedrich Strauss.

❸❸　Otto Pfleiderer, 1839–1908, 新教神學家。

❸❹　以上所述參見《韋伯傳》。

❸❺　Friedrich Albert Lange, 1828–1875, 新康德主義哲學家。

❸❻　《馬克斯・韋伯》，第30頁。

模樣和他臉上因決鬥而留下的傷痕時，驚訝得不知所措，給了他一個響亮的耳光。但是，這段經歷深深地影響了韋伯的內在傾向和外在舉止。德國每一個大學都有許多同學（兄弟）會，但一般都比較小，因此每個成員都自覺對本會的榮譽負有責任。同學會的兄弟並不是以朋友的熱情結合起來的，彼此之間有如中國古話所謂的「君子之交淡如水」。每個人都保持自己的距離，但密切關注其他成員的所作所為。他們相互批評和砥礪，而這被看作是男子氣質的理想。韋伯認為同學會的嚴峻和職責對於他的生活態度發生了相當大的影響。

在海德堡學習了三個學期之後,韋伯前往斯特拉斯堡服兵役。軍隊裏面機械的操練對於韋伯這樣認思想為人類本質的人來說，確實是一段難以忍受的經歷。但是，理智的這種匱乏在這裏卻因有機會經常與他母家的親戚相聚而得到額外的彌補。斯特拉斯堡住著韋伯的兩個姨母。大姨母伊達 (Ida) 的丈夫赫爾曼·鮑姆加騰 (Hermann Baumgarten)是頗有聲望的歷史學家,小姨母埃米莉(Emielie)的丈夫本內克(E. W. Benecke)是地質學家。據瑪麗安妮記載，他們在相反的方向影響了韋伯思想的發展。鮑姆加騰熱衷於政治和學術。他們這一代人曾經懷抱道德和政治的熱情，為德國的統一及其在普魯士領導之下的強大地位而奮鬥過。當新德國的夢想實現之際，鮑姆加騰自然歡欣鼓舞。不過，他同時預感到另外一種發展趨勢：權力的實用主義和國家的神化，以及它們的後果——軍國主義，不僅對德國人民的心靈是危險的，而且普魯士精神氣質占主導地位會在政治上帶來致命的錯誤。這就是說他以及與他類似的一代知識分子心中的自由主義理想，與他們另一個理想即德國統一實現之後的政治和社會現實，發生了深刻的衝突。這種衝突貫穿在他們的生活和學術

之中。這種衝突無疑影響了韋伯未來的態度，比如，鮑姆加騰在1866年的《普魯斯年鑑》上發表了著名的《德國的自由主義——一份自我批評》，其中的一些基本觀點後來為韋伯發揚光大了：德國應當建立一個強大的民族國家；政治是一種至高無上而又困難無比的職業；自由主義一定有治理國家的功能❸。

韋伯所受的另一個影響來自他的大姨母伊達。韋伯在伊達過世後寫給伊達女兒的信中說，如果沒有我在斯特拉斯堡從你們家接受的深刻和難以磨滅的印象，和對於人格形成的道德影響，今天我的生活是無法想像的。伊達除了自身的言行之外，主要通過向韋伯推薦宗教書籍而影響這個年輕人。其中錢寧❸的著作對韋伯最具吸引力。錢寧是德國唯心主義和施萊伊馬赫的同時代人。錢寧認為，宗教與道德是一致的；人們不是在狂喜的情緒中把握上帝，而是在完成簡單明確的職責時把握上帝；最大的善是神聖決定的道德力量，是這種力量的心靈自由。在國家與個人之間關係上面，錢寧採取的是自由主義的觀點。他認為，人類精神比國家更偉大更神聖，決不能為後者而犧牲。公民的政治自由權是為理智的自由服務的。基督教的道德與政治的道德之間並沒有衝突。國家並沒有理由為了它自己的緣故而確認它自己的權力。以個人為代價的權力是罪惡的，戰爭應當受拒斥。不過錢寧的這種國家觀以及和平主義，是當時的韋伯所不能同意的。韋伯在當時寫給他母親的信中說道，錢寧的觀點是普遍性的，是以精神生活的實在需求為基礎的；在他的記憶裏，宗教的東西遠勝於客觀的關切，這對他來說還是第一次。但是他那

---

❸　《馬克斯‧韋伯》，第44–5頁。

❸　William Ellery Channing, 1780–1842, 美國新教牧師，廢奴主義者，作家，美國一位論協會創始人。

種國家觀點及和平主義卻是有危險的❸。瑪麗安妮認為，在錢寧的
這些觀點之中，正是其中的自由學說深深地打動了年輕的韋伯；韋
伯已經從康德那裏接觸過以嚴格的邏輯形式表達出來的自由學說，
但是錢寧的學說仿佛來自於自我認識對靈魂的具體而微的洞見。韋
伯夫人認為，無論韋伯對於這些觀點的態度如何，理智和道德的自
由，人格受「應當」的自我決定乃是韋伯一生遵循的基礎法則。韋
伯終身激烈地反對如下的觀念：自然依照無可避免的法則預先塑造
了我們。韋伯這個思想的前提是：我們的心靈是自由的，我們是有
道德能力的人❹。韋伯終身信奉的另一個觀念是康德早就予以清楚
的表達、又由費希特早期重述而為錢寧接過來的觀念：政治和社會
制度的目的是自律的人格的發展。

　　一年服役期滿之後，韋伯按父親的要求，於1884年秋進入柏林
大學繼續他的學業。與在海德堡的時期不同，韋伯不僅在學習上認
真修習專業的課程，另外再聽一些歷史課，而且在生活上也一改在
海德堡後期的那種習氣，將時間按照制定的作息表都用在功課上面。
他在哥廷根度過的大學的最後一個學期也是如此，以致都沒有時間
陪他父親外出旅遊。

　　1886年韋伯通過考試，正式成為一名見習律師。此時的韋伯已
經具有多方面的才能，但事業之路的前景仍未展現出來。韋伯搬回
家中居住。因為還沒有收入，所以在家一住就是七年，直到結婚。
不過他有了六年的時間，可用來為達到各項目的做專業上的準備。
他打算申請法律博士學位,而當時在柏林申請法律學位的條件很高。
他一邊做無薪的實習律師，一邊繼續自己的學習和研究，特別選修

---

❸　《韋伯傳》，第86–9頁。

❹　《韋伯傳》，第88頁。

了法學教授戈爾德施密特和經濟學家邁岑❹的研究班課程。對實習律師的工作他決無好感，以致於羨慕手工工人尚能掙得自己的衣食。他避免理智的單調和慵懶的辦法就是加緊他的研究❷。他的學者興趣越來越嬰薄其心，1889年韋伯以博士論文《中世紀商業公司史》，經過一個相當正式的博士考試獲得了法學博士學位。這部論文涉及法律和經濟史兩個領域，韋伯為此付出了巨大的努力。他必須閱讀數百部意大利和西班牙的法規集，為此他必須首先精通這兩種文字，尤其費力和困難的是，許多材料是用古代方言寫成的。

在完成博士論文之後，韋伯立即開始準備教授資格論文。邁岑教授激勵他研究羅馬時期土地分配問題。於是在1891年，韋伯完成了名為《羅馬土地史及其對於公法和私法的意義》，並且於翌年春在柏林獲得了教授羅馬法、日爾曼法和商法的資格。在這前後他接受了社會政策協會的委派，前去研究易北河以東農業工人的狀況。這又是一個橫跨經濟與法律兩個領域的研究項目。韋伯採用問卷調查的方式，深入研究了這一地區隨著生產方式的變化，地主與農業工人之間關係的演變。在韋伯眼裏，情況相當糟糕，由於德國農業工人無法提高生活水平，大量外流，因此而形成的勞力空缺就由波蘭工人來填補。這樣，不僅傳統的土地關係的經濟基礎趨於消亡，而且東部德國的文化和防衛力量也因之會喪失。其實，韋伯強烈的民族主義態度影響了他對調查結果的總結。

在這一期間，韋伯除了關懷學術之外，還對各種政治事件抱有極大的熱情。因此，對於如何選擇自己一生事業的發展，韋伯內心

❹　August Meitzen, 1822–1910, 經濟學家和統計學家，1875 年起在柏林大學任教。

❷　《韋伯傳》，第146頁。

充滿波瀾。瑪麗安妮認為，韋伯內在性格傾向於行動的生活，而不
是內省的生活。或許在法學的架構之內，他有意於將學術研究作為
感興趣的副業而不是作為生活的基本，因為社會和政治的關切在他
內心之中是同等地強烈；作為意志堅強的人，韋伯渴望對於「生潮
業飆」(Lebensfluten und Tatensturm)❹負起重大的職責。在他的後
期，韋伯竟至於羨慕船長能夠一個小時又一個小時地掌握人的生命。
甚至在通過就職資格論文之後，他還一邊準備1892年春季學期講授
羅馬法、日爾曼法和商法，一邊考慮獨自或與傑出人物合夥當開業
律師❹。他到晚年依然認為，律師是最適宜轉為職業政治家的。然
而，韋伯仿佛是注定要完成他的偉大學術事業的。正在這個時候，
他極為尊重的老師法學教授戈爾德施密特得了重病，無法授課。韋
伯被聘為代課老師，講授商法和交易法。1893年，大學系統有權的
教育部高級官員阿爾特霍夫❹對富有才華的韋伯非常感興趣，他許
韋伯以教授職位，冀望將他留在柏林。這意味著偉大的事業前程突
然向他打開了。但是，韋伯此時的興趣已經轉移到政治經濟學上去
了。所以他不願意受法學教職的羈縻，而是著眼已經擬議給他的政
治經濟學的教職。這一年韋伯二十九歲，他已經奠定了自己堅實的
事業基礎：出版了三部著作，即博士論文、就職論文和《易北河以
東德國農業工人狀況》(1892)。

　　1893年韋伯與瑪麗安妮·斯尼特格 (Marrinne Schnitger) 結
婚。筆者發現，有關韋伯的漢語著作，在敘述生平時大都認定瑪麗
安妮是韋伯的表妹。但是事實上，瑪麗安妮自己在韋伯傳記中明明

---

❹　此語出自歌德《浮士德》第一部第一場地靈之口。

❹　《韋伯傳》，第162–4頁。

❹　Friedrich Althoff, 1839–1908，法學家，普魯士文化部的高級官員。

白白說道，她是韋伯父親的姪外孫女。從傳記所附的家系表也可以清楚地看到，她實際上是韋伯的堂姐（妹）的女兒，也就是韋伯的堂甥女 ❹。

阿爾特霍夫由於愛才而竟至於用令韋伯反感的手段欲將韋伯留在柏林，反而促使韋伯決定離開柏林，接受弗賴堡大學虛位以待的經濟學和財政學教職。1894年韋伯前往弗賴堡就任。與法學相比，經濟學作為一門科學在當時還沒有那麼確定的領域，還處於發展的早期。在韋伯的研究裏，我們看到任何經濟問題研究直接就導致文化史和觀念史的問題，也同樣導致哲學問題。而且對於政治和社會政治的旨趣來說，它比法學更容易產生豐富的成果。韋伯就任伊始，一週就開十二個小時的演講課，主持兩個討論班。除了授課之外，韋伯夫婦還與李凱爾特教授、里爾教授 ❹、明斯特堡教授 ❹、巴斯特 ❹ 教授相來往。1894年瑙曼 ❺ 創建《幫助》期刊，韋伯被邀為撰稿人。以此為契機，韋伯在此前後參加了一系列政治活動。在弗賴堡，瑪麗安妮也開始有系統地滿足自己思考生活和世界意義的欲望，她成了李凱爾特最熱心的學生。

1896年韋伯受聘到海德堡大學任教，接替他以前的老師克尼斯教授退休而空出的政治經濟學教席。韋伯雖然是經過一陣猶豫才接受這個職位的，但他到任之後卻感到十分的勝任愉快。因為他現在

---

❹　參見《韋伯傳》，第171頁，以及第700頁。

❹　Aloys Riehl, 1844–1924，曾格拉茨大學，弗賴堡大學，哈勒大學和柏林大學等教授。

❹　Hugo Münsterberg, 1863–1916，心理學家。

❹　Karl Gottfried Baist, 1853–1920，羅馬語文學教授。

❺　Friedrich Naumann, 1860–1919，神學家和政治家，國家社會聯盟和《幫助》期刊的創始人。

已經精通他的學科，他喜歡清晰而嚴謹地組織他的重要演講課：理論的和實踐的政治經濟學、農業政策和勞工問題。他的課程總是精心安排好的，多餘的時間他便用以即興發揮。艱澀的概念結構在韋伯那裏是在極其豐富的歷史知識裏面體現出來的，不同尋常的敏銳思維是通過同樣不尋常的描述能力表現出來的，這樣，甚至最抽象的觀念也因充分的例子而被領會。在海德堡的這一段時間，韋伯感覺到前所未有的輕鬆愉快，意氣風發。

　　然而，巨大的危機也正是在這一段美好的時間裏面降臨了。自從韋伯離開柏林之後，韋伯的母親每年總是要來這個大兒子家住幾個星期，因為他與她是最親近的。但是每次安排時間總是不太容易，因為老馬克斯·韋伯無法接受這樣一個事實：他的妻子與其他人共有一種興趣和關切，而他則是局外人，即使這個人是他的兒子。他們這一代的德國男人認為，妻子是從屬於他們的，他的關切和欲望應在她的和任何其他人的之上。1897年7月，由於怎麼也談不妥當，老韋伯就親自陪妻子來到海德堡。韋伯現在已經無法接受父親的專制態度，火山於是就爆發了。兒子當著母親的面作出決定：「我們要求，媽媽有權力每年在她方便的時候獨自安靜地來我們這裏住四、五個星期，如果這一點做不到，與爸爸的任何家庭關係對於我們都是毫無意義的，表面上維持這種關係對於我們也是毫無價值的。」❺❶老韋伯當然無法承認自己的做法是不適當的，而兒子也堅持自己的觀點。夾在中間受難的自然就是軟弱的母親海倫了。她還希望能夠理解她的丈夫，希望父子之間的矛盾將來能夠化解。然而事情卻有其難以扭轉的趨勢。在幾週後，海倫回到柏林時，老韋伯與她斷絕關係，而老韋伯此舉或許與他內心所想的恰好相反。他與一個朋友

❺❶　參見《韋伯傳》，第230–1頁。

外出旅遊去了。然而不久，老韋伯的屍體卻運了回來，他因胃出血 (gastric hemorrhage)突然過世。這發生在那場爭吵的七個星期之後。

韋伯當時至少在表面沒有因此而受到震撼，即使幾年之後他也只是在形式上表示自己有罪。但是，這種表面上的做法與內心敏感、道德自律甚嚴、良心要求頗高的韋伯本性是不相符合的。事實是，在這件事之後韋伯的精神症狀就開始出現了。瑪麗安妮的傳記《精神崩潰》一章就是以此事為契機的。另外一方面，韋伯的精神疾患還有遺傳和環境的因素。韋伯母系家族就有多人患有精神失常的病史，比如韋伯的外祖父 G. F. 華倫斯坦就曾經有過短暫的精神失常，而瑪麗安妮本人也說自己由遺傳而神經脆弱 **❷**。至於韋伯本人在各種政治觀點之間、道德觀念與自己行為之間的緊張狀態，乃至分裂狀態，無疑也是一個重要的社會原因。比如，在瑪麗安妮死後所發現的韋伯信件裏，人們看到，韋伯並不像瑪麗安妮和其他人所描述的那樣徹底的真誠和言行一致，而是在某些對瑪麗安妮不利的事情上利用各種計策維持自己的虛偽，而這也使一生以韋伯為其心靈家園和庇護所的雅斯貝爾斯轉變了自己的態度 **❸**。雅斯貝爾斯在其早年關於韋伯著作裏，雖然深刻地理解韋伯的內心緊張，但是並沒有認識到韋伯實際上還有內心的分裂。

在這以後的那個1897–98冬季學期裏，韋伯為了紓解精神緊張，與夫人一起到西班牙旅行了一次。然而，各種精神病症狀開始出現，不斷加劇，煩躁易怒，不時發熱，心常疑懼。到了學期末，韋伯突然覺得精疲力竭，發熱，覺得極度的緊張。按照醫生的要求，1898

---

**❷**　參見《韋伯傳》，第236頁。

**❸**　Mommsen, Wolfgang J. & Osterhammel, Juergen (edited): *Max Weber and His Contemporaries*, Allen & Unwin, 1987年，第539頁。

年春天韋伯夫婦前往日內瓦湖散心，夏天則到波登湖療養。1898年秋韋伯健康狀況顯得大有改善，他似乎完全有體力和精力恢復工作，誰也不相信他仍然有病。但是，講課幾週之後，他的精神又一次崩潰了。他提出辭呈，因為他認為自己已經受到了痼疾的糾纏。實際上正是從這個時候起韋伯開始陷入精神崩潰的深淵。1899年夏天，韋伯不再開演講課，但仍然主持討論班，指導學生論文。到了秋天，韋伯只能承擔一小部分教學任務，還常常引起疾病的嚴重發作。他再次提出辭呈，但是教授們不同意他辭職，而是給他一個帶薪的長假。第二年夏天，韋伯在勞赫阿爾卑斯山（斯瓦本阿爾卑斯）的烏哈(Urach)一個小小的精神醫院治療，他的病情也在這一段時間發展到頂點。在這一年秋天，他的一個姪子也因精神疾病來到這個醫院。當年冬天他們三人一起前往科西嘉避寒。第二年韋伯夫婦又到意大利、羅馬及南方旅遊。

在1901年秋，韋伯的健康開始出現恢復的跡象，先是能夠一卷又一卷地閱讀藝術史著作，接著又走出自我幽閉，敢於與人交談，尤其討論知識性的問題。1902年復活節，在罹病四年，遊歷兩年之後，韋伯又回到了海德堡，開始新的理智性的生活。他的健康狀況大大地好轉了，但還沒有完全康復，仍時有起伏。瑪麗安妮暗想，韋伯應該回到課堂上去，可是韋伯連一堂小課也不想上，再度提出辭去教職，這使瑪麗安妮非常不快，而韋伯對夫人的態度也十分惱怒。

但是，韋伯學術活動第二個鼎盛期卻從這前後開始了，當然這裏發生了重大的變化，因為韋伯不僅轉換了學術關切，而且也變換了研究對象。

他所撰寫的第一部重要的著作是《羅雪爾和克尼斯與歷史的國

民經濟學的邏輯問題》。 撰寫此文的緣起是海德堡大學哲學院為校慶出版紀念文集，韋伯受約為這個文集寫一篇文章。克尼斯、羅雪爾和希爾德布蘭特❺被稱為德國國民經濟歷史學派的創始人和領袖人物。韋伯撰寫此書的意旨是要批判歷史學派的相對主義的方法論學說，因而所措置的是頗有難度的理論問題，即社會科學方法論問題。韋伯在此之前常常考慮這個問題。據瑪麗安妮的記載，韋伯關於社會科學方法論的思想，從李凱爾特那裏得到不少啟發。1896年，李凱爾特❺出版了《自然科學概念構成的界限》的第一卷，1902年出版了第二卷。韋伯早已經讀過此書的第一卷，而第二卷出版之際，正是他寫作《羅雪爾和克尼斯與歷史的國民經濟學的邏輯問題》的時候。他在意大利的佛羅倫薩讀完李凱爾特這本書後，在信中對瑪麗安妮說，「我已經讀完了李凱爾特的書，他的書寫得非常好。在他的著作中我發現了許多我也有的思想，儘管我的想法尚乏邏輯形式。我對他的術語尚有保留。」❺其實，我們在後面就會看到，李凱爾特對於韋伯的影響主要在於哲學原則和基本概念方面。

韋伯在這前後幾年裏，有很多時間住在意大利這個南方之國。我們看到，在病癒之後的方法論文章裏面，韋伯在談到歌德在意大利旅居期間的心情時，文字很有心領神會的趣味，這想必與他這一段時間在意大利的生活經歷大有干係，儘管他們兩人避居❺於意大

---

❺ Bruno Hildebrand.

❺ Heinrich Rickert, Jr., 1863–1936, 新康德主義哲學家。1894年起任弗賴堡大學教授，1916年起任海德堡大學教授。

❺ 《韋伯傳》，第260頁。

❺ 瑪麗安妮在敘述韋伯頻到意大利暫住的生活時，常常用「逃去」一詞，參見《韋伯傳》，第262頁等處。

利的原因是很不相同的。然而，意大利的氣候對於德國偉人，無論是他們身體的疾病，還是他們心靈的疾病，似乎都有一種特別的療效。韋伯到意大利是去尋找冬天的陽光。德國的冬天太陰冷了。但是，三月的意大利也缺乏陽光，韋伯的母親甚至希望他們去非洲，到那裏溫暖的陽光下去生活。在這一段時間裏，韋伯的健康依然起伏不定，心境和身體的一般狀況在相當長的一段時間裏並不太好。他的主要症狀依然是精神不安，對環境的不滿，渴望溫暖和明亮❸。每天他只能在上午工作幾個小時。

　　1903年韋伯的辭呈終於為大學接受，但是他的條件並沒有為他的同事所接受，他不能保留位置和表決權而不上課。德國大學的教授自治保證了學術和教授權利的公正性。韋伯於是成了海德堡大學的榮譽教授，沒有表決權。

　　辭去教職的韋伯專心致志於《羅雪爾和克尼斯與歷史的國民經濟學的邏輯問題》的寫作，但這並不是一個輕鬆的工作。這個工作首先使韋伯遠離描述具體材料的歷史研究，而涉足精深高遠的哲學和方法論問題，並且迫使他去批判地檢視既有的但卻部分過時的思想脈絡。在這一個時期，韋伯對於生活別無所求，只是希望勝任研究工作。在那一段時間，即使在最糟糕的日子裏，只要能夠從已經搜集在腦子裏的東西裏面得到某些念頭，並且把它們寫在紙上，他的生活就充滿了意義。韋伯此時雖然抱怨自己的命運，但並沒有對自己失望。瑪麗安妮認為，韋伯始終覺得自己的創造力借以安身的本性並沒有改變，疾病尚未侵入膏肓。瑪麗安妮對韋伯體貼入微的照顧也是非常重要的因素。即使在最困難的日子裏，她也始終感覺到他的魅力，而且她也有護理這類疾病的經驗❸。

---

❸　《韋伯傳》，第266頁。

　　1903年夏天，韋伯完成《羅雪爾和克尼斯與歷史的國民經濟學的邏輯問題》的第一部分，發表在《施其勒年鑑》上；1904年初完成《社會科學和社會政策認識中的客觀性》和其他一些文章。與此同時，他開始著手準備和撰寫那部讓他聲名遠震的研究，即《新教倫理和資本主義精神》，第一部分發表在《社會科學與社會政策文獻》的秋季號上面。

　　1904年仲夏，韋伯受原先同事而當時在哈佛任教的明斯特堡教授之邀，與夫人一起赴美國聖路易參加國際會議，同時參觀訪問紐約、芝加哥、費城、波士頓、巴爾的摩和華盛頓等地。與那些下車伊始就發批評的德國同行不同，韋伯站在當地見聞到的新事物一邊。美國之行給韋伯留下了深刻的印象。美國社會生氣勃勃的氣象、知識分子清苦的生活、貧富懸殊的現象、針對黑人的種族歧視，對於韋伯來說，都是新鮮而生動的經歷。可以想像的是，這次旅行也使韋伯獲得他感興趣的研究課題的材料，比如他觀察到民主社會中社會各階層新舊各種形式。因參加了基督教循道宗的活動，他有機會親眼目睹宗教派別生動形式的作用，以及它們為各種社會階層和小集團所替代的情形。他的這些經歷不僅反映在像《新教倫理和資本主義精神》這類大作的後續研究裏面，更是直接地形成像《教會和教派》這樣的文章。韋伯自己認為，美國之行不僅拓展他的視野，而且改善了他的健康狀況❻。

　　從美國歸來之後，韋伯的健康狀況雖然又有起伏，但不久就完成了《新教倫理和資本主義精神》的後半部分。此時俄國革命開始興起，他熱切地關注形勢的發展，為此自學俄語，不久便達到能夠

❺　《韋伯傳》，第236頁。
❻　《韋伯傳》，第304頁。

閱讀報紙的水平。韋伯關注俄國革命的緣故，是因為他想從中瞭解
自由與民主在一個君主國家內發展的可能性，俄國少數民族政策的
變化，因為這些問題同樣也是德國政治和社會變革的重大問題。

　　韋伯的疾病實際上一直沒有痊癒，只是受到控制。不過，這非
但沒有影響韋伯研究及其豐碩的成果，而且在某種意義上可以說，
強烈的學術責任心和使命感總仿佛是病態的情緒，而在庸常之輩的
眼裏，尤其是如此。雅斯貝爾斯幾次論及他的疾病，並把它與尼采
及荷爾德林的疾病相比較。他說，韋伯的精神與作品絲毫沒有受到
疾病的影響；在生命將盡之際，他顯得比患病前還健康❻。

　　這裏值得一提的一件學術事件就是韋伯與其學術同道創立德
國社會學會。1909年底與1910年初，當社會政策學會在柏林召開理
事會之際，韋伯與齊美爾、桑巴特等人商議，成立一個社會學會。
韋伯為籌建學會的遊說花費了相當大的精力，但其創始人的地位卻
沒有受到承認。秋天，這個學會正式成立，騰尼斯就任第一屆會長，
齊美爾和桑巴特任副會長，韋伯的角色卻非常含糊。社會學在當時
並不是一個專門的學科，而幾乎包羅社會科學的各個領域，並涉及
人文學科，譬如，這次會議討論的題目就很說明問題：「社會性社
會學」、「技術與文化」、「經濟與法律」、「法學與社會學」、「種族與
社會」等等。但是，當社會學會1912年召開第二屆會議時，韋伯卻
退出了理事會。韋伯創建和參與社會學會的工作，意旨在於在社會
科學的研究之中貫徹價值無涉的原則，但是這個原則受到了理事會
一些成員的攻擊，韋伯覺得難以繼續合作下去。

　　不過，韋伯正好有事要做。早在1909年，韋伯就受出版商保羅・
西貝克之邀，主持重編一本社會經濟學的百科全書，即《社會經濟

---

❻　雅斯貝爾斯：《論韋伯》，第111頁。

學大綱》，以代替原有的《國民經濟學大綱》，擬定在兩年之內完成。
現在韋伯重新擔起這個任務。其他幾位撰稿者撰寫的前兩部分在
1914年出版。韋伯在前言裏面宣揚此書的旨要說：我們的出發點是，
經濟的發展必須被看作是生活的一般合理化（理性化）的特殊現象。
由此可以看到，韋伯這一時期理論的中心關切是合理化（理性化）
問題。由於第一次世界大戰爆發，後面幾卷直到1918年才出版，而
韋伯自己所承寫的部分一直沒有定稿，除了前面基本概念部分，其
他的直到他死後才由瑪麗安妮編定出版，這就是韋伯的巨著《經濟
與社會》。由於是未完成稿，所以它該如何編輯整理的問題，也就成
了韋伯研究中的聚訟之點。不過，現在我們看到《經濟與社會》的
編輯方針和原則，具體的措置方式，應該說基本上是符合韋伯本來
的意圖的：「我提出了一套完整的理論並進行了描述，這套理論把
偉大的共同體形式與經濟聯繫了起來：從家庭、一幢住宅的全體居
民到企業、宗族、民族共同體、宗教（包括地球上各大宗教：救世
學說與宗教倫理的社會學……），最後是一種全面的社會學的國家
與統治學說。──我可以說：還沒有過這樣的理論，也沒有『榜樣』
可尋。」 ⑫ 至於編者為成全韋伯體系而從他別處論文摘編而成的章
節，確實大有值得商榷的餘地。

　　自從韋伯精神崩潰之後，旅行就成了穩定那時常反覆的病情的
最好療法。但是，只要韋伯在海德堡，那麼他家裏就常常高朋滿座，
以致韋伯不得不舉辦了星期日聚會。在這些時彥俊傑裏面，有齊美
爾、恩斯特·布洛赫⑬、捷爾吉·盧卡奇⑭、恩斯特·托勒⑮、斯

⑫　《馬克斯·韋伯》，第114頁。

⑬　Ernest Bloch, 德國哲學家。

⑭　Georg von Lukacs, 1885–1971, 馬克思主義哲學家和文學批評家。盧卡

特凡·格奧爾格❻。瑪麗安妮說，韋伯當時對盧卡奇有一種親密的
友誼，對盧卡奇當時所從事的美學研究很感興趣，並為其深厚的藝
術論文所打動。盧卡奇後來在其《理性的毀滅》一書中曾經切責韋
伯的帝國主義態度；但是在其晚年的《自傳對話錄》裏表達了他對
韋伯影響的良好的回憶。齊美爾對盧卡奇的影響在韋伯之前，但是
韋伯的影響更深刻。「齊美爾有他輕薄的方面。相反，韋伯想要創
立一種沒有齊美爾淺薄方面的全面的文學理論。也許我應該提到這
樣一點，因為它對我和韋伯的良好關係起著作用，這就是我有一次
曾對韋伯說，按照康德的學說，美學的本質在於審美判斷。我認為
審美判斷並不擁有這樣的優先權，這種優先權屬於存在。『藝術作
品存在著。它們是怎麼可能的?』我向馬克斯·韋伯提出了這個問
題，這給他留下了深刻的影響。這是我的《海德堡美學》的根本問
題。」❼

　　薩拉熱窩行刺事件，打破海德堡的這種生活方式。戰爭激起了
韋伯的激情和愛國熱誠。韋伯立即到當地守備部隊報到，隨即被任
命為後勤部隊的軍事醫院委員會的軍紀官，負責在短期之內在海德
堡建立起一批後勤醫院。韋伯立即行動起來，認真處理份內份外的
各種事務，開著車到處飛跑，人們把他的車叫做「黃色危險」，　稱
他為「德國飛人」。　這個委員會在九個月之後解散了，韋伯在第二
天就回到宗教社會學研究上來。他的系列研究《世界宗教的經濟倫
理》1915年9月起在《社會科學與社會政策文獻》上發表。首先發

---

　　奇一到德國就加入這個韋伯圈子。

❻　Ernst Toller, 1893–1939，戲劇家，詩人和革命者。

❻　Stefan Geroge, 1868–1933，詩人，散文家和翻譯家。

❼　《盧卡奇自傳》（杜章智編），社會科學文獻出版社，1986年，第66頁。

表的是《導論》和關於儒家研究的第一章。這個雜誌的11月號發表了有關中國宗教研究的結論和《世界宗教的經濟倫理》的《中間考察》。從這一年以後,韋伯的主要精力基本上就放在世界宗教和社會科學方法論的研究上面。戰爭使韋伯無法再到意大利南方的天空下去享受明亮的溫暖了。原來計劃好的俄國之行也成了泡影。

在戰爭的其餘期間,韋伯一邊從事他的方法論、宗教社會學研究以及《經濟與社會》所代表的那種宏大體系的構造,一方面積極從事政治活動,但止限於知識分子的套路:發表文章,為人顧問。他對德國皇帝持一種極端仇視的態度,認為他應當對德國的敗勢負責。韋伯認為,德國應當實行民主制度,建立聯邦國家。他也發表文章反對無限制潛艇戰。戰後,在巴登公爵馬克西米利安的建議之下,韋伯加入德國和談代表團,前往凡爾賽參加談判。

1918年維也納大學邀請韋伯前去教授經濟學,條件是他先試教一個學期,然後正式聘任。韋伯接受了這個條件,在那裏講授了一個夏季學期的宗教社會學。隨後,韋伯不顧同事和學生們的挽留,就離開維也納回國了。人們一般認為,其中的緣由在於韋伯一直心繫德國戰後的命運,而不願意客居他鄉。

1919年1、2月間,韋伯在慕尼黑發表了兩個極為著名的演講,這就是《作為職業的學術》和《作為職業的政治》。這一年,幾個德國大學相繼邀請韋伯前去任教。慕尼黑大學也希望韋伯去接任著名學者布倫塔諾❻❽的教席。但是韋伯不想再教經濟學和財政學。大學當局和政府竟特地同意韋伯主要講授社會學,於是韋伯接受了聘請。

---

❻❽　Lujo Brentano, 1844–1931, 曾任斯特拉斯堡大學, 維也納大學和慕尼黑大學教授, 現象學先驅弗郎茨·布倫塔諾的弟弟。

　　第一個學期，即夏季學期，韋伯每週開一小時的演講課，主持一小時的討論課。演講課的內容是社會學的基本範疇，但是第一次開講，他卻用來揚榷當時德國的政治形勢。他對聽課的學生說，這是他第一次就政治發表意見，也是最後一次。因為政治不屬於大學講壇，也不屬於教授職責，而是屬於有自由批評的空氣的地方。他十分激動地談到德國的悲劇：德國現在處於外國的統治之下，德國人成了賤民，德國政府成了外國利益的跟班。韋伯對於凡爾賽和約極度不滿，但又覺得無法廢除，他要求保留廢除它的權利。他對學生說，現在所需要的就是沉默，轉入平凡的日常工作中去。毫無疑問，韋伯的思想實際上是當時德國人的普遍心理，而這種社會心理對於未來德國的政治發展產生了巨大的影響。

　　1920年，《新教倫理和資本主義精神》與《世界宗教的經濟倫理》的第一部分合集出版，這也就是現在所見到的《宗教社會學論文集》的第一卷。

　　這一年4月，韋伯最喜歡的小妹妹莉莉在海德堡自殺身亡。韋伯夫婦從旅遊途中趕到海德堡料理後事，然後韋伯一人回到了慕尼黑，因為瑪麗安妮要在海德堡開一個講座。韋伯與埃爾瑟·馮·李希特霍芬·雅菲的戀情，大概在這前後到了最熱烈的階段，因為韋伯考慮將《宗教社會學論文集》的第三卷題獻給她❻❾。5月的最後一天，瑪麗安妮回到慕尼黑。6月初，韋伯患了感冒，不到一個星期，就轉成急性肺炎。人們的一切努力都無法挽回他的生命。6月14日，星期一傍晚，韋伯停止了呼吸。人們將他安葬在海德堡。

---

❻❾　《馬克斯·韋伯》，第138頁。

# 第二章　社會科學方法論

　　社會科學方法論學說是韋伯思想中相當重要的一部分。這種重要性可以從幾個方面來理解。首先，韋伯的方法論素養是其研究和思想之所以博大和深刻的哲學前提。韋伯學說的驚人洞察性和深遠的意義，在相當大的程度上歸功於他所具備的深厚哲學素養。我們從韋伯的生平已經看到，他實際上自少年時代起就處於哲學思想的直接熏陶之下，這不僅由於韋伯閱讀了許多不同哲學派別的重要著作，而且還在於韋伯從那時起一直就與德國許多偉大的哲學家進行著終身不懈的思想交流和理論討論。這樣一種精神環境，使得韋伯不僅從那個時代的德國哲學思考之中形成對那個時代人類一般問題的獨立見解，這種見解又演化成關於社會本質的觀點，而且也試圖在這方面從事獨立的探討。韋伯的方法論學說在這個意義上，並且從其內容來看，就是一種歷史哲學，一種社會科學哲學，具有世界觀的意義和影響；其次，韋伯的方法論學說直接提出了社會科學研究的具體的、可操作的方法和手段，以及社會科學的一般原則，它們雖然一直是有爭議的，但仍然是廣被接受和使用的；因此，韋伯的方法論思想對於後世的社會研究具有直接具體的影響；第三，韋伯的方法論直接體現在他的具體研究以及他對這種研究的成果，即相關的理論學說的考量上面，這樣，韋伯的方法論學說，乃是領會

他的其他研究的理論導引，同時也是恰當評價其他研究意義的原則。

　　無論人們如何理解韋伯方法論學說，其重大意義始終是無法輕視的。有人甚至認為，韋伯方法論學說是他的最大成就❶。這不免有點極端，但它無疑是韋伯最重要的成就之一。德國哲學對於歷史與社會的特殊性及其研究的特殊性的關切，是韋伯方法論研究的理論淵源和背景，筆者從此處入手，甄綜和闡釋韋伯方法學說的基本內容，並在一定的意義上建立其方法論學說的理論結構。

# 一、文化科學❷的界定

　　社會科學方法論的問題來源於人們對於人類社會與自然界之間區別的認識。無論在哲學思維層面，還是在一般的科學理論之中，人類很早就意識到兩者的區別，並且試圖認識這種區別的根據和所在。但這無疑是一個艱鉅的任務。比如今天，根據一般的學科分類，人們似乎能夠輕易地指出自然科學、社會科學與人文學科的具體學科和領域，但是，並不是每一個自認為瞭解這個事實的人都能清楚地指出劃分這三門學科的有效根據，相反，這毋寧是社會科學、人文學科和哲學的一個最基本的難題。不言而喻，一門學科成立的根據不僅在於其領域的劃分，而且更主要的在於確定認識相關領域的原則、方法和性質的不同。換言之，社會科學方法論作為一種理論

---

❶　Dennis Wrong (ed.): *Max Weber*, England Cliffs: Prentice, 1970年，第8頁。

❷　文化科學這個術語最早是文德爾班推薦使用的，參見 R. G. 柯林武德：《歷史的觀念》，第190頁。筆者為了論述的方便，將文化科學與社會科學視為同義的，酌情交互使用。

之所以可能，首要的條件就是需要指出社會科學使自身在對象、方法諸方面區別於自然科學的獨特性質，正是在這種意義上，界定社會科學成了方法論的首要任務。其餘的學說則都是依此為基本而展開的。同樣，韋伯社會科學方法論的邏輯前提就是他關於社會科學區別於自然科學，以及區別於哲學的說明。對於分析韋伯社會科學方法論具有特殊意義的是，在韋伯時代，區別自然科學和社會科學，確立社會科學的獨立地位乃是一件正屬草創、尚需完成的艱鉅任務，這就使得有關這類學科界定的韋伯方法論變得異常重要。正是出於這樣緣故，在韋伯的方法論學說裏面，社會科學和人文學科之間是沒有清楚的界限的。一般地說，韋伯所謂的文化科學包含今天所謂的社會科學和人文學科這兩大領域。

十九世紀與二十世紀之交，關於自然科學與文化科學各自的性質，兩者之間的區別，日漸成為德國知識界的中心關切。人的行為的領域與自然界對於認識論來說是兩個不同的世界。在德國，這個傳統濫觴於康德關於自然與自由兩個領域的劃分。康德為前一領域建立科學認識的哲學基礎，這就是他的理論哲學以及自然科學的形而上學基礎；他又為後一個領域建立了人的行為準則的哲學基礎，這就是實踐哲學和道德形而上學。

在康德哲學之前，人的行為的領域與自然領域之間的區別，並沒有從基礎上以哲學的方式建立起來。人們一般認為，一切知識都有共同的理論基礎和哲學基礎。由於自然科學的成就，特別是邏輯、數學和物理學知識的確定性，這些科學的規範、原則和哲學基礎似乎也就自然而然地成了一切科學和知識的準則。就認識論而言，康德並沒有超出這樣一種觀念。因為在康德看來，普遍必然的知識僅限於人們對於自然的認識。但是，康德的偉大之處在於為人的行為

的可能性留出了一塊自由的畛域。哲學所要證明的，不僅包括人們
達到對於自然的普遍必然的認識的可能性，而且還包括人們意志自
由的可能性，也就是獨立於自然法則的自由法則的可能性。康德的
這一觀點雖然尚未涉及文化科學的各類具體學科，也未涉及文化科
學一般方法論問題，但是為一切主張文化科學區別於自然科學的思
想提供了最基本的哲學根據，這就是人的行為的自由本性，人的行
為以及由這種行為構成的社會的歷史性。即使一切反對人的行為和
人類社會具有不同於自然的規律，或者關於人類社會的認識具有不
同於關於自然認識的性質的學派或觀點，也無法迴避這兩個問題，
而必須予以合理的回答，否則就難以奠立其學說的基礎。

　　自然與自由領域的劃分原則，對於德國文化哲學所起的作用，
就如康德的分析和綜合的劃分原則對於現代分析哲學所起的作用一
樣，成為一個根本的規範。但是，由於具體學科的發展，在那個時
代的認識中，人的活動領域一般地被認為是歷史領域，我們今天意
義上的社會科學和人文學科相應地被稱為歷史的科學。曾經影響過
韋伯，胡塞爾乃至海德格爾的德國哲學家洛采，在其1856年出版的
《小宇宙》中斷定，自然是必然王國，而歷史則是自由王國。但是，
這只是處於解體之中的德國唯心主義對於其偉大先驅的空洞回
聲❸。對這個問題深入、廣泛而富有成效的研究是新康德主義的一
項成就。新康德主義已經認識到，如果要區別自然與歷史，劃分自
然科學與歷史的科學，那麼就應當像康德從事認識研究那樣，從人
們的認識方法方面入手來解決問題。

　　狄爾泰肇始了方法論的研究。他一生的偉大抱負是完成一部

---

❸　參見R. G. 柯林武德：《歷史的觀念》（何兆武、張文杰譯），中國社會
　　科學出版社，1986年，第188頁。

《歷史理性批判》，　因為他認為這是康德應當完成而沒有完成的任務。儘管如此，狄爾泰在哲學史上依然被人稱作歷史認識領域的康德❹，因為他對歷史和歷史的或歷史性的科學提出了獨到的觀點，而它們對於後來許多主義和學派產生了重要的影響。狄爾泰在1883年出版的《精神科學導論》提出了這樣一個基本觀點：歷史科學論述具體的個體，而自然科學則表述抽象的一般。他發現，如果說，以社會和歷史為對象的那些學科直到十九世紀仍長期地受形而上學的支配，那麼到那時它們又陷入了屈從於迅速發展的自然科學的境地❺。他認為自己有責任將精神科學與自然科學清楚地區別開來。在他看來，無論是實證主義的自然主義，還是客觀唯心主義的歷史哲學，都無法反映社會生活和社會科學的特殊性。自然科學所做的工作僅僅是依照自然規律把一些觀察到的事物與另外一些事物聯繫起來，並對它們作出解釋。相反，人類生活是賦有意義的，這種有意義的人類生活構成了歷史和其他社會科學的基礎，而後者是不同於自然科學的。那麼什麼是「意義」呢？狄爾泰認為，人類生活具有一種時間的結構；所謂時間，並不是鐘錶所指示的時間，而是指人類生活的每一刻都承負著對於過去的覺醒和對於未來的參與。這樣的時間結構組成了包括感覺、經驗、思想、感情、記憶和欲望的人類生活的內在結構。所有這些便形成了生活的意義❻。同時，人

---

❹　Richman, H. P. (ed. & intro.): *Meaning in History—W. Dilthey's Thoughts on History and Society*, London, 1961年，第95頁。

❺　*Wilhelm Diltheys Gesammelte Schriften*, Leipzig-Berlin, 1933年，第一卷，第XV頁。

❻　*Meaning in History —W. Dilthey's Thoughts on History and Society*, 第97–101頁。

們是可以彼此交往的，因為一個人的經驗能夠喚起自己的思想和感情，引起自己的行為，也能夠喚起他人的思想和感情，導致他人的行動。這樣，個人的內在結構樣式就衍生開來，成為社會的生活樣式，而人類歷史生活就是這種相互作用的連續過程❼。因此，當人們認識社會生活和歷史時，人們不是像認識自然界一樣，把它們當做外部的東西，而是當作內在的東西。「社會事實是被人們從內部理解的。我們可以根據對我們自己狀態的觀察而在一定程度上使它們在我們之中再現。我們理解它們，就可以通過愛和憎，通過我們激情的變換，而使歷史世界再現。」❽人們憑藉對他人內在狀態的神入(Einfühlen)而理解人類生活。因此，如果說，意義是狄爾泰精神科學的基礎的話，那麼理解便是達到具有如此意義的人類生活和歷史的基本手段。

　　但是，問題還沒有得到真正的解決，正如柯林武德所說，「因為生活對狄爾泰意味著與反思或知識不同的直接經驗；而且歷史學家就是成為了尤里烏斯・凱撒或拿破侖，也還是不夠的，因為那並不構成一種有關尤里烏斯・凱撒或拿破侖的知識，正有如他是他自己並不就構成一種有關他自己的知識這一明顯的事實一樣。」❾狄爾泰試圖用心理學來解決這個問題。他詮證說，我只有通過心理學的分析才逐步認識到我自己，也就是說，才逐漸理解我自己個性的結構。他通過對他人的神入理解，把這種方式也運用於對其他人的認識。他根據這樣一個方式分析哲學史：根據心靈結構有某些基本類型，

---

❼　*Meaning in History — W. Dilthey's Thoughts on History and Society*, 第 73–4頁。

❽　*Wilhelm Diltheys Gesammelte Schriften*, 第一卷，第36頁。

❾　《歷史的觀念》，第196頁。

而每一種類型對世界都有某種必然的態度和概念這一原則，把哲學史歸結為對哲學家的心理的研究。於是不同哲學之間的差異，也就被歸結為單純由心理結構所造成的心理傾向方面差異的結果。這樣處理的結果自然使哲學史失去了本來的意義，而狄爾泰因此也達到了與自己目標相反的結果：心理學不是歷史學，而是科學，是一門根據自然主義的原則建立起來的科學。說歷史只有以心理學的方式來構思時才變得可理解，也等於說歷史是不可能的，而唯一可能的知識就是自然科學的認識了 ❿。

　　狄爾泰的這個觀點以及精神科學的心理學特徵，遭到了李凱爾特的批評。他認為，「非自然科學的經驗科學固然主要與心理的存在發生關係，因而把這種經驗科學標誌為精神科學並不是完全錯誤的。但是，重要的是認識論的本質特徵卻沒有由此描述出來。因為憑藉這種心理學的概念，既不能使這兩種不同的科學興趣之間的原則區別得到闡明，也不能完全用所述的方法，推演出這兩種相互不同的專門研究方法的任何有益、邏輯的即形式上的對立。」⓫ 根據李凱爾特的觀點，要使這兩類經驗科學得以從本質特徵方面區別開來，就必須既建立質料分類的原則，又建立形式分類的原則。前一種原則與對象相關。在實在中存在某些對我們顯得有意義的事物或事件，我們從它們那裏看到多於「自然」的東西，因而科學可以劃分為自然科學和文化科學；後一種原則涉及到方法問題。「自然」一詞在他看來不僅僅是指物體世界，而且只具有康德式的或形式的意義，這樣，「自然科學方法」一詞也只有邏輯的意義。與這種意義的自然科學方法相對立的不是文化科學方法，因為它不具有同樣的邏輯

<hr>

❿　《歷史的觀念》，第197頁。

⓫　李凱爾特：《文化科學和自然科學》，商務印書館，1986年，第15頁。

意義。在李凱爾特看來，構成對立的另一極應該是歷史方法。

李凱爾特上述原則直接依賴於他對自然和文化的規定，因此，只有在解釋清楚什麼是自然和文化之後，才可談到方法上的本質差別。李凱爾特指出：自然是那些從自身中成長起來的、「誕生出來的」和任其自生自長的東西的總和。與自然相對，文化或者是按照預計目的直接產生出來的，或者雖然是已經現成的，但至少是由於它所固有的價值而為人們特意地保存著的❷。我們可以用一句話來突出兩者之間的差別：為人所承認的價值劃分了文化現象和自然現象。任何一種現實之所以賦有價值或者與特定的價值相關，正是在於它的獨特性，它的一次性的發生過程。這一特點又為文化科學從方法上區別於自然科學提供了根據。李凱爾特指出：認識自然就意味著從普遍因素中形成普遍概念。也就是說，發現自然規律的概念。自然規律的邏輯本質決定了，自然規律不能包含那種只能在這個或那個單一和個別現象之中發現的東西❸。因此，與尋找普遍規律的自然科學方法相對的歷史方法的特點就在於：研究個別的性質，準確地說，所謂歷史的方法就是「那些旨在研究現實的特殊性和個別性的科學方法。」❹

自然科學與社會科學的區別因而在李凱爾特的哲學中表現為兩種基本的對立：自然和文化的對立；自然科學和歷史的文化科學的對立。歷史的文化科學這一名詞反映了李凱爾特對這門科學的兩個基本方面的認識：「作為文化的科學來說，它們研究與普遍文化價值有關的對象；而作為歷史的科學來說，它們則從對象的特殊性

---

❷　《文化科學和自然科學》，第20頁。

❸　《文化科學和自然科學》，第38頁。

❹　《文化科學和自然科學》，第52頁。

和個別性的方面敘述對象的一次性發展。因此，文化事件的存在這種情況，既提供了這些科學的歷史方法，同時也提供了概念形成的原則，因為對於這些科學來說，只有那些在其個別特性方面對於作為指導原則的文化價值具有意義的事物，才是本質的。」❺歷史的文化科學獨立性的權利至少就這兩點而論在李凱爾特的體系中得到了前後一貫的證明。

在劃分自然科學和文化科學界限的問題上，韋伯基本上接受了李凱爾特的原則，把它們看作是實際有效的。在《羅雪爾和克尼斯與歷史的國民經濟學的邏輯問題》的第一部分分析羅雪爾和科學分類觀點時，韋伯在運用李凱爾特的觀點時特地強調了這一點❻。不過，韋伯並沒有同時承認李凱爾特對狄爾泰的批評是完全有效的。在他看來，狄爾泰對於劃分自然科學和文化科學所作的貢獻雖然與李凱爾特相比，或許稍有遜色，但依然是十分重要的。他不排斥使用精神科學一詞以表示文化科學的某種獨特性❼。更為重要的是，就如我們在這裏以及後面的分析中將會看到的那樣，他吸收了狄爾泰關於意義和理解的學說，把它們與李凱爾特的價值說、特殊性和個別性的學說結合起來，形成他自己對於文化和文化現象的觀點；而後者又影響了他關於社會科學方法論富有成效的思考。一般來說，這兩個方面的思想就構成了他自己關於文化科學的規定。因此，從較為寬泛的意義上來說，這裏所討論的韋伯方法論思想就是他對於

---

❺　《文化科學和自然科學》，第88頁。

❻　Max Weber, *Gesammelte Aufsätze zur Wissenschaftslehre*（以下引稱《科學論文集》），Auflage 5, J. C. B(Paul Siebeck), Tübingen, 1982年，第12頁注1。

❼　參見《科學論文集》，第12-3頁。

廣義的社會科學的規定。同時，那個時代的其他哲學家一些有益的
思想也在韋伯學說裏面體現了出來。與韋伯有過密切交往的另一位
著名的新康德主義哲學家齊美爾認為，自然科學的事實與歷史的事
實承負著極為不同的意義。歷史學家面前所有的一切只是文獻和遺
跡，他必須設法從其中重行構造出事實來。不僅如此，他還認為，
歷史是一種精神構造，是一種承荷人的個性的東西，而且使歷史學
家能夠重新構造它的唯一東西就只能是如下事實：即歷史學家本人
就是一種精神和一種個性❽。韋伯的歷史個體、價值關聯和理想類
型等方法論學說雖然不能說直接來自於這個觀點，但毫無疑問折射
了這種思想。

　　韋伯關於文化科學的規定，在哲學原則上自然難脫康德以及新
康德主義文化哲學的基本觀念和原則，但由於韋伯畢竟首先是一名
實際的社會科學家，這就是說，他從事過大量的歷史─社會的研究，
因此，他對於文化科學的規定和態度，自有其獨特的思想和見解。

　　狄爾泰區分自然科學和社會科學的根據，在相當大的程度上是
憑藉對象本身的不同，即人類生活的精神特點以及由此而來的意義
與無意義的自然事件的差別。這種根據是十分容易遭到反駁的。因
為可以清楚地劃分這兩類對象的界限是根本無法找到的。首先是文
德爾班，爾後是李凱爾特揭示了這種做法的矛盾。他們認為，無論
是兩門科學的對象之間的區別，還是這兩類科學的區別，都只有方
法論上的意義。如我們上面所看到的，李凱爾特所設立的自然與文
化的對立，以及自然科學與歷史的文化科學的對立，都只具有形式
的和方法上的意義，而不具有存在論上的意義。

　　在規定社會科學的對象時，韋伯也是從這樣一個基本點出發

❽　《歷史的觀念》，第194頁。

的。他在《社會科學認識和社會政策認識中的客觀性》一文中指出：社會科學的對象是文化事件❸。文化事件的規定包含著兩種基本的要素，這就是價值和意義。社會科學與自然科學一樣，研究的對象也是實在(Wirklichkeit)，而實在之所以進入社會科學的領域，成為文化科學的對象，不是因為它原來就是如此，而是因為它在與研究者的價值觀念相聯繫之中變得重要了，因而它對於我們有了意義❹。實在之所以成為文化事件，是因為它具有意義，而它之所以具有意義，乃是因為它與我們的價值觀念可以發生一種聯繫。從韋伯的觀點來看，納入社會科學研究之中的實在本身是無所謂價值的，而由這些實在組成的世界也就是一個無意義的無限世界，或者它頂多包含著被賦有意義的可能性。因此，在實在與人們的一定價值觀念發生關聯之前，它們無非也就是自然而已。文化對象固有的某種價值不是文化科學及其方法的前提。如果我們從自然科學的角度來看待同樣的對象，它們也就是自然科學的對象，而不會有什麼不同。「任何文化科學的先驗前提，不是指我們認為某種或任何一種一般的『文化』有價值，而是指我們是文化的人類，秉具有意識地對世界採取一種態度和賦予它以一種意義的能力和意志。」❹而且，「無論這種意義可能是什麼，它都將引導我們在生活中從它出發對人類團體的某些現象作出判斷，把它們當作有意義的來（肯定地或否定地）看待。」❷相反，李凱爾特則認為，文化對象自身固有其價值，而這是文化科學的首要條件。他認為，「價值是文化對象所固有的，因

---

❸　《科學論文集》，第161頁。

❹　《科學論文集》，第175頁。

❷①　《科學論文集》，第180頁。

❷②　《科學論文集》，第180頁。

此我們把文化對象稱為財富。」 ㉓韋伯並不否定這種特點，但他認
為，認識的主體倘無價值前提，那麼也就無所謂文化對象。因此，
在文化科學的前提究竟是主體的價值觀念，還是對象的固有價值方
面，他們的見解具有明顯的歧異。

很顯然，韋伯這裏所說的意義與狄爾泰所謂的意義是不同的，
它不是指文化對象自身的性質，而是在人們與文化對象的關係之中
表現出來的對象的獨特性質。由於使這種意義發生的價值觀念具有
主觀的性質，處於關係之中的雙方便會使意義產生程度上的和次序
上的無限變化㉔。但是，韋伯對於文化事件的規定不但沒有排斥狄
爾泰的意義和理解說，而且還把它們看作文化事件特殊性的不可缺
少的因素。文化事件在韋伯那裏也就是精神事件，它包含著人的動
機、思想、欲求和目的等精神因素，所有這些因素使之表現出主觀
的意義。換言之，文化事件也就是人的活動或以之為主體的社會團
體的活動。這些行動是受到理性和人的情感等支配的，因而是可以
理解的。韋伯用狄爾泰的術語說，這樣的理解就是憑藉「神入」的
方式的理解㉕。理解的觀點構成了後面將要專門分析的方法論的重
要部分。這樣，在韋伯看來，社會科學的任務就是理解文化事件。

因價值關聯而具有意義的文化事件總是個別的現象，這不僅指
它是一次性發生的事件，因而具有唯一的性質，而且還意謂著文化
事件總是與特定的價值觀念相關聯的，從而產生特殊的意義。這種
雙重的個別性決定了自然科學的認識方法，即建立精確的自然規律，
無法用來達到文化科學的認識目的。出於這樣的認識，韋伯否定了

---

㉓ 《文化科學和自然科學》，第21頁。

㉔ 《科學論文集》，第184頁。

㉕ 《科學論文集》，第173頁。

歷史唯物主義作為解釋歷史和文化事件的世界觀的有效性。他承認
「從社會現象和文化事件受到經濟制約和影響的角度對它們進行分
析，是一個富有創造性的科學原則。」❷⁶儘管如此，試圖把一切社會
現象和文化事件最終都歸結為「經濟動力」的結果，因而把經濟的
因素看作一切文化事件的最根本的解釋原因，是一種根本站不住腳
的空洞的假設。韋伯指出，由於把專業知識演化為世界觀是根深蒂
固的認識論一元論的觀點，像歷史唯物主義那樣的做法，即空洞地
要求某種解釋社會現象的唯一基本要素的做法，並不是絕無僅有的
例外，用「種族特性」來解釋一切歷史事件的歸根到底的原因，就
是另一種同類的要求❷⁷。韋伯這裏所謂的專業知識指的就是經濟學
知識。

　　與歷史唯物主義觀點密切相關的是自然主義的觀點：「人們一
再認為，在文化科學中決定性的標誌可能也在於某些因果聯接『合
乎規律的』重複。」❷⁸人們認為，只要找到這種重複的公式，就可一
覽無遺地解釋歷史和一切文化事件。精密的自然科學的特點就是利
用數學的手段建立了具有可以測量的數量關係的規律。由於社會科
學領域內各學科的差異，人們或者試圖仿效自然科學的方式，建立
某種可以從數量上來把握的合乎規則性；或者依照規律的設想，通
過歷史歸納法從歷史中尋找某些本質的東西，從而可以把其他事件
都化簡為這些基本的因素。比如人們認為：「心理學的任務就在於
對個別的『精神科學』發揮類似於數學的作用，而這就意味著它從
心理條件和作用的角度來分析社會系統的複雜現象，把它們化約為

❷⁶　《科學論文集》，第166頁。

❷⁷　《科學論文集》，第167頁。

❷⁸　《科學論文集》，第171頁。

盡可能簡單的心理因素，然後再給它們按性質分類，並在它們的功能性的聯繫中對它們進行研究。」❷

它們對於社會科學的任務究竟意味著什麼呢？韋伯承認，這樣建立起來的規律的確能夠發揮某種類似詞典的作用——這是他不同於李凱爾特的地方。但是，它們的作用也僅此而已。社會科學興趣的出發點是圍繞我們社會文化生活的現實的，亦即個別的形態。社會文化生活和實在，無論何時都不能從那些規律和因素中推演出來。這不是因為社會生活背後還有某種「隱德萊希」一類神祕的支配力量，而是因為我們憑藉這些規律或因素，無法找出使這些個別的文化事件發生的另一種同樣完全個別的實在，而這正是經驗的文化科學興趣之所在；當然就不用說這種方式無法解釋文化實在的意義的緣由。

我們看到，韋伯雖然反對自然主義的歷史觀，但並不斷然否定它們的方法具有一定程度的效用。他認為，確定那些（假定的）「規律」和「因素」，是社會科學的初步工作。但是，即使這樣有限度承認的「規律」或「因素」的合法性，也不能被看作是完全自然主義意義上的東西。韋伯對於「規律」或「基本因素」合法性的考慮，是從「理想類型」的維度出發的。承認社會歷史受一種必然規律支配的觀點，是韋伯絕對不能容忍的。因此，儘管在具體的方法論討論中，比如在因果分析和理想類型的討論中，韋伯常常表現出一般化或規則化的傾向，它們還不足以用來說明韋伯在這一基本立場上的動搖。這一點在下面一段話裏面得到充分的申明：「實在與賦予它以意義的價值觀念的關聯，以及從實在的文化意義角度對由於與價值觀念的關聯而帶有色彩的現實成份的選擇和整理，與根據規律

對實在的分析和用一般概念對實在的整理，是兩種完全不同和相互
對立的考察模式。這兩種對現實進行思想上整理的模式彼此決無必
然的邏輯關係。它們在某些個別情況下會有一致，但如果這種偶然
的相符抹煞了它們原則上的差別，這將是其大的災難⓲。」

　　韋伯在反對自然科學的沙文主義，反對用尋找「規律」和「基
本因素」來取代和抹煞文化科學對象和方法的特殊性的同時，也堅
持文化科學是一門客觀的經驗科學，反對社會科學家不得不使用直
覺的方法的觀點。休斯在談到韋伯研究方法論的實際思想進程時指
出：「他至少在兩條路線上作戰——一方面與實證主義或『自然主義』
的淺薄作鬥爭（雖然他自己也不時被指責為實證主義者），另一方
面與唯心主義思想的傳統教條，尤其是它否定在人類文化領域從事
科學研究的可能性作鬥爭。」⓳通過後一條戰線的鬥爭，他努力從先
輩的唯心主義的傳統擺脫出來。這種努力集中體現在《羅雪爾和克
尼斯與歷史的國民經濟學的邏輯問題》之中。羅雪爾和克尼斯深受
黑格爾以及後來的德國唯心主義哲學的影響，把黑格爾式的「整體
宇宙(Gesamtkosmos)的有機生活」當作個別現象的原因，這些個別
現象是無法通過概念而客觀地把握的，乃至根本無法解釋的⓴。他
們認為無法用因果解釋來說明具體的歷史事件和它們的相互聯繫，
因為它是「人的自由和非理性行動的領域」㉒。兩人共同的核心觀
點都在於強調社會歷史現象的「精神」的性質，用非理性的自由意

⓲　《科學論文集》，第176頁。

⓳　Hughs, H Stuart: *Conciousness and Society*, New York, 1977年，第302
　　頁。

⓴　《科學論文集》，第34-7頁。

㉒　《科學論文集》，第45頁。

志來否認在文化科學範圍內從事客觀的因果分析的可能性。韋伯並不否定文化事件的「精神參與」，但反對因此而否定文化科學的經驗客觀性。意志自由是人的合理的行動的經驗事實，但它非但不是無法從因果關係，因而在一定意義上從規則上來把握文化事件的理由，反而正好提供了深入人的內心分析人的行動的有效途徑。韋伯認為，「對於歷史學家的解釋來說，『個人』不是一個『謎』，而相反是所有存在物之中唯一能夠解釋的『可理解的存在』，人的行動和行為決不像一切個別事件本身那樣，是高度『不合理的』——在無法預測或使因果歸源雜亂無緒的意義上——尤其在合理的解釋中止的地方更非如此，相反，一般在合理的解釋能夠進行的範圍內，它已遠遠地超出了純粹『自然之物』的非理性。」❸ 因為人的自由行動是理性實現的行為，它通過為我們所知的最合適的手段即經驗知識來追求所意欲的目標。在這個過程中，各種情感的因素都會損害行動者的自由，也就是說，人的行動不可能按照理想的規則行事，但這並不因此取消了人們對它進行因果分析的可能性❸。

迄今為止，我們提示了韋伯從方法上規定文化科學的基本原則。概而言之，文化科學通過理解來分析人的理性行動和以之為主體的社會活動的因果關係；文化科學的知識並不具備一般規律的性質，而是完全具體的具有獨特性的事件的特殊聯繫；在這個基礎上，它對未來的狀況作出預測❸。無論在與自然主義，歷史唯物主義，還是與德國唯心主義傳統的鬥爭中，韋伯的立場都是頗為鮮明的，但是，這並不說明他的觀點是內在一致和沒有討論餘地的。比如，

❸　《科學論文集》，第133頁。

❸　《科學論文集》，第226-7頁。

❸　《科學論文集》，第175頁。

否認社會科學領域內普遍規律的有效性與承認個人依照經驗規則而行動以及因果分析可能性之間，就存在著難以克服的矛盾。這些問題涉及到極為基本的哲學爭論，既非韋伯的任務，亦非是他能解決的。正出於這種情況，韋伯關於文化科學最有價值的見解都體現在有關原則、方式和方法的具體討論之中。我們只有深入分析這些具體的內容，才能把握他的基本觀點和不同於他的導師的特殊觀點，也才能看到，韋伯最終也無可避免地陷入文化事件即歷史個體的特殊性與經驗科學認識一般性要求的二律背反。

這種二律背反最為昭著的表現，就是韋伯在《社會學基本概念》裏面對社會學與歷史所作的區別。在《方法論基礎》一節，韋伯界定社會學說，「社會學構成——正如已經在很多方面都當作不言而喻的前提一樣——類型的概念，探索事件的一般規則。」❸❼ 從這個意義上來說，社會科學在方法論上多了不少與自然科學的共同性。相反，歷史學力求對於個體的、文化上重要的行為、機構和人物作出因果分析和歸源❸❽。但是，社會學由於兩個方面的特點而在一定意義上從屬於歷史學：第一，社會學在根本上是從歷史中採納其材料作為範型的，這就是說，社會學雖然構造類型，但其對象和材料的來源仍然是歷史的文化事件。正是由於這一個事實，關於文化科學的一般規定依然適用於社會學。第二，社會學之所以要形成自己的概念，並且探索社會學的規則，其目的在於為文化事件的歷史─因果歸源提供幫助。從今天的觀點來說，這一點並不能充分保證社會學依然屬於文化科學的範圍。當歷史的文化事件需要一般的概念和類型的襄助才能為人認識時，它的獨特性如何能夠繼續得到保證，就是一

---

❸❼ 《科學論文集》，第559頁，並參見《經濟與社會》，第52頁。

❸❽ 《科學論文集》，第559頁，並參見《經濟與社會》，第52頁。

個巨大的疑問了。

# 二、文化意義和價值分析

## 1.價值關聯和文化意義

　　價值是文化科學概念形成的先決條件。價值關聯決定了文化科學和自然科學的分野。在韋伯時代，價值成為哲學和其他社會科學討論的中心問題，尤其是新康德主義文化哲學流派的核心關切⓵，因而韋伯大體上是把它當作具有普遍接受的定義的概念來運用。但是，實際上即使在李凱爾特那裏，價值也沒有得到確切的規定。李凱爾特認為，「價值自身究竟是什麼，這當然無法在嚴格的意義上得到『規定』。但是，這僅僅在於涉及到一個終極的和非衍生的概念，我們利用它來思考世界；並且如果人們打算因此而把這一點稱作為缺點的話，那麼存在、生存、實在或現實等概念都和價值概念一起分有這種缺點。」⓶於是，人的生活就是有價值的生活，人的經驗就是有價值的經驗。「沒有價值，我們便不復意欲和行動，因為它給我們的意志和行動提供方向。」⓷價值因此是一種基本的存在，但不是實在的存在，而是非實在的存在⓸。不過，它總是與一定實在相關，而後者是價值的載體。我們總是認為某一東西或某一事件有價值。但是，由於價值是由人的有意識的主體活動引起的，因而任何

---

⓵　正確地說，迄今為止，它依然是社會科學和人文學科中的一個難題。

⓶　Rickert, H: *System der Philosophie I*, Tübingen, 1921年，第113頁。

⓷　*System der Philosophie I*, 第120頁。

⓸　*System der Philosophie I*, 第120頁。

事件或事物不會只有一種價值色彩，而是具有多種價值色彩，這完全取決於人的立場和態度，亦即他的價值取向。概而言之，價值表示人與實在的一種關係。價值的存在既非單純地依賴於人，亦非單純地依賴於實在。關係一旦消失，價值不復存在。

社會科學關於價值的考慮因此而有兩重性：一方面，人的生活世界是一個價值豐富的世界；另一方面，這個世界對於每一個人來說，其所以有價值是因為他對之取一種價值的態度。如果個人不對世界表態（無論是表達出來的，還是內省的），那麼即使生活世界再如何豐富多彩，對他來說也是毫無價值的──這自然只有抽象的可能性。狄爾泰在談到精神科學的對象時，強調的是第一方面。李凱爾特所謂文化的範圍，比狄爾泰的精神科學的對象要廣泛得多，它不限於社會的人的活動，舉凡人能與之發生關係的實在都在文化範圍之內。第二方面的意思來自於韋伯對李凱爾特觀點的引申和發揮，它具體地體現在價值關聯和文化意義的討論之中。

按照自然主義的觀點，認識的目的既然是客觀的規律，社會科學的任務就在於尋找那些構成規律的基本因素，從而一勞永逸地建立起世界的知識圖景。但是，價值的觀點卻使文化科學找到了與此極為不同的出發點。世界固有的聯繫也是無限多樣的。價值本身也是無限多樣的，因而人們對於這個世界的可能的態度總是有極其多樣的可能性。但是，每一個人對世界可能採取的態度，在一定的時間內總是有限的，並且他所能與之發生聯繫的實在也因之是有限的。這樣，通常的情況總是這樣：秉具一定價值觀念的社會科學家或類似的學者與一定的實在發生聯繫。他之所以與這個實在發生聯繫，完全取決於他的價值觀念。這種價值觀念可以做最為廣泛的解釋，從個人的興趣、階級利益乃至純粹的理想，都可以包括在內而無不

妥。社會科學家在一定的價值觀念的背景之下與一定的實在相關聯，這便是價值關聯(Wertbeziehung)。韋伯指出，價值關聯實際上也就是一種價值判斷。它不是要在概念之下來把握對象，而是對具有獨特性質的對象採取一種態度，一種評價的態度。它的源泉是主觀的，不是抽象概念，「而是完全具體的，高度個別化地形成和構造起來的『情感』和『願望』，或者可能是對某種仍舊具體地形成的『應當』的意識。」❸ 在這種關係之中，實在就成了文化現象。韋伯進一步詮證說：「一種文化現象形態的意義⋯⋯假定了文化現象與價值觀念的關聯。文化概念是一個價值概念，經驗實在對我們來說是『文化』，因為，並且只要我們把它置於與價值觀念的關係之中，它便包括而且只包括那些通過這種關係才對我們有意義的實在的成份。」❹

價值關聯是文化意義的邏輯前提，而文化意義也像價值一樣，其內容是難以確切規定的，從理論上來說具有無限豐富的可能性，因此，人們實際上可以從各種不同的角度來規定它。伯爾格曾把韋伯的文化意義分為三種類型：心理學上的文化意義；邏輯上的文化意義；對於目標而言的文化意義。所謂心理學上有意義的，乃指文化意義構成了社會科學家或其他相關人員選擇特定的現象作為研究或描述對象的根據；所謂邏輯上的文化意義，乃指這種研究或描述成為對經驗實在的科學說明之所以有效的邏輯原因；所謂對於目標而言的文化意義，乃指現象的意義是社會科學研究的目標。上述區分是從研究者角度出發所作的邏輯分類，沒有涉及意義的內容。但是，正如伯爾格自己所承認的那樣，韋伯自己心中並沒有如此的區別❺。因為很簡單，任何一種文化意義都可以解析出這三層意思或

---

❸ 《科學論文集》，第252頁。

❹ 《科學論文集》，第175頁。

者更多的意思來。不過，伯爾格所作的分析讓我們看到，文化意義之中固然包含著客觀的因素，比如邏輯的和目的的意義層面，但其前提卻是主觀的，這三層意思無不依賴於價值關聯。

進一步說，文化意義又是實在成為研究對象的前提。價值可以與實在中的任何現象發生關聯，但是並非任何現象都會因此而在認識主體看來是有意義的，只是那些依照某種價值觀點對主體有意義的實在的組成部分才會成為研究者的對象。

價值關聯和文化意義兩者一般地解釋了選擇研究對象的根據。但是，文化意義與價值關聯不同，它不單單包含了主觀的根據，而且在一定程度上包含了客觀的理由。從同一種立場出發，某些事件有意義而另一些事件卻不顯示什麼意義，這自然取決於這個事件本身的特殊性質。韋伯指出：「我們那些受價值觀念制約的興趣只使每次觀察到的個別實在的很小一部分具有色彩，惟有這一部分對我們才有意義；它之所以有意義，是因為它表明了那個由於與價值的聯結而對我們變得重要的關聯。只是因為情況就是如此，並且在如此情況的範圍內，它才由於它的個別的特性值得我們去認識。」 **❹❻**
不僅如此，實在的聯繫是極其多樣的，每個特殊事件本身也包含著無數的聯繫。由於這種興趣指向的緣故，文化現象往往就是某一事件的某一方面的聯繫。由此得出的結論便是：一方面，對於同一現象或其中的部分可從不同的價值觀念角度來考慮，另一方面，同一價值觀念也可以與不同的事件或其部分相關聯。社會科學對象這種

---

**❹❺**　Burger, Thomas: *Max Weber's Theory of Concept Formation*（《馬克斯・韋伯的概念形成理論》）， Duke University, Durham, 1987年，第88-9頁。

**❹❻**　《科學論文集》，第175頁。

無限多樣的可能性，即每個文化事件的特殊性使得任何規律都無法勝任它自稱的任務，而說明這一點正是韋伯反覆論證文化意義的本意所在。

## 2.價值分析

一個文化事件或其組成部分具有文化意義的主觀原因是價值關聯，其客觀的條件是事件本身的獨特性質。但是，人們隨之就會提出下面的問題：某個具有獨特性質的事件或其部分為什麼會對特定的價值觀念顯現出意義？如果說價值關聯一般地解釋了社會科學對象建立的條件和根據，那麼這裏所需回答的是社會科學概念如何具體地形成的問題。韋伯在與德國歷史學家愛德華·邁爾❹論戰的論文❹中提出價值分析(Wertanalysie)概念，用以解決這個問題。

任何社會科學研究的基本任務都在於對實在進行經驗的因果分析，揭示事件固有的和可能的聯繫。但價值觀念或對事件的態度並不直接就能確定因果分析的入手點。因此，在價值關聯和因果分析之間尚有一個中間步驟，這就是對事件可能的意義從價值的觀點入手進行分析，從而揭示出事件能夠引起人們更加深入的興趣或多方面興趣的可能性。韋伯在分析關於歌德致馮·施泰因夫人❹書信的解釋時指出，價值分析能夠教導我們如何「理解」那些書信的「精

---

❹ Eduard Meyer, 1856-1938，歷史學家，曾任萊比錫大學、哈勒大學和柏林大學教授。

❹ 《文化科學邏輯領域內的批判研究》(Kritische Studien auf dem Gebiet der kulturwissenschaftlichen, 1906年)，見《科學論文集》，第215-290頁。

❹ Frau von Stein，歌德的情人，她對這位德國大詩人的思想發展產生過重大的影響。

神」內容，對我們「感到」模糊和不確定的地方進行發揮並使它們進入清楚「評價」的光明之中。為了這個目的，它決不被迫去發表「價值判斷」或「促使」這種判斷產生出來。它在分析過程中實際所「促使產生」的反而是與對象的種種價值關聯的可能性❺。價值分析的對象當然在一定程度上是為人們所熟悉的，並且它已處於人們價值興趣的視野之內。但是，事件本身多方面聯繫的存在，就使得尋找因果分析的路標成為必要。不僅如此，價值分析同時還能給即將進行的因果分析提供決定性的「觀點」❺。所謂觀點並不是指評價的觀點，而是因果分析所要解釋的課題。從這個意義上來說，價值分析不僅提供了經驗分析的入手點，而且也提出經驗分析的具體任務。

揭示對象精神內容的工作不僅包括突出和發揮對象之中可以得到評價的組成成份，而且其最後的任務是在此基礎上構成一個具有完全獨特性質的對象──歷史個體。這樣，憑藉價值分析，社會科學家使自己和他人都意識到一個具體的、個別的因而唯一的形式。依據這種形式，人們的理念可以在相關的政治形態（比如弗里德里希大帝的國家）、相關的人物（比如歌德）、相關的文字作品（比如《資本論》）裏面實現自身或發揮作用❺。換言之，價值分析憑藉解釋，使對象之中可能的精神內容成為人們的「情感」、「願望」或「應當的觀念」的表現形式，而已經過價值分析的文化對象或歷史個體在秉具特定的價值觀念的人們看來，就是這類形式的體現。毫無疑問，形式的唯一性和它與特定對象聯繫的唯一性，都只有依據一定

---

❺ 《科學論文集》，第246頁。

❺ 《科學論文集》，第251頁。

❺ 《科學論文集》，第252–3頁。

的價值關聯和價值分析才能有效，並無普遍的客觀性。在這個意義
上，價值分析也就是價值解釋，它實際上是抽出有關對象的無數可
能的理解中的一種，使之定向化。在這個過程中，主觀的因素起決
定的作用。因為從什麼角度來解釋，解釋哪些方面是完全取決於主
觀的價值興趣的。

價值分析的這種特點，使它一方面要考慮與文化科學（歷史等
等）相關的事實，另一方面也要考慮可能與文化科學所要處理的完
全不同的事實。「這就是說，價值分析所考慮的事實⑴既非歷史因
果鏈條本身的環節，⑵也不能用作認識第一類事實的手段。」❺韋伯
在這裏強調的是通過價值解釋，人們既不產生關於事實的描述，也
不形成關於事實的認識概念──經驗科學的工具。價值解釋比這兩
個方面有著更為廣闊的活動餘地。人們價值興趣的無限可能性實際
上也往往來自其他的文化事件和文化科學學科，價值解釋因此在相
當多的情況下成為不同事件的精神內容之間的一種聯想；只要人們
願意這樣做，它在價值關聯的範圍內總是合法且有意義的。韋伯在
談到價值分析區別於因果分析的特點時，曾舉例說道，價值分析「以
人們解釋《浮士德》的方法來分析和從心理學上來解釋致馮・施泰
因夫人的信件──根據《浮士德》的思想內容考察馬克思的《資本
論》，在它與其他論述同一問題的思想體系的關係中來闡述它。」❺
在這裏，《浮士德》的精神不是概念，也不是文化現象的事實，它是
人們從事價值分析時的指導和啟示，也可以說是價值解釋的依據，
人們藉此從對象中覓得價值關聯的可能性和因果分析的入手點。

從價值關聯到價值分析這樣一種秩序，只是最初發生時的狀

❺ 《科學論文集》，第249頁。

❺ 《科學論文集》，第249頁。

況，而非總是如此。從韋伯的闡述可以看出，價值分析固然是以價值關聯為前提的，但是價值分析又為進一步的價值關聯提供了可能性。所謂進一步的價值關聯既可以是興趣的變移，也可以是興趣的具體化。這以後的進程是怎麼樣的，韋伯並未明述，但概括他的種種論述可以看到，人們既可以由此進入因果分析，也可以從事有效的價值解釋；而後一種解釋依照韋伯的觀點本來就有不斷深化的可能性。這種深化在社會科學中所產生的結果既可以是視野的收縮，也可以是觀點的變換，研究的對象和範圍因此或者變得更加專門，或者產生了新的思考角度。

　　需要強調的是，韋伯這裏所謂的價值、價值判斷和文化意義，與他在《社會科學和經濟科學「價值無涉」的意義》一文開首所說的價值判斷有很大的區別。在那裏，價值判斷「應當理解為關於受到我們行動影響的現象是卑下的或是正當的評價。」❺❺任何的價值關聯和文化意義自然都會包含這類情感因素，但韋伯這裏的意思所在不是積極的或消極的評判，而是指超脫好惡評價之外的一般文化意義。一種為人稱讚的事件自然有其意義，而一件為人厭惡和鄙棄的文化事件同樣具有文化意義。它們都能夠成為社會科學的研究對象，成為具有獨特性質的「歷史個體」。人們對之進行經驗因果分析的興趣或許與這種好惡大有關係，但即使如此，它對於他們來說仍是有文化價值的。妓院的文化價值並不亞於某種思想史，它們之間也沒有程度的差別，因為兩者是不可比的。我們很難說哪一種文化事件的價值比另一種更大。這完全因各人的價值興趣而各不相同。至於每個研究者究竟選擇哪個文化現象作為自己的研究對象，這自然要取決於他的價值觀點和對事件文化意義的理解，但與事件本身的一

---

❺❺　《科學論文集》，第489頁。

般文化意義並無關係。

　　總而言之，價值關聯和文化意義自然與人們的情感、願望、好惡評價有關，但這一切都只是表明這樣一個事實：引起這些主觀評價的文化事件有價值和意義，而不是相反。人們可以批評和拒斥耶穌的山上聖訓或致馮·施泰因夫人信件中的禁慾或激情的混合。這非但絲毫不影響它們的文化價值和文化意義，反而證明了這種價值和意義的存在。進一步說，這實際上也是闡發文化現象的價值解釋，「這種『解釋』對於解釋者也並不因此『是』無價值的，因為儘管如此，甚至正因如此，它的確才能在下面的意義上為它提供『認識』：它，如我們通常所說，拓展了他自己的內在『生活的』和『精神的』視野，使他能夠理解和領略這種生活樣式的可能性和精妙之處，從理智方面、美學方面、倫理方面（在最一般的意義上）各有特色地發展他自己，在某種程度上可以說，這種解釋使他的『心靈』對價值更加敏感。」❺❻

　　價值關聯和文化意義包含著對待文化科學的基本原則和觀點。正如我們從上面的分析所看到的那樣，它既是建立文化科學的前提，又是解釋文化科學研究者的興趣的根據。價值分析從根本上來說只是價值關聯的具體化，它具體地揭示了文化意義的所在。它們是經驗分析的必不可少的前提，但並非經驗科學本身。人們通過價值解釋僅僅使自己在與文化對象的關係之中開闊了自己的視野，以及使自己的心靈對價值更加敏感，但僅此而已。它不能給我們提供知識，後者是經驗科學的任務和目的。

---

❺❻　《科學論文集》，第246–7頁。

# 三、理 解

社會科學是一門經驗科學，它的根本目的是對經驗的文化現象作出因果解釋。如上所述，文化現象是有意義的，而產生這種文化意義的原因可以從兩方面來考慮。一方面，從價值關聯的角度來看，它取決於人們對於世界的態度，另一方面，從文化現象形成的角度來看，它依賴於產生文化事件的人的行動。人們的行動不僅有外在的表現，而且包含內心的活動、非活動或感受，這就是說，它包括賦予外在行動以意義的內在的精神活動。因此，韋伯採納了狄爾泰如下的觀點：我們不僅可以從外在的方面觀察和把握人的行動，而且可以從內在的方面來理解他們的行動。我們應當注意，韋伯在後期❺將理解當作社會學的根本性的方法論標誌。與此同時，他雖然仍舊將歷史學和社會學與其他所謂的教條式的科學，即法學，邏輯學，倫理學和美學區別開來，而歸在文化科學一類；但是在韋伯那裏，社會學與歷史學，無論在方法上還是在任務上，都有了相當大的差別❺。在《社會學基本概念》一文中，韋伯指出：「社會學（按這個頗多歧義的名詞在這裏所表示的意義）就是這樣一門科學：它們以解釋的方式理解社會行為，並將據此而通過社會行為的過程和結果對這種活動作出因果解釋。」❺理解所指向的是行為，而行為應

---

❺ 關於這一時期特徵的規定是一個頗為複雜尚需探討的問題。我們也可以一般地稱之「社會學」時期，不過，這裏的社會學依然應當從一種廣義的，界限又不那麼確定的意義上來理解。

❺ 參見《經濟與社會》，第40，52頁等處。

❺ 《科學論文集》，第542頁，並參見《經濟與社會》，第40頁。

該是人的一種外在的或內在的情由❻，這裏的關鍵是這種情由總是
與行為者的主觀意義相聯繫的。社會的行為應該是這樣一種行為：
它根據行為者或行為者們所認定的意義，與別人的情由相關聯，並
且在行為的過程以此為指向❻。根據這個解釋，理解的方式並不只
適用於社會學，而且同樣適用於歷史學和其他涉及到人的行動的文
化科學。因此，理解當是社會科學的一般方法論原則。

意義在韋伯的分析中有兩類，第一類是實際存在的意義，它或
者是一個行為者曾經有過的意義，或者是一般地或者近似地存在於
行為者們曾經有過的一系列情況之中的意義；第二類意義不是實在
的，它是某種用概念構想出來的某種純粹類型的行為之行為者主觀
上認定的意義，或者是作為某種類型而被設想出來的行為者主觀認
定的意義❻。

與這樣兩種意義相關，理解也就有兩個特點：或者是合理性的，
即邏輯的或數學的理解；或者是神入的，即對於他人情感關係的重
新體驗。前者既可以是我們對於某一數學命題的運用的理解，也可
以是對某個人企圖通過選擇適當的手段而達到某一目標的活動的理
解；後者的情形則要複雜一些，因為它所要理解的是價值、終極目
標、宗教的激情行為、虔誠和極端的非理性主義狂熱等一類內在的
心境❻。神入理解的可能性在於，人們可以通過分析自己在被理解
者所處的情景中將會出現的內心活動來類推他人的內心活動，這就

---

❻　韋伯所謂的情由(Verhalten)，是指一種內在的或外在的活動，這種活
　　動不僅承負行為者所認定的意義，而且與其他活動發生種種關係。

❻　《科學論文集》，第542頁，並參見《經濟與社會》，第40頁。

❻　《科學論文集》，第542頁，並參見《經濟與社會》，第40頁。

❻　《科學論文集》，第543頁。

是說，理解者試圖在假定相同的情況下，重新體驗研究對象當時經歷的內心變化。但是，在涉及終極價值和宗教情緒，或者其他極端的信仰和情緒時，理解者與研究對象在價值取向和信仰情緒方面的差異愈大，理解就愈困難❻。韋伯的這一分析實際上提示下面一層意思：在大致相同的環境之下，人們會產生出大致相同的內心活動，換言之，人們的內心活動至少有可以類比的相似性和規則性。這種規則性的程度在不同的人之間，因價值取向和信仰差異而各不相同。

不過，在社會科學研究中，理解的這兩個特點並不意味著兩種彼此互不相關的理解方式，相反，它們總是糾合在同一理解過程之中。對社會學，歷史或社會科學其他學科來說，考察計算的心理過程乃是它的領域之外的事情。韋伯自己也一再強調，理解不屬於心理學的範疇，而理解社會學也不是心理學的一個部分。理解的目的是在於領會人的行動的意義，心理學則根本不涉及行動的意義。按照韋伯的文化科學的基本原則，即使最為簡單的有意義的行動，也必定與一定的價值興趣相聯繫，因為人們是依照一定的價值觀點而行動的。選擇適當的手段達到某一目的行動之所以能夠得到合理解釋，其前提是對於選擇目的和手段的價值根據能夠作神入的理解。我們看到，一個人伸手捏著門把去關門，或者一個人舉槍瞄準某一動物❻。這兩個人的行動目的從表面上看來是非常清楚的，因而是可以合理地理解的。但是，如果沒有對於這兩個人相應的心境的理解，這兩個行動並不成為具有獨特性的文化現象，它們沒有意義，因而不在社會科學視野之內。因此，理解的主要特徵就應當是神入理解，即對他人心境的重新體驗。在其方法論時期的著述中，韋伯

---

❻　《科學論文集》，第543頁。

❻　《科學論文集》，第547頁。

把理解等同於神入或重新體驗,並且認為它是所謂的主觀化的科學,即歷史學科的特殊標誌❻。

　　神入理解的對象不限於人的具體行動,也適用於對某一時代形勢和某一特殊歷史時刻的情景的領會。這樣的理解必定涉及極為宏富的內容,不僅需要能夠神入某些個人的內心狀態,而且還需領會那個時代價值興趣的色彩和精神特點。相應地,理解者本人就需要具有較為敏銳的感覺和深入的洞察力。韋伯就此說道:「歷史學家的『得體感』(Takt)或『直覺』,而非一般化和對於規則的意識,揭示了因果關係。……歷史學從事事件和人物的解釋,而這些事件和人物是依照我們自己的精神本性所作的類推而被解釋和『理解』的。在歷史學家的描述中,最重要的始終是歷史學家報告的『節奏』和富有啟發的鮮明生動;它們可使讀者『重新體驗』所描述的現象,宛若歷史學家的直覺在體驗它,目睹它,而非挖空心思把它推論出來一樣。」❼

　　如果按照韋伯的觀點把文化科學的方法規定為概念化和抽象化,那麼理解,無論是神入的,還是合理的,都非此種意義上的邏輯方法。邏輯的和抽象的方法是客觀有效的,能夠用於經驗分析。相反,理解則完全是主觀的活動,它不是一種經驗分析,而是借助於內心體驗的類推。理解的主觀性首先取決於它所要領會的對象的私我性。因為關於實在的科學是不能從自我的現實性中抽象出來的,

❻　《科學論文集》,第89頁。
❼　《科學論文集》, 第277頁。這種能力在韋伯看來, 幾近於一種天賦,並非人人都具備。他雖然不同意蘭克的歷史觀點, 但推崇他具有這種直覺。韋伯認為, 不具備這種天賦的歷史學家, 如果缺乏方法論上的修養, 那麼頂多只能成為歷史學中的低級職員。

後者是「自由的世界」，對於認識來說，它表現為能夠以解釋的方式理解的東西的世界，「可重新體驗的東西」的世界，我們對於它具有「體驗到」的瞭解，而這種瞭解卻無法憑藉運用「客觀化的認識」手段，即概念和規則，得以深化❽。理解本身不能給出任何從主觀性的瞭解遞進到客觀認識的手段，因而始終只具有主觀性的特點，無法提供任何客觀的知識。

理解固然是無法客觀化的主觀活動，它本身就是人的一種內在狀態，既包含價值的因素，也包含情感的因素，但它卻是一個明證(Evidenz)❾。這就是說，我們確確實實具有這樣一種內在的活動。伯爾格認為，說理解是明證，就是指認識主體把握到了認識的材料❼⓿。這自然是一個正確的解釋。理解及其內容作為明證與「有效性」(Geltung)是截然不同的。「因為就邏輯的方面而論，它只不過把思想的可能性作為前提包含在自身之中，就實際的方面而論，它只不過把能以『解釋的方式』把握的事件的客觀可能性作為前提包含在自身之中。」❼韋伯用「現象學的」(Phänomenologichen)這個術語來指示理解活動，突出它的體驗的特徵，從而把它與存在於空間中的明顯事實對立起來，其旨意在於既強調它可現實地領會的特點，又不致於把它與經驗知識混同起來❼。

---

❽ 《科學論文集》，第74頁。

❾ 《科學論文集》，第115-6頁。Evidenz一詞在有關韋伯的英語文獻中的譯法大有差異。H. P. Secher所譯的*Basic Concepts in Sociology*譯為proof（見該書第30頁），似不確。Thomas Burger在他的*Max Weber's Theory of Concept Formation*譯為certainty，較切合原意。

❼⓿ 《馬克斯‧韋伯的概念形成理論》，第113頁。

❼ 《科學論文集》，第115頁。

❼ 《科學論文集》，第115-6頁。

理解始終是對於人的行動的理解。理解的可能性實際上是以人們內心活動的相似性為基礎的。但是，由於價值取向或信仰情感的差異，憑藉理解進入他人內在心境的程度是因具體情況而大不相同的。那麼如何能夠比較有效地獲知人的內心活動呢？韋伯提出了一種理想類型，這就是目的合理的行為。韋伯認為，人的行為或社會行為包含兩個基本因素：動機和目的。毫無疑問，這兩者都是與人的內在狀況直接相關的。但是，在過程和結果方面相同的行為，可以出於極為不同的動機，其明顯可理解的部分並不總是實際上在起作用的部分[73]。因此，試圖通過理解動機而解釋行為就是十分困難的，它無法解決上述理解的一般難題。然而，行為的另一因素即目的，為理解切合人的內在狀態，提供了可能的條件。在韋伯看來，人們總是依照一定的目的來選擇適當的手段，人們對於目的的意識越明確，就越是趨向於選擇適當的手段。目的合理的行為就是以這種考慮為基礎而建立起來的。「目的合理的行為應當是這樣一種行為，它唯一地指向（主觀上）設想為適合於（主觀上）明確把握了的目標的手段。」[74]這種行為的意義結構是最能被直接地理解的[75]。在解釋這種行為時，人們不是把它從心理行為中推論出來。相反，人們將只是從某些期望中把它推論出來。這種期望或者是人們主觀上寄託於對象行為之上的（主觀的目的合理性），或者是依據有效的經驗而產生的（客觀的正確合理性）；行為越是準確地趨向正確合理性的類型，其過程的意義就越能撇開心理因素而被理解[76]。

[73] 《科學論文集》，第428頁。

[74] 《科學論文集》，第430頁。

[75] 《科學論文集》，第432頁。

[76] 《科學論文集》，第432頁。

　　目的合理的行為是一種理想類型❼，它不是一般經驗的行為，更不是普遍的行為。我們在經驗中幾乎找不到它的純粹形式。但是，它是最重要的行為範例，給人們提供了理解行為意義的可能手段。毫無疑問，實際發生的人的行為並不盡是合理的，或者毋寧常常包含相當多的非理性因素。但是，目的合理的行為這一理想類型則使人們能夠讓這些非理性的因素展現出來。韋伯以股票交易危機的分析為例來說明它的作用：首先從思想上確定交易在無不合理因素參與的情況下是如何運行的；然後，由於將此用作假定的前提，不合理的因素就能夠作為規範的「偏離」而挑選出來❼。不合理的行為源於人的各種情感和欲望，而後者賦予人的行動和社會行動以意義。目的合理的行為類型幫助人們理解這種意義的內在原因。因此韋伯認為，它只是方法論的手段，而不是合理（理性）主義的偏好❼。

　　不合理因素參與的程度不同，人的行為或社會行為在目的合理的程度上就會出現各種差別，從而形成種種不同的行為類型。韋伯在《論理解社會學的幾個範疇》中，為社會學提出了六種行為類型：⑴或多或少幾乎達到正確的類型；⑵（主觀上）指向目的合理的類型；⑶僅僅或多或少意識到或注意到和或多或少明確地指向目的合理的類型；⑷非目的合理的但意義明確的行為；⑸動機的意義或多或少是明確的，但受到不明確的因素嚴重破壞或干擾的行為；⑹通過完全變動的過程，在人「之中」和「上面」發生的完全不明確的生理的或物理的事實❽。很顯然，這些行為類型都是依照目的合理

❼　《科學論文集》，第545頁。

❼　《科學論文集》，第544頁。

❼　《科學論文集》，第545頁。

❽　《科學論文集》，第435頁。

的行為類型建立起來的。因此「目的合理的行為是明確的，這裏的明顯程度是最高的。隨著理性程度的逐步減少，行為就越來越不明確，它的直接明顯性就越來越減弱。」❽理解行為意義的可能性也就隨之而降低。

但是實際上，目的合理的行為和不合理的行為的界限是極不確定的。即使在目的明確地規定了的情況下，手段的使用也受到了許多其他因素的制約。因價值取向和信仰的不同，所謂的適當手段便大有解釋的餘地。韋伯也舉出一例來說明這種情況，即傳統的行為游移兩者之間。於是，這裏我們面臨一個難以解決的理解與文化意義之間的矛盾：愈是目的合理的行為，因其最具一般性，最缺乏文化意義的獨特性，因而也愈是可以理解的；而愈是浸潤了多種價值、情感和其他獨特的精神因素的行為，就愈有文化意義，而實際上它就愈難以得到清楚的理解。理解之所以需要，旨在於瞭解和領會精神活動賦予文化事件的意義，從而把握住特殊性。然而理解的可能性與這種特殊性正好成一個反比關係。因此，理解的要求隱含著對於文化事件特殊性的排斥，而特殊性又使理解成為作用有限的方式。韋伯自己並未意識到，他的文化科學方法論包含著這樣一個二律背反，儘管他在具體的論述中透露了這種二律背反的實際表現。

我們因此就可以得出結論說，理解無論在何種情況下只具有相對的確定性和可能性。目的合理的行為這個理想類型為達到對於人們行為內在方面的中肯理解，提供了一種手段和工具，但其有效性的迴旋餘地非常狹窄：它只是減低了前面分析過的理解的困難程度，而不可能消除困難本身。這個矛盾實際上使韋伯處於一個進退維谷

❽　N. C. 科恩主編《十九世紀至二十世紀初資產階級社會學史》，上海譯文出版社，1982年，第283頁。

的境地。如要維持他所謂的文化科學，他只能取一種折衷的態度，而無其他選擇；偏向於兩極端中的任何一端都會導致取消理解和文化科學有效性的結果。

理解是以人的行動為對象的文化科學方法的一個基本特徵，是它在處理對象時區別於自然科學乃至社會領域的規範科學，比如邏輯學，倫理學，法學等等的獨特方式。文化科學的任務和目的是對文化事件作出客觀的因果分析，而這種分析的基礎是以理解的方式解釋人的行為。那麼，理解與因果解釋的關係究竟是怎樣的呢？韋伯認為，在涉及關於具體事件的因果說明時，由理解而被解釋的成份便是一種假設；而涉及一般概念構成時，無論這些一般概念的目的是在於詮釋 (Heutistik)，抑或在於術語的澄清，它更適合於作為理想類型的思想結構❽。由此我們可以看到，通過理解而被解釋的內容實際上處於實在和概念的邏輯結構之間，它與兩者都保持著距離，正是它的這一特徵使得對於人的任何因果解釋都具有某種相對性。這自然也是對社會科學持相對主義態度的原因之一。

理解不是社會科學的方法，雖然它利用了邏輯的方法作為輔助手段。一般來說，它是人們交往的一種基本方式，因而也是社會科學瞭解人的行為內在方面的一種方式，但它並不產生具有邏輯形式的結果。安德列斯基曾富有啟發地分析了理解的這種特點，儘管他輕易地否定理解在韋伯方法論中的作用和新意沒有十分充足的理由。他說道，倘無神入理解，社會秩序在幾秒鐘內就會完全崩潰，因而它是無法從社會科學中排除出去的❽。他正確地指出，科學地

---

❽　《科學論文集》，第115頁。

❽　Andreski, Stanislav: *Max Weber's Insight & Errors*（《馬克斯・韋伯的洞見和謬誤》），Routledge & Kegan Paul, 1984年，第30–1頁。

研究人的行為的出發點，正是神入領會不夠用的地方；但他卻又無根由地指責韋伯未意識到這一點 **⑧**。事實上，韋伯從來沒有將社會科學的方法以及關於方法的探討，局限在理解上面。他關於理解、經驗的因果分析、類概念等等的討論表明，他對社會科學方法邏輯特點和經驗特點是有清楚的認識的。韋伯的問題不在於別的地方，而在於他始終無法把文化事件的特殊性與理解和其他邏輯工具之間的複雜關係理出一個清晰的線索來。正是這一點使得人們常常誤解理解的作用，懷疑它在社會科學中的作用和地位。

# 四、理想類型

文化科學研究的文化事件，如我們在前面的分析中所看到的那樣，包含著為研究者所理解的行為主體內在狀態的現象。因為文化事件是歷史個體，所以它具有不同於任何其他事件的獨特性質。文化科學的任務是要獲取關於這種具有完全特殊性質的文化現象的認識。任何一般化的方法都無助於達到文化科學的這個具體的任務。李凱爾特在其《自然科學概念形成的界限》中分析文化科學概念形成如何區別於自然科學概念形成時指出，「歷史概念的形成問題在於是否可能對經驗現實進行科學改造和簡化，做到使個別性不會消失，像自然科學概念中發生的那樣 **⑧**。」但是，李凱爾特在那裏所達到的結果，只是一般地給出文化科學概念形成的原則和方向。他指出，

---

**⑧**　《馬克斯・韋伯的洞見和謬誤》，第31頁。

**⑧**　Rickert, Heinrich: *Die Grenzen der naturwissenschaftlichen Begriffs-bildung* （《自然科學概念形成的界限》），Tübingen, J. C. B. Mohr, 1902年，第300頁。

歷史個別之物的統一，建立在與價值的關係上。我們在形成歷史概念時，只把與價值有關的東西從經驗現實的無限雜多中剝離出來。因此，歷史概念的形成就是目的論概念的形成❽。這樣，歷史學並不拒絕一般的概念，它也需要它們。但與自然科學不同，對於歷史來說，一般的東西不是目的，而只是手段，只是藉以達到個別之物的方法。如是這樣，人們必然要提出如下的問題：即使從邏輯方面考慮，文化科學的概念結構是否異於自然科學的概念結構？倘無差別，那麼一般的概念如何能夠達到個別之物？李凱爾特沒有具體地提出文化科學的特殊方法。非但如此，他所謂的一般概念乃是文化科學手段的說法，並未能從方法上與自然科學真正劃清界限。因為唯有說明了文化科學的一般概念如何能夠幫助人們達到對於文化事件特殊性的認識，以及這些概念結構之所以能發揮這樣作用的性質，才能建立起文化科學自身有效的方法。

　　理想類型就是韋伯提出用於解決文化科學認識問題的具體方法，韋伯因此在方法論上比李凱爾特前進了一大步。理想類型從形式上來看是一種抽象理論的概念結構。毫無疑問，它的基本元素是一般概念。但是，根據韋伯的觀點，由於它體現了價值關聯的原則和理解的方式，從而便與任何其他的概念結構區別了開來，成為文化科學認識經驗實在的特有方法。這裏我們必須注意到理想類型與社會學的一般關係，以及它在區別社會學與歷史學時所起的作用。韋伯在《社會學基本概念》裏申明，理想類型主要是社會學的概念手段，儘管這種手段以及社會學所欲尋找的其他規則是為了認識歷史─文化事件的。這就是說，理想類型是從歷史事件中抽取出來的一般類型，以便認識歷史事件。但是，韋伯的這個觀點與他在具體

───────────────

❽　《自然科學概念形成的界限》，第300頁。

研究中對於理想類型的理解和規定，是有一定距離的。法國思想家
阿隆比較中肯地揚榷了韋伯理想類型而有助於我們的把握。

　　阿隆將理想類型分為三種。第一種是歷史事件的理想類型，典
型的例子就是資本主義和西方城市。在這種情況下，理想類型就是
把總的歷史實在性和獨特的歷史實在性加以重現，使之易於為人理
解。不過，我們應該注意的，而且在後面的詮釋中我們也會看到，
一個歷史事件的理想類型永遠總是部分的再現，因為社會學家在歷
史事件的總體裏面只挑選一定數量的特徵，把它們組成一個可以被
理解的整體。重現的只是許多可以重現的東西的一部分，而不可能
將某個歷史事件包羅無遺地重現出來。這一點也不符合理想類型的
方法論特徵。阿隆所說這一種理想類型更具有歷史學方法的特點，
它用於處理獨特的文化事件。這一點以及它與社會學類型概念之間
的區別，是阿隆所沒有注意到的。第二種是確定歷史實在性的抽象
組成部分的理想類型。歷史實在性的抽象組成部分存在於許多情況
之中，這些概念一經糅合就有助於確定真實歷史總體的特點，並理
解這些總體。官僚制就是這種理想類型的例子。它並不涉及一個歷史
史事件的總體，而只是確定某種政治制度的某一個方面或者層面。
阿隆將這第二種理想類型分為三個層次。諸如官僚制和封建制的理
想類型屬於一個層次；韋伯著名的三種統治形式，即合法的統治形
式，傳統的統治形式，神力的統治形式，歸在第二個層次；最後一
個層次是抽象的層次，主要就是韋伯給出的社會行為四種類型：目
標合理的行為，價值合理的行為，情緒的行為和傳統的即習慣的行
為。第二種理想類型基本上符合社會學的類型或規則的方法要求，
因而主要是社會學的東西。第三種理想類型是由具有獨特性質的行
為的合理化再現組成的。阿隆這裏遞上的例子是經濟理論，「經濟

理論的全部命題僅僅在於用理想類型重現主體據以處世為人的方法，如果這些主體是純粹的經濟主體的話。經濟理論嚴格要求經濟行為具有明確的涵義，符合它的主旨。」[87]最後一種理想類型是阿隆自己的理解，它相當於某一門科學或學科的理論。按照這個標準，社會學理論本身似乎也可以歸在其內，與之相似的還有政治學理論。

現在讓我們來具體分析理想類型的理論構成和邏輯特徵。

## 1.理想圖象 —— 烏托邦

理想類型是用來描述文化事件的過程的。但是，它不是對實際上發生的文化現象的敘述，而是關於某種設想出來的聯繫的表象。韋伯因此稱之為「理想圖象」(Idealbild)。「這種思想圖象將歷史活動的某些關係和事件聯結在設想出來的各種聯繫的自身無矛盾的世界之中。這種構想在內容上包含著由於在思想中強化了實在中的某些因素而獲得的烏托邦的特徵。」[88]理想類型所包含的各種聯繫有其實在的來源，即實在中的某些關係和事件，人們據此而設想出一個完整的圖象，實際上就是想像的理想的文化事件。實在包含無數的關係和事件，並且從理論上來說，它們具有各種發展的可能性。那麼，人們作出如此選擇並從此出發構造出某種聯繫的根據是什麼？由關於價值關聯和理解的分析我們知道，作出如此設想的根據應該有兩方面。一方面，它來自主體的價值興趣，它決定了整個圖象的聯繫得以建立的出發點，另一方面，它是實在之中人的行為的動機和社會生活中的支配觀念。但是，無論動機，還是觀念，都是以研究者經驗理解的形式出現的。人們強化這些因素並且構想由此而產

---

[87]　阿隆的觀點參見《社會學主要思潮》，第551-2頁。

[88]　《科學論文集》，第190頁。

生的理想聯繫的圖象。由此我們看到，理想類型構成的前提條件是研究者的價值興趣，以及他對於特定文化事件的精神內涵的領會。研究者由此而獲得對於特定文化事件的觀點，這些觀點被大大強化和誇大了，並且成為從實在中選擇各種因素，用於構成一種理想的、內在無矛盾的聯繫的基本線索❽。韋伯用「手工業」的例子來說明理想類型具體形成的方式：「……把混雜地存在於各個不同時代和國家的手工業者那裏的、在其結果方面得到片面強化的某些特點，結合在一個自身無矛盾的理想圖象之中，並且把它們與人們在理想圖象中表達出來的思想觀念聯繫起來。爾後，人們就可以進一步嘗試描述一個其中所有經濟部門，乃至精神活動的部門都由一些準則支配的社會，而這些準則在我們看來也就是賦予提高為理想類型的『手工業』以特徵的同一原則的運用。」❾

　　韋伯的批評者常常把理想類型等同於自然科學所謂的理想狀態，認為它並沒有任何特殊之處。郎西曼認為，理想類型有如理想氣體概念，它們都在於表明如果存在著某些純粹的成份，它們將會如何運行起來。因此，自然科學的理論與社會科學的理論並無二致❽。郎西曼的批評完全無視理想類型極其鮮明的主觀色彩，無視它與實在的距離。任何自然科學的理論都是對實在的描述，通過這些理論，我們可以瞭解經驗實在發展的一般知識。它們表現為規律，其所描述的事實是可重複發生的。相反，理想類型既非規律，亦非實在描述，人們不可能用它來推斷實在的必然發展，也不能企圖從

---

❽　《科學論文集》，第191頁。

❾　《科學論文集》，第191頁。

❽　Runciman, W. G.: *A Critique of Max Weber's Philosophy of Social Science*, Cambridge University Press, 1978年，第34頁。

實在中觀察到它的有效性。我們不能說，每個人都有一種理想氣體的模型，然而對於同一文化事件，每個人都可以有他自己構造的理想類型。自然科學的理論有其普遍的適用性，並不受空間和時間的限制。理想類型則總是針對處於特定空間和時間內的文化現象而言的，它是對這一特定時空之中的一些基本成份可能發生的聯繫所作的理想構想。如果它具有某種有效性的話，那麼這只適合於「歷史個體」，而非一般的現象。但是，這裏所謂的有效性僅僅是指它作為接近實在的手段，而決不是指它如自然科學規律那種支配作用——任何事實都是它的一個特例。理想類型採取了理論結構的形式，確實有某種抽象的特性。譬如關於資本主義文化的「精神」，不論其賴以成立的價值觀念如何，都會試圖概括一些不僅在英美，而且在德法等地也存在的特徵。但是，無論哪一種有關資本主義文化的「精神」，都與其他精神不相似，並且同樣地無法在實在中觀察到[92]。它沒有現實的客觀性和普遍性。

韋伯之後，人們對於自然科學理論的看法發生了很大的變化。人們更多地趨向於從解釋功能的角度來考慮自然科學理論的性質，日益表現出對待科學解釋理論非實體化的態度，因此與韋伯所指的自然主義有很大的不同，而是在一定程度上接近於他關於理想類型的觀點。但是，這個事實所能說明的非但不是理想類型的無意義，反而是它重大的認識論意義。不過，兩者之間仍有很大的不同。任何一種自然科學理論都要求得到某種形式的檢驗和證明，而理想類型卻並不提出這種要求。它原來就不具有被證實的性質。於是，當安德列斯基抱怨韋伯的理想類型沒有一般科學理論意義上的可檢驗性時[93]，他正是在要求韋伯早已聲明無法給予的東西。

---

[92]　《科學論文集》，第192頁。

　　理想類型是作為與自然主義相對立的方法提出來的。對抗自然主義偏見在社會科學領域內的影響，是韋伯理想類型以及其他文化科學方法論手段的主要目的。韋伯所理解的自然主義固然包括試圖用自然科學的理論來解釋社會歷史的各種學說，主要所指卻是歷史唯物主義，同時也概括了以黑格爾為代表的德國唯心主義的一些主要觀點。它們的基本內容在韋伯看來有三個方面：「第一，人們認為，歷史實在的『根本的』內容和『本質』必定記錄在那種理論的概念圖景之中；第二，人們把它們用作歷史應當塞入其中的普洛克斯忒斯之床；第三，人們假設這種『觀念』是處於現象變幻之後在歷史中發生作用的『真正的』實在和實際的『力量』。」❾❹與此相反，理想類型既不表現歷史實在中的本質內容，因為在韋伯看來，所謂本質的東西在社會歷史中是根本不存在的，它只注意具有獨特文化意義的那些因素；它也不可能是人們描述歷史的標準，歷史實在有其本來的面目，後者正是文化科學借助理想類型所要認識的東西；當然它也就更不能被看作是歷史本身；它也不是黑格爾所說的那種絕對精神，代表著歷史的真正動力。

　　韋伯看來，由於這種自然主義的偏見，使人們把實際上乃理想類型的理論結構看作歷史發展的規律，當作歷史的實在，並且以此來規定歷史的未來發展。這種把歷史理論和歷史實在混淆起來的做法，對認識社會實在產生了極大的危害。「由選擇出來的概念標準所產生的類型的系列，因而看來是具有規律必然性的類型的歷史次序。於是，概念的邏輯秩序在這一方面，與概念在空間、時間和因果聯接中的經驗秩序這另一方面，顯得如此密切地結合在一起，以

---

❾❸　《馬克斯・韋伯的洞見和謬誤》，第46頁。

❾❹　《科學論文集》，第189頁。

致於為了在實在中證明結構的真正有效而對實在施加威力的嘗試幾乎是不可避免的趨勢了。」[95]我們從這段話中看到，韋伯的鋒芒所向正是馬克思的理論。他所說的他在作階級分析時不涉及馬克思，乃是為了逭免解釋的麻煩。及至討論的結尾，他就直截了當地評價這位他既尊敬又與之不懈鬥爭的理論對手：「所有馬克思主義的特殊『規律』和發展結構──只要它們無理論缺陷──當然都有理想類型的特點。」馬克思主義者的錯誤在於把它們與實在混淆了起來，認為它們是在經驗中有效的或者是完全現實地起作用的力量和趨勢，而這往往會帶來極大的危害[96]。這種危害就是為了理論結構而犧牲實在，換言之，為了自己的理論體系得以成立不惜違背真實的歷史。

因此，韋伯實際上認為，理想類型不是由他首先創造或使用的，它的存在是文化科學的一個事實。他只是揭示了文化科學理論結構的理想類型特徵，澄清了人們在這方面的各種混淆，從而避免了由此可能造成的各種危險[97]。

人們極易產生的另一個誤解，在韋伯看來就是把理想類型與類概念混同起來。理想類型都是由類概念成份組成的，但由於它們是作為理想類型而形成的，因此就賦有了一定的意義。換言之，理想

---

[95]　《科學論文集》，第204頁。

[96]　《科學論文集》，第204–5頁。

[97]　安德列斯基認為韋伯並非理想類型的首創者，這自然不錯；但這並不排斥這樣一個事實：韋伯首先清楚地揭示了理想類型的性質，而這為以後將它發展為理論模型奠定了基礎。安德列斯基沒有注意到韋伯理想類型的主觀性和獨特性，卻使之一般化，從而等同於現在所謂的模型，這無疑是把韋伯關於理想類型的思想理想化了（參見《馬克斯・韋伯的洞見和謬誤》，第43–4頁）。

類型的概念如果撤去了其中所包含的意義，那麼它就可以是一個簡單的類概念[98]。韋伯用「交換」這個概念作譬說，就其簡單的形式考慮，它就是一個類概念。「然而，如果我把這個概念與比如『邊際效用』規則聯繫起來，把『經濟交換』概念當作合理的經濟事件構造起來，於是，這個概念就像每一個邏輯上得到充分發揮的概念一樣，在自身之中包含著對於交換的『類型』條件的判斷。它具有了發生學的特點，因而同時在邏輯意義上理想類型化了。這就是說，它脫離了經驗實在，而後者只能與它比較和發生聯繫。」[99] 韋伯在這裏用發生學的特點來指明理想類型區別於類概念的特點之所在。理想類型是關於某些聯繫的圖象，它實際上包含著一個過程。這個過程不是實在的事件，它所成就的是片面地強化一些因素可能的聯繫。發生學的標誌不僅意在於強調它的過程性，而且還在於表明這種聯繫被片面強化的特徵。與此相反，類概念是關於實在中廣泛出現的現象的簡單分類，它是一種「平均值」，這就是說，它力圖反映它所概括的那一類現象的共同點[100]。理想類型則始終包含著比平均值更多的東西，而所謂更多的東西就是指其中所包含的主觀的、為具體的研究和研究者所獨有的因素：使之具有意義並且構成一種事件聯繫的那種東西，而它們在實在中是無法找到的。

　　試圖澄清理想類型與一般自然科學的規律以及其他認識方法之間的區別，對於韋伯來說，是一項艱鉅的工作。儘管如此，至少就當時的標準來看，他已傑出地完成了前一方面的工作。然而，對於把理想類型與文化科學領域內的其他概念結構區別開來的任務，

[98]　《科學論文集》，第201頁。

[99]　《科學論文集》，第202頁。

[100]　《科學論文集》，第202頁。

韋伯卻有力不從心之感。如上面所分析的那樣，他實際上只是一般地劃出了類概念和理想類型的界限，但並沒有能夠解釋清楚其中所包含的錯綜複雜的關係。韋伯自己也意識到這一點。他在《社會科學認識和社會政策認識中的客觀性》一文中舉出了一堆他認為構成文化科學方法論中糾結纏繞的問題，它們的複雜性使他望而卻步[101]。問題之所以如此困難，一方面固然由於韋伯無法勝任的專門的邏輯分析，另一方面也出於他無意識的誇大；後者說明他對自己是否能夠確切地規定理想類型的邏輯特點，並沒有十分的自信。

## 2.認識功能

任何科學的認識都是有前提的認識。各種前提最基本的成份就是理論以及作為其構成因素的概念結構。這個由康德第一次揭示出來的認識論原則，是新康德主義文化科學理論的礎石。韋伯理想類型學說就是嘗試確立文化科學研究的最基本的前提。與李凱爾特一樣，韋伯為文化科學的認識論前提所規定的東西已不止於一般的理論結構，而是企圖建立某種秩序。但是這不是實在的秩序，而是一種理想的秩序，因此它也不企求在實在中得到證明。它只是給人們提供達到實在認識的中介手段，而非這種認識本身。

實在本身具有無限多方面的聯繫，這種無限多的聯繫對於任何無前提的認識者來說，都是一個混沌的世界。人們如果試圖獲得對它們的清楚認識，那麼就必須找到一個著眼點，並且確定要清楚認識的範圍。如果說價值關聯的功能就是奠定著眼點的話，那麼理想類型就是確定認識範圍，具體切入認識的手段。由於理想類型已實際地包含了價值關聯，兩者的作用總是二而一地體現在理想類型的

---

[101]　《科學論文集》，第202頁。

方法性作用之中⑩。理想類型的建立也就是確立了文化科學某一種
研究的視野。不僅如此，它同時還為人們選擇材料，尋求實在自身
的因果聯繫或其他聯繫提供了線索。韋伯以基督教信仰為例詮證了
理想類型的這一作用。基督教信仰是中世紀個人精神生活的重要成
份。如果人們想把它完全描述出來，那麼它就會是一個包含無數差
異和充滿尖銳矛盾的各種觀念關係和情感關係的混沌。現在人們要
求弄清在中世紀制度中所體現出來的基督教因素，唯一可能的手段
就是借助理想類型。這就意味著，人們首先要構想出一種內在無矛
盾的基督教觀念結構，並以此來與實際存在的那個混沌進行比較，
從而梳理出其中所存在的聯繫的清楚線索，並且把它們綜合起
來⑩。

　　韋伯認為，發揮如此功用的理想類型乃是可用來與實在進行比
較，對實在進行衡量的手段⑩。這就是說，研究者可憑藉理想類型
查清實在本身的種種聯繫。在這裏，只存在著理想結構與實在本身
聯繫之間的關係；前者是手段，後者是目的。為正確地瞭解韋伯的
意思，讓我們來看他就「手工業社會」的理想類型與中世紀社會的
實在之間的關係所作的分析：「如果理想類型是『正確地』地建立
起來的，而實際的過程與理想類型所揚榷的過程不相符合，那麼中
世紀社會在某些方面不是嚴格『遵循手工業原則的社會』這一點，
就因此得到了證明。而且如果理想類型是以啟迪式的『理想的』方
法構成的，……那麼，它同時就引導研究走向一條通往更精確地把
握中世紀社會中那些有自己特點和歷史意義的、不遵循重工業規則

---

⑩　《科學論文集》，第207頁。

⑩　《科學論文集》，第197頁。

⑩　《科學論文集》，第199頁。

的成份的道路。」⑩很顯然，理想類型的實際作用就是一種導引，人們按照它的提示達到對實在的認識，對歷史事件本身作出有效的因果解釋。由於理想類型是一種主觀的理論構造，所以比較的結果，亦即研究的結果往往就是它與實在之間的偏離。「如果達到了這個結果，它就完成了它的邏輯目標，這恰恰因為它證明了它自身的非實在性。」⑩換言之，它的非實在性意味著人們已在一定程度獲得了對於歷史實在的知識。理想類型的每一次具體的理論歸宿表明，在韋伯那裏，理論是關於歷史的經驗知識的僕人，兩者的關係是不能混淆和顛倒過來的。

　　由是而觀，理想類型實際上起著與假設極為相似的作用，韋伯自己也注意到了這一點。如果僅就這一點而言，理想類型便很難與自然科學同樣使用的假設劃清界限。這一點也同樣表明，即使在那個人們堅信文化科學具有獨立於自然科學的獨特性，具有它自己的權利和地位的時代，兩種科學在方法方面的共同性也是無可否認的。但是，這種共同性也並不能抹煞理想類型與自然科學理論之間的差異。自然科學的理論要求與實在符合一致，而理想類型最終將消失在關於歷史事件的經驗描述之中。

　　由於理想類型對於認識實在起啟示和提示的作用，所以它就具有相對的意義，只表明基於某一個觀點或某一些觀點而形成的理論設想，即使從最積極的意義上來說，也只是對實在的無數可能解釋之中的一種。在《新教倫理和資本主義精神》中，韋伯建立了相對於資本主義精神這一歷史事件的理想類型，並且指出這決不是唯一可能的觀點。「如果從其他的立場出發去考察這種歷史現象甚或任何

---

⑩　《科學論文集》，第203頁。
⑩　《科學論文集》，第203頁。

其他歷史現象,也會獲得與這些基本特徵同樣重要的其他一些特徵。因此，根本沒有必要把資本主義精神僅僅理解為只是我們這裏所說的那種東西，因為我們這裏所說的僅僅是對我們分析的目的而言的。」[107]韋伯所把握的資本主義精神只是對他顯得有意義並有獨特性的那一種，並非普遍有效的公式。

因此，理想類型作為一種理論結構，具有過渡性、暫時性和相對性的性質。因為它是由一種片面的觀點構想起來的，所以只能與一定的實在相關聯，而顯然不適宜作為實在能在其中纖毫無遺地得到安排分類的圖式；實在是無限豐富的，而任何一種理論都受到當時的知識狀況和理論水平的限制，這兩者合在一起就規定了理想類型的相對性，它必定要在科學發展的進程中不斷地消解和重新構造出來。「文化科學中概念和概念所把握的內容之間的關係導致每一個這樣的綜合的消逝。構造概念的那些偉大嘗試在我們科學領域內的價值總是恰恰在於，它們揭示了自身所依據的觀點的意義有種種局限。社會科學領域內影響最為深遠的進步實質上是與實際文化問題的變換聯繫在一起的，並且採取了概念構造的批判形式。」[108]因此，新的理想類型的出現表明了人們認識又有新的進展，從已有的問題深入到剛發現的問題，而社會科學的進步也就從這種變換中得到實現。因為我們關於實在的知識實際上都是以一定的概念為依據的，所以文化科學的概念結構（主要是理想類型）的相對性就意謂關於實在的知識的相對性。理想類型作為認識的中介手段決不會幫助人

---

[107] 《新教倫理和資本主義精神》（于曉、陳維鋼等譯），三聯書店，1987年，第32–3頁。本書的漢譯者把韋伯這樣表達出來的方法論觀點視為謙虛的表示，實在是一個誤解，參見第2頁。

[108] 《科學論文集》，第208–9頁。

們獲得比這更多的東西。

# 五、社會行為類型

　　從前面關於社會學的界定、社會學與歷史學的關係、社會學的
方法基礎等詮釋，我們知道，社會學的實質以及方法的核心就是關
於社會行為的分析，儘管具體的社會學研究所覆載的領域實際上是
沒有限制的。韋伯指出，社會學絕不僅僅與社會行為有關係，毋寧
社會行為僅僅是它的核心事實，並且就它是一門科學這一點來說，
應該是根本性的❿。這樣，社會學所要構成的類型概念和規則首先
就應當是有關社會行為的。既然韋伯認為社會學的概念構成首先就
是理想類型的構成，那麼有關社會行為的理想類型自然就成了韋伯
理想類型學說的最基本的，最一般的，因而也是最具典範意義的理
想類型。

　　並非任何種類的行為都是社會行為。在韋伯那裏，社會行為的
基本特徵有兩個方面，第一點是行為者或行為者們的意義或意圖，
這就是行為者所認定的他們行為的意義，而不論這種意義是否會得
到他人的認可；更進一步，行為者也是可以設定的，但這種設定必
須符合這裏所說的兩點。第二點，社會行為指向他人過去的、當前
的或未來的情由，這就是說，社會行為是對其他人可能反應的期待
為前提的。韋伯以貨幣交換行為舉例說，貨幣意味著一種交換的財
富，行為者在交換時所以接受它，因為他的行為指向這樣一種期待：
許許多多雖然不認識的人將來在交換時會樂意接受它❿。

---

❿　《科學論文集》，第565頁，並參見《經濟與社會》上卷，第56頁。

❿　《科學論文集》，第562頁，並參見《經濟與社會》上卷，第54頁。

社會學所要理解的社會行為首先是個人的行為。一切其他的社會行為，亦即團體的或共同體的社會行為的理解可能性，都是以對個人行為的理解為前提的。韋伯認為，個人活動的指向的意義是易於理解的，並且這樣來理解的行為總是一個人的或若干單個人的活動。杜爾凱姆認為，社會與個人的關係是整體與部分的關係，他經常引證的例子就是化學反應的整體就是它的各個組成元素的綜合。韋伯明確地反對杜爾凱姆的這種觀點：對於其他的認識目的來說，例如把單個個體作為「細胞」的社會化，或者作為生物化學反應的一個整體，或者把他的「心理生活」理解成通過（哪怕是特殊的）若干單一的因素構造出來的，可能是有益的，或者必要的⓫。人們通過這樣的方式或許可以認識到因果規律一類的東西，但是卻無法理解由這些因素有規則地表現出來的情由；而對於社會學和歷史學來說，正是行為的意義的相互關係，才是需要把握的對象。

另一方面，理解個人的行為與理解社會機構的行為，社會學以及歷史學與法學等學科持有不同的態度。對於法學的認識目的來說，或者對於實際的目的來說，「對待社會的機構（『國家』、『生產合作社』、『股份公司』、『基金會』），如同對待個人（例如，作為權利和義務的承擔者，或者作為法律上重要行動的當事人）一樣，是適宜的，而且恰恰是不可避免的。相反，對於用社會學來對行為作理解性的闡釋來說，這些機構僅僅是單個人的特有行為的結果和相互關係，因為對於我們來說，只有他們才是以意義為取向的行為的易於理解的承擔者⓬。」韋伯認為，在人們要認識某種社會行為類型之前，「人們必須首先知道：一個『國王』、『顧問』、『企業家』、『老

---

⓫　《科學論文集》，第552頁，並參見《經濟與社會》上卷，第47頁。

⓬　《科學論文集》，第552頁，並參見《經濟與社會》上卷，第47頁。

皮條」、『術士』是幹什麼的──就是說，在人們進行這種分析之前，知道什麼樣類型的行為對於分析是重要的，應該加以考慮的。」❽社會學和歷史學的研究方法的焦點就是歷史個體，只有在它清楚地得到理解的條件下，社會機構（或團體，以及在更大的範圍內，共同體）的行為才能在理解中明白地展現其意義關聯來。

這樣，我們就看到，韋伯社會學的和歷史的個人主義方法，或者說，方法論上的個人主義，體現了韋伯的社會的本體論觀點，這就是說，唯有歷史個體才是社會的實體；而從認識論的角度來看，方法論的個人主義建立在個人行為的可理解性的品格之上。概而言之，歷史的和社會的個體的行為體現了意義、目的及與他人的關係的三位一體，而後者在其他非個體的社會行為裏面便不復存在。但是這種個人主義方法依照韋伯的說法，在他那裏是與方法論的另一種傾向，即理性主義密切聯繫在一起的，這就是前面已經分析過的社會學的概念構成；而理解社會行為的概念手段雖然從不同的角度觀察可以有不同的形式，但最基本的並且體現合理主義特點的則是人所熟知的社會行為的四種理想類型：即目標合理的行為，價值合理的行為，情緒的、尤其是激情的行為，傳統的行為。

在《社會學基本概念》裏面，韋伯提出的社會行為的理想類型，是規定行為之所以發生的決定根據這個意義上的類型。如果說歷史學，因而社會學措置歷史的文化事件的科學任務是作出因果分析和歸源，那麼社會行為決定根據的理想類型對於完成這個任務就發揮著前提條件的作用。

所謂目標合理的行為是指這樣一種行為，人們通過對外在事物和其他的情由的期待，並且利用這種期待作為條件或手段，以得到

❽　《科學論文集》，第557頁，並參見《經濟與社會》上卷，第50頁。

合理地爭取和權衡過的目標；而所謂合理的，就是對目的與手段，以及它們兩者與副後果，最後對各種目的進行差量權衡，從而不僅選擇適當的目的，而且在目的、手段和副後果之間構想一種技術上經濟有效的因果聯繫，以便取得預期的結果。概要地說，目標合理的行為就是以最為有效的手段達到最為適當的目標。

價值合理的行為是由於對一個特定行為本身的無條件的內在價值的信仰而採取的行為，而不論它是倫理的、美學的、宗教的或可作任何其他解釋的價值。在這個理想類型裏面，韋伯所要突出的是，社會行為的唯一決定根據是人所選擇的或固有的價值觀，而根本不顧及行為的後果。這裏所謂的合理是就既定的價值與所選擇的手段之間的有效關係而言的。就這個行為類型的抽象性和理想性來說，後果是不在考慮之列的，所以「合理的」考慮的重心就落在體現價值的活動本身上面。「誰要是無視可以預見的後果，他的行為服務於他對義務、尊嚴、美、宗教訓示、孝順，或者某一件『事』的重要性的信念，而不論是什麼形式的，他堅信必須這樣做，那麼這就是純粹的價值合理的行為。價值合理的行為（在我們的術語的意義上），總是一種根據行為者認為是向自己提出的『戒律』或『要求』而發生的行為。只要在這一點上人的行為指向這樣一些要求，──實際情況總是在程度上殊為不同，而往往是微不足道的差別──我們就將之稱為價值合理的。」�114 事實上，這種類型在社會生活裏面具有重大的意義。

目標合理的行為與價值合理的行為構成了人類理想行為的兩極。立足於目標合理的行為的立場，價值合理的行為總是不合理的，而且它愈把行為指向的價值上升到絕對的價值，它就愈是不合理的，

---

�114　《科學論文集》，第566頁，並參見《經濟與社會》上卷，第57頁。

因為對它來說，愈是無條件地僅僅考慮行為的固有價值（純粹的思想意識、美、絕對的善、絕對的義務），它就愈不顧行為的後果❶。與此相對應的是，目標合理的行為愈是單純考慮目的和後果，就愈是不擇手段。但是，無論是絕對的價值合理的行為，還是絕對的目標合理的行為，都是設想出來的邊際情形或極限狀況，幾乎不可能在現實的社會生活中發生。實際的情況應當是，不僅這兩種行為類型處於盤根錯節的關係之中，而且所有四種類型在現實的社會生活裏面往往是相互交叉重疊在一起的，這就是說，任何現實的行為總是包含著不同的決定根據。韋伯說，行為，尤其是社會行為，僅僅以一種方式或者另一種方式為取向，是極為罕見的❶。

情緒性的行為是由當下的情緒引發的行為。嚴格的情緒性行為也只是一種邊際行為，並且逾越以意義為指向的有意識的行為：它可以是對日常生活之外的刺激毫無束軛的反應。如果受情緒制約的行為以有意識地發洩感情的方式發生，那大多數情況下它就趨向於目標合理的行為或價值合理的行為。情緒性的行為與價值合理的行為有一個共同點：行為的意義不在於行為之外是否有所成就，而在於某種特定方式的行為本身。「如果誰在滿足現時的報復、現時的享受、現時的獻身、現時的默禱天堂幸福的需要，或者排遣現時（無論粗野的，還是精微的）情緒需要，他的行為就是情緒的行為。」❶

傳統的行為則出自約定俗成的習慣。與其他三種行為類型一樣，嚴格的傳統行為也只是一種可能的邊際狀況，等同於純粹的反應性模仿，完全構成了人們所謂的有意義指向的行為的另一極。因

---

❶　《科學論文集》，第566頁，並參見《經濟與社會》上卷，第57頁。

❶　《科學論文集》，第566頁，並參見《經濟與社會》上卷，第57頁。

❶　《科學論文集》，第566頁，並參見《經濟與社會》上卷，第56頁。

為它往往是對於習以為常的刺激的遲鈍的、在約定俗成的方向無動
於衷的反應。大量約定俗成的日常行為都接近於這種類型，它在系
統的分類裏面不僅居於一種邊際的位置，而且還因為它在不同的程
度上和不同的意義上與習俗的東西相結合：在這種情況下，它接近
於價值合理的行為類型❿。傳統的行為的理想類型是韋伯在《世界
宗教的經濟倫理》中最常運用的手段，它在相當大的程度上成了目
標合理行為的對立面。但是，傳統的行為這一理想類型的規定不僅
隱涵著理論上的不一致，而且實際上與目標合理的行為和價值合理
的行為的區別也難以清楚地標定。筆者這裏所謂理論規定的不一致，
乃是就它與其他三種行為類型的比量而言的。如上所述，其他三種
社會行為類型的分類原則是行為的決定根據，或曰動機，目標和價
值都明白地屬於這一類，情緒的情況要複雜一些。傳統的行為中的
「傳統」在這裏並不構成行為的決定根據，而是對於行為的發生方
式的描述：它是對習以為常的刺激的約定俗成的反應；並且僅就這
一點而論，它是對於行為發生方式的社會心理學的描述。如果人們
把傳統當作行為的決定根據，那麼傳統就必須或者歸類於價值，或
者歸類於目標，於是，所謂傳統的行為的類型就消釋了。

　　在純粹從理論上詮釋社會行為類型時，韋伯注意到了傳統的行
為類型的這種傾向和性質，所以他在稍後規定習俗❿說，習俗是一
種外在方面沒有保障的規則，行為者自願地在事實上遵守它，不管

---

❿　《科學論文集》，第565頁，並參見《經濟與社會》，第56頁。

❿　Sitte。這個詞在德語還有道德的義項。就其最廣泛的意義上來說，它
　　甚至覆載社會實踐（就這個詞的德文含義而言）領域的所有規範，比
　　如康德《道德形而上學》就將法律也包括在內──這一點大大加強了
　　筆者的論點的力量。

是乾脆出於「毫無思考」也好，或者出於「方便」也好，或者不管
出於什麼原因，而且他可以期待，這個範圍內的其他成員由於這些
原因很可能會遵守它。這裏所說的期待就構成了行為者對於行為意
義的認定。這樣，傳統的行為類型在其極限以內的情形，就總是有
意義的，韋伯因此認為它游移在目標合理的行為與價值合理的行為
之間。「(純粹的)習俗的穩定性基本上建立在這樣的基礎上：誰要
是不以它為行為的取向，他的行為就『不相適應』，也就是說，只
要他周圍多數人的行為預料這個習俗的存在並照此採取自己的態
度，他必須忍受或大或小的不快和不利。」[120] 在明瞭德語習俗一詞的
廣義的背景之下，我們在檢視韋伯關於中國社會和中國精神的研究
時就能洞察到，韋伯用「傳統的」規定來評價中國社會和中國人的
行為原來包含了太多疏闊含糊的見解。這一點大家在下面就會讀到。

　　「目標合理的」(或工具合理的)與「價值合理的」是漢語圈
內最為流行的韋伯術語，但是即使在韋伯研究文獻裏，它們也常常
遭受嚴重的誤解。我們看到，在《理性化及其限制》裏，作者寫道：
「如果按韋伯那樣把價值主要理解為主觀欲求、意願、信念、意向，
那麼工具合理性就是排除價值判斷或價值中立(value free)的行動，
而價值合理性則是引入價值判斷的行動。」[121] 作者在這裏顯然把兩種
不同的方法論手段混淆在一起了。如前面所分析的，社會行為的理
想類型是研究人的行為的概念手段，也就是說它是社會學和歷史學
的理論工具，而所謂價值中立 (筆者譯為價值無涉)，正如我們下
面將要詮證的那樣，是韋伯為文化科學提出的一項客觀要求：將價
值判斷從科學認識中剔除出去，從而劃清科學認識與價值判斷的界

---

[120]　《科學論文集》，第572頁，並參見《經濟與社會》上卷，第61頁。
[121]　《理性化及其限制》，第89頁。

限。一般地說，這個術語並不用於表示行為者對於行為意義的認定之中是否包含價值的因素在內。當然，作者也可以用此來比附，但這反而容易導致混淆韋伯方法論的不同內容。但是，作者在這裏的混淆只是對這一對理想類型誤解的一個方面。

合理化或理性化至少構成韋伯思想的中心之一，如果我們承認韋伯思想的基本關切確實是多元的話；而且它也是韋伯研究中最為困難又最需功力和洞見的問題。但是，這個詞就如筆者這裏不得不用兩個名詞表示那樣，對於漢語研究者還別有一層翻譯的駆桔之難。源於拉丁語的 rational, Rationalisierung, Rationalität 和 Rationalismus 等一組同詞根的德語詞，既可以分別譯為合理的、合理化、合理性和合理主義，亦可以譯為理性的、理性化、理性（性）和理性主義。毫無疑義，合理和理性以及它們的衍生詞概括了 rational 這個詞的基本意義，但在漢語裏面，無論就詞義說，還是就習慣用法說，兩者並不可以無條件地相互替代。譬如，「目標合理的」換成「目標理性的」，就不符合習慣用法，即使勉強使用，兩個詞組的意義也是不一樣的。如果我們從西方思想史這樣一個更深遠的背景來考察，情況更是這樣，而且還會發現這個詞原來就是歧義紛呈的，儘管它一直代表西方人的一個基本觀念。於是，我們看到，西方思想家在使用這個詞來表達某種觀念時，不僅總是有其個人的特殊規定，而且如果在幾種意義上使用時，在不同的語境中總是有其特定的意義。在韋伯這裏，情況也是一樣。

但是，我們看到《理性化及其限制》在詳細詮釋合理性時卻有一個不小的混淆。作者說道：「價值合理性行動之所以屬於『合理性』的，是由於在價值上是合理的，即行動者把追求的目標視為某種特定的價值，在明確地意識到目的這一點上它與工具合理性亦即

目標合理性有共同之處。」[122]筆者在前面已經指出，韋伯所給出的四種社會行為的類型，是從人的行為的決定根據方面著眼而給出的概念手段，所謂目標、價值、情緒和傳統是韋伯對人類行為的可能的決定根據，即動機的一般分類。所謂「目標合理的」(zweckrational)和「價值合理的」(wertrational)之「合理的」的意思是「出於理性的」，而所謂的「價值合理的行為」乃指行為者依據理性認定（相信）某種行為（情由）固有無條件的內在價值[123]。於是，與《理性化及其限制》的解釋相反，首先，理性在後一個行為類型裏是行為者選擇某種行為並認為它具有內在價值的哲學前提，其次，行為者並不是為了追求某種目標，而是相反，為了行為而行為，因為他相信這個（些）行為的無條件的內在價值；否則依照作者所作的解釋，把價值合理的行為中的價值等同於目標，那麼就會取消社會行為這兩種基本類型之間的區別，就如作者實際上所做的那樣。

　　韋伯四種社會行為類型，如果以「合理的」，亦即出於理性的考慮為標準，那麼可以分為兩大類，合理的行為和情緒的行為。前者是行為者有意識地做出的行為，後者是行為者的應激行為，韋伯謂之為有意識行為的對立面。前者包括目標合理的行為、價值合理的行為，後者包括情緒的行為。傳統的行為比較複雜，一般而言，居於兩者之間。如果以行為的目標為劃分標準，那麼它們也可以分為兩大類，以目標為指向的行為包括目標合理的行為，不以行為的目標為指向的行為包括價值合理的和情緒的行為。傳統的行為仍然游移於兩者之間。

　　這兩種分類標準體現了自近代西方以降對於理性的兩種基本

---

[122]　《理性化及其限制》，第90頁。

[123]　《科學論文集》，第565頁。

的理解，或者更為客觀地說，對於理性的兩種基本因素的清楚理解和比較明確的區分。第一，理性首先是人對各種基本價值做出判斷、以之為準則並且確信他人亦會以之為準則的能力，比如，在現代社會的政治領域裏面，確定基本自由權的能力，並且確保自願遵守它以及確信他人也同樣願意遵守它的能力，第二，理性乃是人在尋求目的和利益，尤其是個人的目的和利益時判斷力和籌劃的能力，遴選和確認各種目的和利益並且給予其中某個或某些以優先性的能力，最後包括以最有效的手段和方式實現這些目的和利益的能力❹。羅爾斯將前一種能力稱為理性的能力，後一種則稱為合理的能力。羅爾斯自承他的這種區分並非他的首創，而是來自康德《道德形而上學基礎》關於定言命令和假言命令的學說。

康德認為，道德命令有兩種，假言命令和定言命令。假言命令是將行為的實踐必然性看作人達到自己所欲望的目的的手段，換言之，在這種命令形式之下，結果決定行為的原因，用康德的話來說，效果是意志的決定根據，而行為本身實際上就成了沒有意義的東西。康德認為假言命令只是一種技巧規則。康德把假言命令又分為兩類。從邏輯上來說，一種是可能的，因而是或然的命令，一種是現實的，因而是實然的命令。前者又可以稱為技術或工藝的命令，它關涉到一切科學的實踐部分，它所告訴人們的是：什麼樣的目的是能夠達到的，以及如何去達到這個目的。這種命令的最大特點就是它根本不顧及目的是否合理、是否善良。康德這裏用了一組對比強烈的例

---

❹ 美國哲學家羅爾斯 (John Rawls) 在《政治自由主義》(*Political Liberalism*, Columbia University Press, 1996年)裏面對這兩個概念做了相當詳細的詮證，筆者這裏的觀點基本上概括自羅爾斯的詮證，參見該書第48–58頁。

子：一個醫生為把病人完全治癒作出的決定，一個投毒者為保證將人毒死所作出的決定，就其都是服務於意圖而言，相對於這個命令來說，是沒有什麼差別的。這種命令的要害就是對目的不作價值判斷。後者又稱作實用的命令，它以幸福為目的，而幸福正是一切理性存在者所共同指向的東西，行為在這裏依然是一種工具；它之所以是實然的，就在於人們能夠確實而且先天地為每個人設定幸福的目的，它屬於人的本質。如果前一種命令可以稱作技巧規則的話，那麼後一種在康德看來就是明智規勸。與前一種命令不同，它重視目的的價值性格。無論這兩種命令有什麼差別，它們在關鍵的一點上則是相同的，這就是說，行為只是手段或者工具而已，它本身是沒有價值的，它的價值是完全取決於憑藉它所達到的目的的。

定言命令則與之相反，在這裏命令直接決定意志，或者說命令直接針對行為，而不顧及它是否產生某種效果或者足以產生這個效果。「它不關涉行為的質料，以及隨它而來的東西，而是關涉它所由以產生的形式。」因此，行為本身就是善（好）的，而不是由於其效果才是善（好）的。這樣一種區別對於康德道德哲學是至關重要的。所謂行為本身就是善的，簡而言之，也就是為道德而道德❿。

以上的分析使我們明瞭，韋伯的「目標合理的」與康德的假言命令對應，而「價值合理的」與定言命令對應。韋伯思想的康德淵源自是十分清楚的。在《作為職業的政治》這個著名的講演裏，韋伯又提出了另外一對與行為的決定根據相關的概念，這就是信念（意向）倫理(Gesinnungsethik)和責任倫理(Verantwortungsethik)。所謂的信念（意向）倫理只考慮行為本身，而不考慮結果；與之相反，所謂責任倫理是對行為的後果負起責任。兩者處於難以調和的

❿　參見拙著《康德傳》，河北人民出版社，1997年，第178-80頁。

對立之中⑱。韋伯是在論述政治的道德時提出這一對概念，而且非常明顯的是，韋伯反對在政治領域裏以信念（意向）倫理為行為準則。他認為，倫理原則實際上多元的⑫，並沒有一種通行於一切領域的道德誡條。政治是以武力為手段支持權力的行為，施用於性愛關係、商業關係、家庭關係和職業關係的行為準則就不一定適用於政治。譬如，倘如政治奉行說真話的準則，把一切國家的文件都公諸於眾，必定會造成混亂的結果。因此，我們可以非常清楚地看到，韋伯所提倡的責任倫理的行為屬於目標合理的行為，而它與康德的定言命令正相反對。然而讓人感到驚愕不已的是，《理性化及其限制》卻認為，「韋伯的『責任倫理』來源於康德的『絕對命令』⑫」，「韋伯沿襲了康德倫理學的形式主義立場，他的『責任倫理』概念的特點是把康德的道德形而上學及其對實踐理性的批判轉到了社會學的經驗層面上來，把研究道德形式的無矛盾性轉變為研究道德內容的一貫性」，⑫把兩種截然對立的觀點等同了起來。令人十分遺憾的是，這並不是作者的偶然的疏漏，而是用力頗重的關於韋伯精神的核心評價⑬。同樣讓筆者感到奇怪的是，《韋伯學說新探》作者在評論《理性化及其限制》時，獨獨把充滿這樣嚴重誤解的《價值合理性和工具合理性》這一節，推薦為精彩的片斷⑬。這裏就用得上

---

⑫　Max Weber: *Gesammelte Politische Schriften*（下面引稱《政治論文集》）, J. C. B. Mohr, 1988年，第551–2頁。

⑫　對於韋伯的這個觀點的準確理解，涉及道德觀念以及倫理學的變遷，韋伯的政治態度，同樣涉及到現實行為的決定根據的複雜性這樣的理論問題，筆者將另著深入探討。

⑫　即定言命令。

⑫　《理性化及其限制》，第95頁。

⑬　參見《理性化及其限制》，第89–98頁。

該書在評價《理性化及其限制》一處錯誤時所說的一段話了：需要
「一個專業的書評制度」，以便「兩岸的學術界嚴肅思考」學術規
範❶。

合理性（理性化）構成韋伯研究和韋伯理解中的一個核心，確
實也是韋伯研究的難題，而且正如我們在羅爾斯的《政治自由主義》
中所看到的，它同樣也是當代思想中的核心觀念，因而自然也就是
一個聚訟紛紜的理論和學術難題。但是，這並不能成為學術常識性
錯誤的理由。合理性（理性化）作為超越方法論意義的一個現代性
問題，筆者下文還將專門詮證。

# 六、價值無涉

如果說前面所討論的內容都是在不同程度上說明文化科學的
主觀前提和以此為基礎的文化科學的特殊方法，那麼價值無涉
(Wertfreiheit)作為經驗科學的原則，向文化科學提出了客觀性的要
求：將價值判斷從科學認識中剔除出去，劃清科學認識與價值判斷
的界限。這個首先由韋伯提出來的社會科學客觀性原則，今天在社
會科學領域內依然是廣被接受的科學要求，對於社會科學的發展起
著有益的制約作用，儘管這個原則並不是毫無爭議的。

在早期的方法論著作中❸，韋伯已經提出對事實的因果分析不
能提供價值判斷這一價值無涉學說的基本要點，而他集中討論這個

---

❶　《韋伯學說新探》，第180-2頁。

❷　《韋伯學說新探》，第180頁。

❸　如《社會科學認識和社會政策認識中的客觀性》、《文化科學領域的邏
輯研究》等等。

問題的《社會科學和經濟科學「價值無涉」的意義》的長文，則可以看作是對先前論文的補充和發揮。這篇論文寫作的直接目的是批判德國的教授們利用自己不受攻訐的權威，在學術的講壇上發表自己的價值觀點，從而混淆了價值判斷與經驗事實的科學認識之間的界限。

將經驗科學與價值判斷區別開來，也是韋伯那個時代德國許多學者的要求，比如，現象學運動的先驅，胡塞爾的老師布倫塔諾⑱就為此發表過一封公開信。在這封信中，他支持特奧多爾・莫姆森為無前提條件的科學研究 (Voraussetzungslose Forschung)，特別是為反對在國立大學設立受資助的教派講席而進行鬥爭。其中有下面這樣的話：「如我們所看見的，違反真實的人並不是作為信奉者而說話和教授的人，相反，是那種力圖要在純粹科學的標籤下販賣自己篤信的主張的人……不論我們可能多麼尊重積極的宗教思想，事實上這種思想是缺少明證的。它既不是當下的洞察，也不是嚴格由這種洞察推論出來的知識。」⑲韋伯的政治自由主義態度沒有布倫塔諾那麼徹底，但是他所建立的文化科學價值無涉原則的學說則有著極為深遠的影響。

人們的日常生活是充滿價值的，人們對於外在世界的態度，對於自己內心活動的態度都是某種價值評價。因此價值判斷是與人的精神和實踐的生活須臾不可分的。但是，科學的基本要求是客觀性，即不以主觀的因素否定和取代實在本來的聯繫和性質。因為對於某

⑱　Franz Brentano, 1838–1917，德國哲學教授，曾在維爾茨堡大學和維也納大學任教。

⑲　赫伯特・施皮格伯格：《現象學運動》（王炳文、張金言譯），商務印書館，1995年，第92頁。

一事件的簡單的價值判斷並不能代替對於事實的科學分析。更重要的是，人們無法從對事實的認識躍進到價值選擇。用韋伯的命題來說，就是存在無法轉變為應當⑬。那麼，價值判斷在這裏是什麼意思呢？韋伯指出，它是對文化現象的一種評價，即申明某種文化現象是卑下的，或是正當的⑬。這樣，它就蘊涵著評價者的贊成或反對的態度。它與前面所討論的確定一般文化現象意義的價值關聯和價值解釋，有著極為不同的意義。但是，由於人的社會生活、人認識實在的活動和手段一如韋伯自己所揭示的那樣，與價值處於密切的聯繫之中，因此嚴格地區別價值判斷和關於經驗事實的科學認識，即使對於韋伯來說，也是一個艱苦的任務。但是，或許正是出於這樣的考慮，韋伯才特別強調價值無涉對於文化科學的重要性，並且在他看來，要做到這一點也不是不可能的。

## 1.經驗科學的任務與價值判斷

　　將價值判斷從經驗科學中剔除出去的必要性不僅來自於前者對於後者的危害，而且也來自於它們常常是混淆在一起的這個事實。在韋伯的時代，即使一些有成就的社會科學家也至少在理論上不清楚這兩者之間區別的必要性。那麼，兩者之間的區別究竟是怎麼表現出來的呢？韋伯列出了幾組彼此相對的問題，以供闡明。

　　第一組：

　　①(a)一個具體的事件是否這樣或那樣發生？(b)為什麼上述事件是這樣而非那樣發生的？(c)按照實際現象的規則，一個既定的事件之後是否總是跟隨著另一事件，以及它的概率有多大？

---

⑬　《科學論文集》，第576頁。

⑬　《科學論文集》，第489頁。

②(a)人們在一個具體的形勢中實際上應該做什麼？(b)依照什麼觀點，這種形勢能夠顯得是令人滿意的？(c)是否存在著一種——無論形式如何——上述觀點可以從其中推演出來的，能夠一般地表達出來的命題（公理）？

第二組：

①一個具體地給定的現實形勢（或一般地說，某類無論得到怎樣充分規定的形勢）是不是有可能將向哪一個方向發展（確切地說，通常典型地發展）。

②人們是否應當去影響某種形勢向某一方向——而不論它自己是否有這種可能，也不論向恰好相反的方向或任何其他方向——發展？

第三組：

①一些特定的個人或一些不確定的個人在某種情況下，對任何一類問題將有多大的可能性（或甚至必定）形成何種觀點？

②這種可能產生或必定產生的觀點是否正確？ ⓭

韋伯指出，有相當多的人常常把①類問題與②類問題混淆起來。他們在對①類問題發表了意見後，又對②類問題發表意見，或者以對於②類問題的回答來取代對①類問題的分析，而無視這兩類問題的異質性。①類問題是有關經驗事實的，它是經驗的文化科學的研究對象。在這裏，人們所要弄清的是，實在的東西在事實上存在的各種聯繫和導致這種聯繫的變化的可能性。②類問題則完全是價值判斷，它是研究者從自己價值取向出發對歷史事件以及歷史人物的觀點、動機的評價。這種評價純粹出自主觀的理由，而無客觀的根據。

---

⓭　《科學論文集》，第509頁。

　　在第一組中，①類提出的是有關文化事件的經驗因果分析所要完成的任務，②類則是對這種具體文化現象和其中人物的道德或其他價值評價；在第二組中，①類的問題是對某一既定形勢發展的可能性判斷，而②類問題則是一種應當判斷；第三組中的問題①是對人們思想的產生與客觀條件之間關係的分析，問題②則徑直是對觀點本身的評判。如果說①類問題大致概括了經驗科學所需要完成的任務，所能獲得的知識，那麼②類問題則概括了可能與之混淆的價值判斷。但是，這兩類問題不僅性質迥然相異，而且彼此之間並無邏輯的關係。韋伯認為，不僅價值判斷無法取代經驗的認識，而且從經驗事實的分析也無法進展到關於事件本身的價值判斷。前一點涉及科學嚴肅性的態度，後一點事關價值和科學的分野。

　　嚴格地區別科學和價值判斷，是韋伯反覆強調的社會科學家應有的基本素質，於是也就成了他的方法論的基本內容之一。《社會科學認識和社會政策認識中的客觀性》一文中的第一部分和《社會科學和經濟科學「價值無涉」的意義》一文的前半部分，都在反覆說明這種態度的必要性。在前一篇文章中，韋伯提出了科學客觀性（無偏見）的兩個要求：第一，使自己和他人都時刻意識到，什麼是實在得以衡量和價值判斷由以導出的尺度，而不是如通常的情形那樣，通過各種不同的價值彼此之間不精確的挪移，在理想衝突方面來回欺騙自己：同時想給每個人都提供一些東西❸。韋伯認為，一切對他人意願的評價都只能是出於自己「世界觀」的批判，因而是以自己的理想為依據而對其他理想的鬥爭。由此可見，試圖以科學的名義來掩蓋這種鬥爭的做法是不嚴肅的。至於調和各種理想的企圖也決不能導致客觀性的產生，反而會把界限攪得更為模糊難辨。

---

❸　《科學論文集》，第156頁。

第二，使自己和他人都明瞭，在什麼地方科學不再說話，而意願開始發言；在什麼地方論證求助於理解，在什麼地方它求助於感情❿。價值判斷事實上是不可避免的，但為維護科學的客觀性，就必須嚴格地劃清它與經驗科學認識之間的界限，並且將它明白地曉示於人。

## 2.存在與應當

科學無偏見的兩個要求是否能夠實現，在很大程度上依賴於找出科學和價值判斷的分野，這一點正是價值無涉學說的中心論題。韋伯通過分析一些具體事例來說明兩者的區別以及它們為什麼沒有必然的推論關係，換言之，對於事實的科學認識決不可能給價值判斷提供任何證明。

工團主義(Syndikalismus)是韋伯時代極其流行的主義和信念，也是韋伯常常拿來作譬的一種價值觀。韋伯認為，經驗科學對於工團主義所能夠做的只是「把工團主義的種種觀念歸納為它的可能最合理的和最內在一致的形式，以及從經驗上說明它形成的條件，有利的機會和實際的結果。」❶至於人們是否應當成為一名工團主義者，倘無確定的形而上學的前提，科學是無法為之提供任何有效的說明和論證的。這就是說，科學能夠對某種信念進行分析，但不能提出任何證據來證明選擇這類信念的適當與否。因此，當某個人試圖通過分析工團主義的具體行動的不可能性或甚至會產生相反的結果，來勸人放棄這種信念時，他只是在做一個徒勞無益的工作❷。因為人們總是在十分明瞭某種信念的內容、它的實際要求和結果的

---

❿　《科學論文集》，第157頁。

❶　《科學論文集》，第515頁。

❷　《科學論文集》，第513頁。

情況下才選擇它的。如果科學還能夠對人們的價值選擇有所幫助的話，那麼這就是在設置好十分明確的目標的情況下，它可以分析達到此種目的種種可能的途徑和手段。但是，即使手段的選擇也不是科學所能決定的，而是取決於價值取向和信念內容的。因此韋伯說道：「只有在依照明確地給定的目的而考慮實現目的的恰當手段的情況下，真正可以經驗地解決的問題才會出現。」⑭

對於社會生活現象的評價，情況也是一樣。進步是經常用來評價一種值得肯定的文化價值的名詞，它同時也常常被認為是能夠科學地證明的價值。但是，實際情況並非那麼簡單。韋伯分析說，在與人內心行為的非理性、直覺和情緒等相關的範圍內，行為方式的增多和質的多樣化，是可以用經驗科學的方式予以描述出來的。譬如，它們的出現一方面是社會生活日益合理化和知識化的結果，另一方面是個人對自己所有生活行為日益予以重視的結果。如果人們一般地把這種韋伯稱為「分化的進展」的現象喚作進步，也未嘗不可；但如果要把它評價為內在財富的增長意義上的進步，則任何經驗科學都是無法作出這種裁定的。而且當人們試圖作出某種評價時，就會遇到另外一些不可避免的問題：這就是這種分化的進展是以什麼為代價取得的⑭？換言之，它實際上是以犧牲了人們其他的精神品格為代價而取得的。譬如，過分追求閱歷，就是精神力量日益衰落而不堪承負日常生活的產物；而個人日益使其「經歷」公開化，則或許可以看作是隱私感的失落，因而是個性感和尊嚴感的失落⑭。經驗科學在這裏無法證明，個人的隱私感是比「經歷的公開

⑭　《科學論文集》，第517頁。

⑭　《科學論文集》，第518頁。

⑭　《科學論文集》，第519頁。

化」低下的精神秉賦，同樣也不能證明後者是比前者更為進步的東西。

　　人們通常用進步一詞來評價藝術領域的現象。然而這裏的情形也與其他文化科學領域一樣，必須在嚴格限定目的的條件下才有談論所謂進步的可能性。試圖從美學價值的角度來判斷藝術的進步，是完全不可能的。「經驗的藝術史只能運用技術的、合理的，因而明確的『進步』概念，同時必須較為詳盡地談論它；它的適用性來自如下的事實：它完全局限於說明某一種藝術願望為了一種給定的目的而運用的技術手段。」❿哥德式風格的建築直到現在為止依然激起人們昂揚的熱情。但是，經驗藝術史和藝術社會學對此所能做的工作，只是揭示這種風格的事實、技術、社會和心理的條件，除此而外，它無法多置一詞。至於哥德風格的美學價值，在韋伯看來，完全是經驗科學之外的形而上學的任務，即使從具體的趣好來說，也完全取決於人們的選擇❿。人們把它與其他風格相比，藉此做出藝術水平高下的評價。這與人們的審美趣味有關，而與科學無關。韋伯還精到地詮證了音樂史中哪些是經驗科學能夠從技術上加以分析的進步，哪些是它力不能及的評價。總之，無論音樂、建築，還是其他文學藝術領域，在那裏，「運用某種特別先進的技術對於藝術作品的美學價值沒有哪怕一點兒提示。那些甚至只有如此『原始』技法的藝術作品——比如毫無透視知識的繪畫——在美學方面都可以與另外一些運用充分合理的技法創作的最完善的作品絕對地平分秋色，它的前提是藝術家的願望只限於這類『原始』技術足以頂事的創作。」❿

---

❿　《科學論文集》，第520頁。

❿　《科學論文集》，第521頁。

韋伯把技術理解為合理的行為，所謂技術的進步就是合理化的發展。但是，對於某種技術是否屬於進步的範疇，經驗科學並不能給出一般的回答。它所能說明的無非只是：為了達到既定的技術手段目的X，措施Y是唯一合適的手段，或者$Y_1$，$Y_2$都是合理的手段；在後一種情況下，這些措施的運用方式和合理性方面的差異與$Y_1$，$Y_2$，$Y_3$分別相關；這些措施的使用以致目標X的實現，要求容受副後果Z，$Z_1$，$Z_2$。只有在這時，一種手段才能實際上無條件地被評價為技術上正確的，而在其他情況下，即在非技術的情況下，這種價值判斷現象不再有效[148]。李夫曼教授聲稱，當價格跌到成本之下時，為了維護生產者利潤而有意識地消毀消費品的做法在經濟學上是「正確的」。韋伯指出，這種說法實際上無視了許多具體的條件，比如階級狀況、政治集團、利益衝突等等[150]，逾越了它可能合法的範圍。因此，它不是經驗的分析，而是表示某種應當的價值判斷。因為很顯然，人們無法通過經驗的認識來證明：它在經濟學上對於消費者來說也是同樣正確的。任何技術手段的合理性，尤其是經濟法律等技術手段的合理性，都只是相對於一定的目的而言的，決不可能成為終極的評價，換言之，對於人來說，決沒有一種絕對正確和有效的技術手段，當然也不會有一種一般進步的技術手段。韋伯因此說道：「我們學科中的合法的進步概念毫無例外地依附於技術的東西，如上所說，在這裏這也就意味著依附於明確給定的目的的『手段』。它不可能上升到『終極判斷』的領域。」[151]總之，經驗科

[148] 《科學論文集》，第523頁。
[149] 《科學論文集》，第529頁。
[150] 《科學論文集》，第527頁。
[151] 《科學論文集》，第510頁。

學只能告訴人們，事實怎麼樣，它可能怎麼樣，但決不教導人們應當怎樣，後者完全取決於人們自己依據一定價值取向的選擇。從存在無法上升到應當，因此關於實在的經驗認識的科學必須拒絕承擔價值判斷的任務，從而保持科學認識的客觀性和中立性。這就是價值無涉學說的基本觀點。

　　價值無涉本身實際上就是一種規範要求⓲，因而從廣義上來說，也是一種價值判斷；因此它在韋伯那裏是一種原則，而非方法。對於價值無涉最常見的反駁，就是人們即使在選擇事實時也有價值的因素在起作用⓳。這種反駁是沒有力量的，因為首先韋伯的價值關聯已經充分地解釋了這種情況；其次，人們實際上在多大程度上能夠做到價值無涉，與這種規範要求的合理性並不發生矛盾。它要求科學的實際分析過程必須排除價值的干擾，但從這個規範原則並不能推論出或者分析出如下一層意思：除非人們能夠完全地實現這個原則，否則它就失去存在根據。

---

⓲　蘇國勛把它稱為規範原則是中肯的說法。順便提出，他把Wertfreiheit (value-free)譯成價值自由，以及將之稱為擺脫價值判斷的自由，極易引起字面上的誤解，因而是不妥貼的譯法，參見《理性化及其限制》，第275–6頁。

⓳　《馬克斯·韋伯的洞見和謬誤》，第19頁。

# 第三章　資本主義與合理化

　　現代人類在分析自己的生活，分析自己的社會環境和自然環境，分析自己的語言和思維方式，乃至在分析自己的本能行為時，就會發現，這一切都映帶資本主義現象；倘若予以深入的反思，那麼，資本主義不僅呈現為一種浸潤社會的現象，而且已經潛移默化為我們的思維方式和生活方式。無論是反對資本主義的政治力量和理論，還是信奉資本主義的政治力量和理論，都深切地意識到，至少到目前為止資本主義依然鋪張揚厲，曼衍為一種無可抵擋的勢力。資本主義既然以自己的邏輯孵化了時代政治、經濟、文化乃至軍事，成為其運作的基本方式，它就自然而然地成為現代理論的一個主題，而且必定成為對我們這個時代產生切實影響的偉大思想家的一個中心關切，甚至成為其中某些人的唯一關切。馬克思是如此，韋伯更是如此。但是，分歧就從這裏產生了。這不僅體現在他們對於資本主義的態度上面，而且還體現在他們對資本主義的理解方式之中。

　　但是，究竟何為資本主義，這是一個直到今天人們依然無法為此達成一致意見的問題，儘管人們對於資本主義的具體現象和個別特徵進行了極其浩大，極其深入，極其詳盡的調查和研究。資本主義作為一種社會現象，作為理論研究的一個對象，乃至作為我們的生活方式，經歷了不斷變遷的過程，並且依然處於持續的變化之中。

貝爾說，一成不變地使用資本主義這個詞，會造成人們的誤解❶。
即使馬克思主義者也注意到資本主義不斷變化的事實，然而由於他
們相信資本主義注定要滅亡，而且這種滅亡在可以預見的將來是不
可避免的，所以他們在規定了資本主義的本質特徵和必然命運之後，
總是要不斷地重新確定其最高，因而也是最終的階段❷。與所有其
他思想家不同，韋伯認為，資本主義並不是在近代隨著工業革命才
出現的，它早已存在於人們通常視作非資本主義社會的歷史時期，
當然在不同的歷史時期裏面，它有著各種不同的形式和規定。儘管
如此，資本主義所指稱的那些社會現象當有一些一般的，即使抽象
的規定。

　　韋伯在《古代❸農業情勢》裏指出，儘管由「資本主義的」可
以得出種種不同的理解，但有一個基本點：如果資本屬於一種以賺
取利潤為目的的財富，那麼「資本」始終就是私人經濟企業的資本。
於是，企業就需要一種交換的經濟基礎。這在另一方面就意謂，產
品全部地或部分地用於交換的目的❹。因此對於資本主義經濟是否
在古代起了主導作用，或者這種資本主義究竟是否存在過一類問題，
在韋伯看來，只應該考慮經濟因素。「我們在哪裏發現作為交換對
象的財產，由私人用於交換經濟的獲利的目的，在那裏，就確實存
在著廣泛的資本主義。如果人們承認這一點，那就很清楚，資本主

---

❶　丹尼爾・貝爾：《後工業社會的來臨》，商務印書館，1986年，第4頁。
❷　當然，持同樣觀點的人並不限於馬克思主義者或者社會主義者，比如
　　熊彼特也認為資本主義將長驅直入社會主義，參見《資本主義、社會
　　主義和民主主義》，參見第515–28頁。
❸　這裏所謂的古代主要是指古希臘羅馬時期。
❹　《社會經濟史論文集》，第13頁。

義存在於整個古代時期，而且正是存在於古代歷史那些最偉大的時代。」❺資本主義在古代不僅存在，而且對文明史具有重大意義。但是，資本主義在古代並沒有得到充分的發展，而其最主要的原因就在於古代的資本主義是不合理的資本主義。

韋伯在其諸種社會經濟史的著作裏，從不同的角度描述了古代的資本主義的特徵。韋伯認為，在古希臘羅馬，在奴隸制下的資本主義主要依賴政治，而與經濟的關係是間接的。決定性的因素是城邦的政治命運，這也就是城邦所能提供的利潤的機會，即城邦的包稅、所掠奪的人口和土地等等。比如，在羅馬帝國的前二個世紀，以及第四世紀這些和平而有秩序的時期,資本主義卻未能達到全盛。為什麼？私人利潤的獲得既然來自於城邦帝國主義式的征服，那麼和平之際，就是這種利潤消失之時，資本的形成因而就不再可能了❻。在《經濟史》裏面談到資本主義的發展時，韋伯認為，各種不同的資本主義是與各種不同的行業或者獲利的方式相關的，由此可以將資本主義分為合理的和不合理的兩類。在這裏，韋伯的分析橫蒙整個世界，而且他所舉的不合理的資本主義的例子主要出自東方。不合理的資本主義主要有如下三類：⑴以包稅為目的的資本主義企業（比如在中國和西亞），或者以為戰爭籌措經費為目的的資本主義（在諸國時代的中國和印度）；⑵商業投機式的資本主義；⑶高利貸資本主義，即充分利用外在的危急情況進行貸款的資本主義。所有這類的資本主義都指向戰利品、稅收、官方收費（或行政收費，Amtssportel）、行政暴利(Amtswucher)，最後指向貢品和緊急情況。韋伯認為，所有這些資本主義具有經濟上不合理的特徵，但適應當

❺　《社會經濟史論文集》，第15–6頁。

❻　《社會經濟史論文集》，第276頁。

時的實際情況❼。

那麼為什麼這些形式的資本主義是不合理的呢？韋伯在《古代農業情勢》對制約古希臘羅馬資本主義發展的因素作了較為詳盡的分析。這些因素加上韋伯在其他著作中的觀點，可以歸納如下：第一，古代資本主義所依賴的社會政治基礎；第二，與第一點相關的古代資本主義企業的經營方式；第三，古代資本主義企業本身的問題。

就第一點言，韋伯最核心的觀點就是(1)古代資本主義依賴政治，而所謂政治的主要內容就是戰爭，戰爭與和平是古代資本主義興衰的主要原因，這不僅因為資本主義企業及其利潤主要來自於為政府包稅以及政府的公共工程等等，而且古代戰爭意味著一整塊一整塊的土地所有權的瓦解和變更，使資本主義企業處於極不穩定的狀態之中。(2)國家財政金融機構既促進了私人積累，也扼殺了私人資本主義，原因有如下幾個方面：(a)對有產階級強徵過重的稅收；(b)全面限制私有資本利潤以及資本的形成；(c)國家對企業的物品和服務的強制性需要耗盡了私有財產。(3)人口劃分為形形色色的世襲階級。

第二點具體地包含如下幾種因素：(1)同自由勞動制度相比，以資本主義方式使用奴隸勞動的經濟特徵帶來如下的不利：(a)必須將大量資本投資於集中勞動力和維持勞動力；並且(b)這同時就需冒極大的風險：奴隸的高死亡率和社會政治動亂的影響；(c)對奴隸勞動無法進行精確計算，成本核算運用受到限制；(d)奴隸的供應有賴於戰爭中取勝；(e)奴隸對於技術，對於生產的質和量都沒有興趣。(2)在古代，人們除維持溫飽之外，對於工商業產品和服務的需求極小，

---

❼　《經濟史》，第286頁。

在這樣一個狹窄的基礎上，社會性的大企業、大型家庭工業，甚至工廠就無法存在,相比之下現代資本主義就是要滿足大眾的消費❽。此外(3)古代城邦的地域狹窄也限制一定規模的市場生產。

上述二點直接影響到古代資本主義企業運作的方式，比如，古代資本主義企業的資本結構和形成一直不穩定,在大型經營活動中,對奴隸勞動進行剝削受到了技術上的限制，而且由於資本主義在企業領域是一種借貸資本主義，所以在某種意義上直接反對生產某種專門產品的大企業的出現❾。

從前面的分析可以看出，古代資本主義之所以是不合理的，其原因主要不在於自身，而在於它所依賴的政治和社會情勢與制度。這種情況到了中世紀開始改變，所以韋伯認為，現代資本主義在西方中世紀萌芽。這就觸及了問題的核心：現代合理的資本主義興起的原因是什麼？這是一個世界性的普遍問題，但卻是在西方首先提出來的問題。上個世紀以來，西方不少重要的思想家為此提出形形色色的解釋，並且各自產生不小的影響。其中有些學說直接對世界歷史的進程發生了作用，比如馬克思主義，而更多的主要影響各色各樣的社會理論和思想,因而倘若對社會實踐產生了什麼影響的話，也只能是間接的。但是，正如資本主義的發展不斷迸發出新的活力一樣，關於其起源的解釋理論也時時翻新。形形色色彼此衝突相互批評的理論固然使人應接不暇，但時至今日，與其他學說截然對立的理論已難再出現，而解釋的大勢愈益趨於相互補充，互相發揮。然而，在所有這些解釋理論之中，韋伯的學說不僅依然是獨特的，

---

❽　《社會經濟史論文集》，第269頁。

❾　以上歸納參見《社會經濟史論文集》，第1–33、269頁，以及《經濟與社會》，第738頁等。

有其特別的視野，而且還是最為深刻的一種，因為它所揭示的資本主義興起的因素同樣也規定了現代社會的根本性質，而其中的某些普遍性的東西正日益迅猛地將我們捲入世界一體化的潮流裏。再者，韋伯相關的思想比任何其他一種偉大思想更難以為人清楚地把握，這主要不是因為韋伯思想中常見的自相矛盾和他表述的晦澀，而是他旁現側出的思路和論述，也就是前面所說的多視點及視點的變換的研究方式，使人們難以把握其學說和觀點的廬山全貌。

# 一、現代資本主義興起的原因

至少在漢語學術界，一個嚴重的誤解曾經盛行一時，這就是人們把由新教倫理裏面生發出來的資本主義精神，當作韋伯用來解釋資本主義興起的唯一根據，至少是最為根本的原因，而其他的因素或者不為人所知，或者在人看來是無足輕重的。而在中國大陸的當時，由於人們渴望一種新的社會歷史理論，以解釋（用這兩個字的本義）人們所身受的由流行的理論與現實之間的巨大分裂而造成的緊張，這種誤解是極可以同情地理解的。但學術有其自身的規則，今天人們當然不會再為這個誤解一葉障目而自以為是，確實也不應該如此。即使僅就韋伯研究領域而論，不僅韋伯的著作在海峽兩岸已有不少的譯本，而且韋伯研究也正趨全面和深入，韋伯對於現代西方思想界和學術界的影響，對於許多中國學者來說，不再是道聽塗說，而是自己研究的結論，這大大地拓寬了韋伯研究的思路；人們不再限於為了求得某種真經而就教於韋伯，而是為了求解某個問題或某類問題而與韋伯共研討。關於現代資本主義興起原因的研究，也是如此；即使在韋伯研究的領域之內，人們的注意中心固然在於

韋伯的學說，但嚴肅而深入的討論自然就會直接進入自主的探討，而在一定程度成為對於問題本身的研究。儘管如此，韋伯關於現代資本主義興起的學說究竟當從何說起？依然是一個尚待深入探討的課題，仍然大有甄綜澄清的必要。

韋伯旁現側出的分析給人們的把握造成的最大困難，就是無法從韋伯那裏得到一個現成的完整理論。人們需要將韋伯在各種不同類型的著作裏，從各種不同角度出發所做的解釋、分析和研究，予以甄綜考校，在這個基礎上建立起各種觀點之間的合理聯繫，於是就在一定意義上不得不重構韋伯關於現代資本主義興起的解釋學說。韋伯對西方歷史及其文明的不同層面具有博大精深的知識，並且更重要的是，對歷史事件及各種制度之間的歷史的一因果的關係有獨到的洞見。他相關分析的深度和廣度不在於提出某一個規律性的理論，而在於其分析的結論都處於特定的歷史一社會空間的某一位置，而各種分析結論之間的關係也受這種位置的約束。這樣，當人們要重構韋伯關於資本主義興起原因的理論時，或者謹慎地說，尋找這樣一種理論的內在邏輯關係時，所遇到的一個基本難題就是如何奠定研究者自己的立足點，這就是說，如何確定一個體系的標準，能夠將韋伯的種種說法包容於內而不導致嚴重的內在矛盾。

最為常見的辦法就是將韋伯所提到過的因素或做過的分析簡單地羅列起來，這也是韋伯研究者的便宜行事。譬如，我們看到在其頗有見地的《理性化與資本主義》裏面，高承恕歸納韋伯的觀點說：「韋伯在企圖掌握現代資本主義興起之問題時，便會向西方所特有的社會結構與文化價值中去尋找它們的關聯與根源。於是西方城市的特質、城市中的市民階層、合理的形式法律、近代的民族國家、基督新教倫理等雖然各自有其獨立的源頭和發展，但在十五、

六世紀共同促成了西方現代資本主義的興起。換言之，正是由於西方社會文化的這些內部特質，共同形成了近代以合理勞動組織為主體的現代資本主義。」❿人們通過這個總結或許能夠得到一個較為周全的觀點，但是卻無法分辨各種因素的不同作用，以及它們之間的相互關係，而後兩者對於理解韋伯的學說是相當重要的。

　　韋伯現代資本主義興起的學說，一方面原本就包含著反對其他的解釋理論的意圖，比如馬克思主義的理論，這樣，他既要否定資本主義是歷史發展的一個必然階段，指明資本主義在古代也曾經存在和興盛過的歷史，又要證明現代合理的資本主義是多種因素在某一特定時期因緣際會的結果；另一方面，韋伯既認為資本主義曾在世界各地普遍存在過，又要證明，現代合理的資本主義只是在西方現代出現的獨特的歷史現象。韋伯任務的關鍵，就是要從這些錯綜複雜的關係和歷史現象之中找到獨特的經絡。韋伯思路的核心於是就可以理解為：從其他社會所無而為西方社會所特有、但在全部西方歷史中卻普遍存在的因素，與西方歷史某一特定時期的獨特文明現象的匯合之中，發見現代合理的資本主義產生的樞機。

　　根據以上的分析，筆者以為，韋伯關於現代合理的資本主義興起的學說包含四個層面的內容。第一個層面是西方文明的一般背景：那些為西方社會所特有並貫穿整個西方歷史的普遍性的東西：科學精神和形而上學精神、權利（法）思想和形式化的法律、民主傳統。第二個層面的因素是西方所特有的社會政治制度和與此相關的因素，它們只在特定的歷史時期才出現，並且直接促動現代資本主義

❿　高承恕：《理性化與資本主義——韋伯與韋伯之外》，臺北：聯經出版公司，1988年，第91頁。不知何故，高著在下一段又將民族國家的形成當作外部條件。

的發軔，如合理的國家制度、城市、市民、大眾消費階層和自由勞動。第三個層面是一定歷史時期出現的現代合理的資本主義經濟制度和管理方式，如合理的簿記、銀行體系等等。第四個層面是韋伯的獨到見解，即綜合其他種種既有的合理因素而使之整合起來成為現代合理的資本主義體系的精神動力：這就是新教倫理，而其中最為核心的就是它的天職概念。

上述四個層面的因素是在不同方向發揮作用的，每一個都是必要的，但沒有哪一個是充分必要的。筆者在這裏將分別揚榷這些因素，以及韋伯對它們促成現代合理的資本主義的歷史作用的分析，從而揭示它們之間可能的邏輯關係。

## 1.西方文明特有而普遍的因素

第一層面的因素是西方文明之中最為人耳熟能詳的獨特性質。就形而上學和科學精神而論，韋伯在專門研究西方社會經濟史的著作中，並不強調它們對於現代合理的資本主義興起的作用。但是，在其《世界宗教的經濟倫理》的系列研究中，韋伯卻非常強調這些因素的獨特作用。我們看到，在《儒教與道教》裏面，韋伯多次強調，中國的宗教乃至中國人的一般精神缺乏超越的形而上學傾向。這種匱乏一般來說造成兩種後果，首先是在宗教上缺乏對至善、神的王國的追求，因而缺乏神的世界與現實世界、宗教倫理與現世的不完善之間的對立和緊張關係，從而就缺乏新教那種宗教合理主義，即合理地改造和掌握世界的根據。其次，缺乏對世界的形而上學式的探究。這不僅直接影響了中國哲學的形態，而且直接導致了科學在中國的不發達。因為韋伯認為，西方以數學為基礎的自然科學這種理智的思維形式，其源泉之一就是古希臘的哲學，而其最核心的

精神就是對於世界的根本存在，如柏拉圖所說的理念和亞里士多德的「隱德萊希」的探求。韋伯詮釋說，這種自然科學與文藝復興時期發展出來的技術實驗，包含對於西方文明起著決定作用的特別現代的合理（理性）主義因素⓫。

　　韋伯出身於法律專業，對於西方法律思想、制度及其具體的運作有十分廣博的知識和深入的研究，他的歷史性的研究都蘊涵法律制度和關係方面的考慮。因此，要言簡意賅地歸納他關於西方法律傳統對現代合理的資本主義的促進作用，是一件非常困難的事情。筆者在這裏只能舉其大要，這就是西方獨有的權利（法）思想和形式化的法律特徵，它們構成了促成西方社會現代化的最具特色，最有成效的法律因素。

　　「自然法是制定法的對稱……自然法的概念是亞里士多德提出來的，斯多葛學派作了進一步的闡述。西塞羅承襲並發揚了他們的學說，認為在自然中有真正的法律，這個法律代表理性、正義和神的意志。」⓬自然法的重要性在於，它為西方的法律建立了普遍而天賦的權利的基礎。在自身的發展過程中，自然法思想也受到其他因素，比如宗教和經濟因素的積極影響，但是它所奠定的自然法的公理，以及今天我們稱作基本自由權的那些權利的觀念，不僅對於西方法律的形式主義性質，而且對於民主、自由的發展都有直接的影響。韋伯指出，「『自然法』是獨立於整個成文法的，而且與之相比是效果更突出的準則的總和，它們所具有的威嚴不是出於任意專斷、為所欲為制訂的章程，而是相反，章程的使人承擔義務的力量

---

⓫　《宗教社會學論文集》第一卷，第439–40頁，並參見《儒教與道教》，第201–2頁。

⓬　周枏：《羅馬法原論》上冊，商務印書館，1996年，第87頁。

是由它們予以合法化的。也就是說，是這樣的一些準則，它們不是依仗淵源於某個合法的立法者，而是依仗純粹內在的固有品質而成為合法的：一種法的合法性的特殊而且唯一始終一貫的形式，而且即使宗教的默示和傳統及其體現者權威的神聖性正在喪失，這種形式也能依舊存在。因此自然法是革命創造的秩序之特殊的合法性形式。」❸

當然，在這裏最應當提及的就是它對現代合理的資本主義直接的促進作用。「『自然權利』是這樣一種自然的基本組成部分，首先是契約自由。自願的、合理的契約或者作為一切社會化包括國家真正的、歷史的原因，或者作為衡量價值的調節尺度，成為自然法構想的普遍的形式原則之一。因此，猶如任何形式的自然法一樣，這原則是建立在通過目的契約合法獲得的權利體系的基礎之上的，也就是說，只要涉及的是經濟的產品，就是建立在通過充分發展的所有權而建立的經濟協定共同體的基礎之上的。通過同所有人自由的契約（原始契約），或者同其他一些人自由的契約而獲得的所有權以及對它的支配的自由，即原則上的自由競爭，屬於這種自然法的不言而喻的組成部分。」❹

法律的形式化原來就有其自身獨立的發展，但在與自由和權利結合之後，就始終與之一起發揮作用。韋伯指出，資本主義需要嚴格形式的、因而在功能上儘量像一部機器一樣可計算的法，並且特別關心法律程序。現代資本主義可以非常有效地在如下那種法的基礎上生存：它不系統，缺乏嚴格的法律邏輯分類，但是卻是形式的法，並且在法律思維上面受過羅馬法和教會法的訓練，這種法保證

---

❸ 《經濟與社會》下卷，第188-9頁。

❹ 《經濟與社會》下卷，第190-1頁。

了經濟上強大的群體的自治❶。

　　但是，西方法律體系和思想發展，以及它們與政治、宗教和經濟等其他社會層面之間的歷史關係，卻遠為複雜。自然法和法律的形式化發展，固然形成了現代資本主義興起的文明背景和條件，另一方面，資本主義經濟的發展，尤其是現代資本主義的發展又要求和促進法律的合理化。韋伯說，西方現代法律的合理化是兩股同時起作用的力量的產物。一方面是資本主義的力量，它關心從而促進嚴格的、可像機器一樣計算的形式法律，另一方面是專制主義國家權力的官僚理性主義關心法典制定的體系性，以及由一個受過合理訓練的、力爭在地區之間有平等升遷機會的官僚階層來執行的法律的統一性❶。

　　這裏所論及的西方法律的這兩個基本特徵只是作為文明的一般條件發揮作用的。至於現代合理的資本主義制度還有其具體的法律淵源，比如「地產抵押債券（債務轉讓和戰爭借貸）產生於中世紀的法，同時日耳曼的法律思想也一起發揮了作用；同樣，股份制淵源於中世紀的和現代的法，古代沒有股份制度；匯票也如此，阿拉伯的、意大利的、德國的和英國的法，對於匯票制度的形成都作出了貢獻；貿易公司也是中世紀的產物，古代僅僅流行著康門達貿易；同樣，以可抵押的土地清冊和抵押債券作抵押以及代理制度，都起源於中世紀，而不是古代。」在這個意義上，韋伯說，現代資本主義整個典型的制度都淵源於別處，而不是羅馬法，羅馬法的決

---

❶　《宗教社會學論文集》第一卷，第438頁，並參見《儒教與道教》，第200頁。

❶　《宗教社會學論文集》第一卷，第438頁，並參見《儒教與道教》，第200頁。

定性意義是其所創造的形式法❶。

## 2.中世紀政治和社會制度

第二個層面的因素涉及特定歷史時期，即中世紀晚期以降的具體的社會和政治制度，特殊的政治共同體，即城市，以及在這種歷史條件下形成的現代資本主義的階級基礎：市民階層。

社會政治制度方面最重要的因素就是合理的國家。韋伯斷定，只有在合理的國家之中，現代資本主義才能發展；不僅如此，而且只有在西方才存在過合理的國家意義上的國家。那麼什麼是合理的國家呢？現代所謂合理的國家，在韋伯看來就是民族國家。相互競爭的民族國家為爭奪大國地位而經常不斷地進行和平與戰爭的鬥爭，這為近代西方的資本主義創造了最大的機會。各國必須為資本自由流通競爭；自由流通的資本為各國確定了幫助它們達到大國的條件，由於民族的國家不得不同資本結盟，民族的市民脫穎而出，它們就是現代意義上的資產階級。因此，正是封閉的民族國家保障資本主義繼續存在的機會。但是，合理的國家的根本特徵不在這裏，而在於專業的官員制度和合理法律❶。

所謂專業官員制度就是官僚制。韋伯認為，在一個現代國家裏，真正的統治既不在議會的演說中發揮作用，亦非在君主的告示裏發揮作用，而是在對日常生活的行政管理的措施中發揮作用。於是，統治就不可避免地落在官員的掌握之中。現代國家的形成是中世紀以降的事情，它與現代合理的資本主義的形成在一定程度是同步的。「正如自從中世紀以來，所謂邁向資本主義的進步是經濟現代化的

---

❶　《經濟史》，第292頁。

❶　《經濟與社會》下卷，第719–20頁。

唯一的尺度一樣，邁向官僚制的官員制度的進步是國家現代化的同樣明確無誤的尺度，君主制也好，民主制國家也好，概莫能外。」⑲官僚制是由一整套固定的，在韋伯看來也就是合理的官員制度構成的，它們包括聘用、薪金、退休、晉升、專業培訓和勞動分工、固定的權限、符合檔案原則、上下級之間的等級服從等。韋伯認為，如果國家不是一個小邦，採用輪流執政的政權形式，而是一個大規模的群眾性的國家，那麼情況一定如此。民主制也好，專制的國家也好，都徹底排除由封建的、或者世襲的、或者貴族的、或者名譽職位的、或者可以繼承的紳士來掌管行政，而是採用聘任的官員。聘任的官員決定著一切日常需求和日常申訴⑳。我們看到，按照這個原則，一個國家即使是專制的，也可以成為現代的和合理的國家。韋伯的這個論斷不僅完全是技術性的，而且也蘊涵了許多其他條件。

　　現在的問題是，為什麼實行官僚制和合理法律的國家就是合理的國家，它是如何促進現代資本主義的發展的？與其任何別的重要研究一樣，韋伯以廣闊的視野和深入的分析探討了這個問題，因此韋伯即使在《經濟與社會》裏面對此就有許多不同的論斷，其中有些是相互抵觸的。關於這一點，筆者將在後文專論官僚制時予以專門的詮釋，這裏只是揚榷韋伯官僚制與現代資本主義關係的學說。一般地說，韋伯的學說可以從如下兩個方面來理解。首先，現代的官僚制和合理的法律體系符合現代合理的資本主義企業的運作要求；其次，現代資本主義企業內部的管理方式採用的也是官僚制的形式。

　　在後期的研究中，韋伯認為，現代官僚制由於專業化、知識化

---

⑲　《經濟與社會》下卷，第736頁。

⑳　《經濟與社會》下卷，第736頁。

和分工的原則，它在從事行政管理時，就具有如下的素質：精確、迅速、明確、精通檔案、持續性、保密、統一性、嚴格的服從、減少磨擦、節約物資費用和人力。而「今天向行政管理提出要求既盡可能快捷地，又精確、明晰、持續地完成職務工作，這首先是因現代資本主義的經濟效率提出來的。」**㉑**現代官僚制還有相當獨特的要素：第一，就事論事，而不顧及個人關係，這也就是它的非個人性；第二是它的可預計性的規則。「現代文明的特性，特別是它的技術的經濟的基礎，恰恰是要求效果的這種『可預計性』。」這種可預計性規則正是現代資本主義所需要的。官僚制之所以能夠具備這種可預計性，乃是因為「它成功地從解決職位上的事務中，排除愛、憎和一切純粹個人的、從根據上說一切不合理的、不可預計的感覺因素。」**㉒**因此，韋伯說：在歷史上，邁向官僚制的國家進步也與現代資本主義的發展息息相關，這種國家是根據合理地制訂為章程的法律和合理設想的規章來執行司法和進行行政管理的。現代資本主義的企業在內部首先是建立在可預計性之上的。它為了自己的生存，需要這樣一種司法和行政管理：它們的功能至少在原則上也是可以按固定的普遍準則合理地預計的，猶如人們預計一臺機器大約可能的功效一樣**㉓**。現代合理的資本主義與其古代不合理的前驅不同，它特有的形式就是在合理的技術的基礎之上嚴格合理的勞動組織，而在不合理地形成的國家制度內部，任何地方都未曾產生過這種組織，而且在那裏永遠也不可能產生。因為，這些具有固定資本和準確預計的現代企業經營形式，對於法律和行政管理的不合理性是太

---

**㉑**　《經濟與社會》下卷，第296-7頁。

**㉒**　《經濟與社會》下卷，第297-8頁。

**㉓**　《經濟與社會》下卷，第738頁。

過於敏感了 ❷。這是官僚制對於現代資本主義的重要意義的第一方面。

第二方面，因此韋伯說，特大的現代資本主義企業本身，一般是一些嚴密的官僚體制組織望塵莫及的楷模 ❷。這就是說，現代資本主義企業內部的行政管理也必須具備上述官僚制的兩個特徵，而且要求更高。原因在於，在一個官員、職員和工人與行政管理物質分開、以及紀律和訓練有素都不可或缺的社會裏，沒有官僚體制的機構，除了那些自己還占有供應物質的人（農民）外，對所有的人來說，其在現代社會的生存可能性都不復存在。於是，現代社會的實際生活就呈現為如下的狀況：所有持續的工作都是由官員在辦公機關裏完成的；我們整個的日常生活都納入這個框架之內。官僚制在這樣一種意義上是與現代國家和現代資本主義共同發展，逐漸曼衍為一種普遍現象：「在所有的領域裏（國家、教會、軍隊、政黨、經濟企業、利益集團、協會、基金會等等），『現代的』團體形式的發展一般是與官僚體制的行政管理的發展和不斷增強相一致的：例如，它的產生就是現代西方國家的胚胎。」❷ 這樣，我們便看到，現代資本主義企業的需要就成了現代社會生活的普遍需要，資本主義在歷史上首先創造了這種需要，沒有這種需要，資本主義就不能生存，但是反過來，資本主義也是官僚體制可能以最合理的形式賴以存在的最合理的經濟基礎 ❷。

在韋伯關於現代合理的資本主義興起的學說之中，城市有一個

❷ 《經濟與社會》下卷，第738–9頁。

❷ 《經濟與社會》下卷，第297頁。

❷ 《經濟與社會》上卷，第248頁。

❷ 《經濟與社會》上卷，第248–9頁。

非常獨特的地位。西方城市的起源固然有其複雜的淵源，但中世紀城市獨特性的形成與封建制度之間的關係盤根錯節，它們既是許多合理制度的共同溫床，又處於衝突之中。中世紀城市的獨特性培育了促進現代合理的資本主義外部和內部制度的萌芽，但是現代合理的資本主義在民族國家之內形成氣候之日，也是這種獨特性的終結之日。這裏可從如下幾個方面來把握中世紀城市對現代合理的資本主義的促進作用。

西方中世紀城市由於歷史和地理的不同，其形成的歷史和外在環境不盡相同，但它們都具有一個最基本的特徵，這就是自治。自治是西方中世紀城市其他特徵的基礎，沒有這個基礎，所謂現代資本主義的合理因素，無論是社會政治制度方面，還是資本主義經濟內部規則，都不可能在那裏出現。一般史家在論述這種城市自治權時，都強調同業公會或商業團體向城市領主逐漸購得其合法的獨立權利。但韋伯指出，事實上，西方中世紀城市的特徵就在於其統治團體靠武力手段，非法地取得城市統治權，並且憑藉團體的力量，以對抗城市領主的報復，集體保障城市的自治權[28]。

在自治的基礎之上，城市便有如下一些特殊的地位。第一，城市在政治上是獨立的。城市維持自己的軍隊，締結城市同盟，對外進行擴張和征服，有的還企圖推行某種國際政策。城市的這種獨立權力是自由工商業的公認的、正規的、牢固可靠的法律基礎的政治前提。第二，城市本身以及同行公會和行會具有自治的法律章程。城市通過以市民為陪審員的城市法院，運用一種穩定的、對所有人一概適用的法律來規範城市的地產、市場交換和貿易。司法程序日益合理化，逐漸排除不合理的手段：決鬥、神裁法和氏族發誓。與

---

[28]　《經濟與社會》下卷，第591頁。

第二點密切相關，城市的自主還表現在它有不受外來干預的自己的法院機關和行政機關。城市因此而具有一些重要的、儘管是初步的法治和民主特徵。陪審員從市民之中並由市民選出，而行政機構乃是擁有廣泛權限的市議會。市議會的選舉當然依城市的不同，制定有不同的身份限制，但一般具有比較廣泛的市民基礎。第三，對市民徵稅的權利。這是城市政治和經濟自主權力的最具實質性的內容之一。第四，市場的權利。自治的商業和手工業警察以及壟斷性的驅逐權力。這種權力有助於以強制性的手段建立商品市場，比如，強迫農民到城裏購買他們的必需品，強迫他們到城裏出售他們的產品，就在相當大的程度上造成了農民的經濟自由。從而拓展了市場的空間。這至少在中世紀城市的前期是如此❷。

由以上諸點特徵我們看到，「西方的城市，我們首先想單獨研究的、特殊意義上的中世紀的城市，不僅在經濟上是商業和手工業的所在地，政治上（一般情況下）是要塞和可能是衛戍地，行政是法院區域，而且是一種誓約共同體的結義。在古代，共同選舉城市首腦制度被視為城市的象徵，在中世紀，城市是一個盟誓的『城市社區』，並且被視為法律意義上的『法人團體』。」❸不僅如此，實際上更為重要的是，以上所述的西方中世紀城市社會政治特徵，取消了等級制度，使城市的各階級不斷地平等化，與此同時解除了許多對自由的束縛。「城市的空氣使一切自由」這句當時的名言表明，各種等級的主人日益失去他們的權力，而更多的原先不自由的人等，主要是農民擺脫了人身依附。平等和自由成為中世紀城市發展的確

---

❷　參見《經濟與社會》下卷，第674–87頁，以及《儒教與道教》，第57–64頁。

❸　《經濟與社會》下卷，第604頁。

定的趨勢❸。由此可見，城市之所以成為現代合理的資本主義的溫床，其因素是多元的，而且在不同的歷史階段所產生的作用也是不一致的，有關這些筆者不擬在此詳述。需要注意的一點是，韋伯取作西方中世紀城市分析樣板的，主要是法國北部的、德國的和英國的城市類型❷。現在我們不如將目光集中到與此同時出現的兩個重要的經濟現象上面。

　　韋伯在《經濟史》的《導論》中分析古代資本主義衰落時強調，那時缺乏維持資本主義持續發展的兩個十分重要的因素，這就是消費工商業產品的消費群體和自由的勞動市場。中世紀城市的社會和政治性質，創造了這兩種因素出現的條件，這就是市民和自由的農民。首先，自由農民和小市民階層提供了現代資本主義因它們的產品所需要的廣大的、相對穩定的消費階層❸。所謂廣大和穩定有兩層意思，一方面是指一旦這種消費品停止供應，社會就不可避免要陷入混亂，這就是說消費者已經無法離開這些消費品而維持正常的日常生活。現代資本主義就是要滿足大眾的消費❸，而合理的資本主義是以市場為指向的，並且在經濟這個詞的狹義上，也是以經濟為指向的。而且它愈是合理的，就愈是以大眾購買和大眾的供給機會為指向。將這種資本主義提升為一個體系，是自中世紀以來的現代西方的發展❸。韋伯在這裏再次強調，合理的資本主義是在中世紀晚期開始發展起來的。另一方面，中世紀的城市制度和封建制度，

---

❸　《經濟史》，第283頁。

❷　《經濟與社會》下卷，第687–8頁。

❸　《社會經濟史論文集》，第266頁。

❸　《社會經濟史論文集》，第269頁。

❸　《經濟史》，第286頁。

保證不同形式的大眾共同體的存在，即使發生戰爭和政治動亂，這種工商業產品生產的資本主義組織賴以發展的安定也能得到維持，經濟仍然增長。對此，不僅大的封建國家，而且共同的教會組織也發揮了作用❸。

韋伯在《古代農業情勢》曾經將生產制度中的自由勞動，作為構成現代資本主義起源兩個基本因素之一提出來：資本的利用如何導入自由勞動的組織？自由勞動是古代資本主義所缺乏的❸。什麼是自由勞動呢？在韋伯看來，它是社會中這樣一個階級，其成員不但在法律上可以自由地在市場上出賣自己的勞力，亦即具有形式上的自由，而且實際上為饑寒所迫，不得不出賣自己的勞動。唯有在自由勞動的基礎上，合理的資本計算才有其可能。

在現代合理的資本主義興起的歷史上，與城市具有同等重要地位的另一個因素乃是市民。《經濟史》的《現代資本主義興起》一章關於市民有一節經典的論述。韋伯詮證說，在社會學史的意義上，市民一詞，有三種不同概念為其內容：第一，市民可以包括一類特定的階級，他們具有特殊的經濟利益狀況。在這個範圍之內，它們並非一個統一的階級，這就是說，大資者和小市民，企業家和手工業者皆歸在其類。第二，在政治意義上，市民階級包含享受一定政治權利的一切國家公民。最後，在等級的意義上，市民係指官僚階層和無產階級以外的『有財產和教養』的社會階層，例如企業家，靠剪息票生活的人，以及那些受過學院教育因而有身份地位和特權的人物。韋伯認為，只有第三種意義上的市民才是現代西方社會所特有的階層，它與資產階級完全相同。作為一個等級，它既有別於

❸　《社會經濟史論文集》，第271頁。
❸　《社會經濟史論文集》，第263頁。

貴族階層，亦不同於無產階級❸。

　　在中世紀城市特徵的背景之下，我們看到，中世紀城市裏的市民一方面形成了現代意義上的資產階級的前驅，他們不僅直接就是合理的經濟制度的實踐者和創新者，而且在一個更為廣闊的現代視野裏面，市民也是現代合理國家的公民觀念的負荷者和推動者，這些觀念包括權利和法治的觀念，自由（此一觀念與前者極為密切）的觀念，平等的觀念等等。在韋伯學說的結構裏面，他們還有一個更為重要的作用和位置：他們也是新教倫理的負荷者和促進者❸。

## 3.合理的資本主義經濟制度

　　第三個層面的因素，即現代合理的資本主義經濟制度的萌芽，主要也是在中世紀城市裏面孕育，然後成長起來的。不過，其中的許多因素首先並不是在韋伯論述的那些典型的中世紀城市，即法國北部的、德國的和英國的那些城市，而是在南歐的城市裏首先出現的，如合理的簿記，銀行體系等等。這一個層面的因素因為既涉及到宏觀經濟活動，又涉及到微觀經濟活動，具體的內容頗為繁雜；在不同著作的不同論述語境中，韋伯做過不同的甄綜和歸納，其中有些內容是前面論述其他層面時已經涉及過的，筆者這裏撮其大要予以簡述。

　　《經濟史》在詮證現代資本主義興起這一章的起首，有一個內容頗富的歸納。韋伯說，現代資本主義興起最為一般的前提，是合理的資本計算，後者成為一切從事於滿足日常需求的大型營利企業

---

❸　《經濟史》，第270–1頁。

❸　參見陳介玄等：《韋伯論西方社會的合理化》，巨流圖書公司，1989年，第95頁。

的規範。而所謂合理的資本計算就是應用現代的簿記法和資產負債表，來計算企業的營利收益。但是現代資本主義合理計算還需要相應的前提，它們有如下幾個方面：⑴一切物質的生產工具（土地、設備、機器、工具等等），作為可自由處置的財產為自主的私人營利企業所占有⓵；只有軍隊例外。⑵市場自由化，這就是說，市場流通免受不合理的限制；這種限制可能(a)具有等級的性質，如頒行適應等級差別的特定形式的生活方式，或者消費具有等級的特徵，或者(b)這種限制是通過等級的壟斷給定的，比如市民不能占有騎士的物品，騎士或農民不允許謀利，沒有自由的勞動力市場和自由的商品市場。⑶生產和流通的合理的，亦即高度可計算的，從而也就是機械化的技術，這種技術既應用於商品製造的成本，亦應用於商品的人工(Bewegungskosten)成本。⑷合理的，亦即可計算的權利。如果資本主義的經濟企業應該是合理的企業，那麼就必須依賴於如下一點：判決(judizieren)和管理都是可計算的。韋伯特別強調，無論是在希臘的城邦時代，還是在亞洲的家長制國家，或者在西方直到斯圖亞特時代，這一點都未得到保障。王家的公正的司法（或便宜的司法機構，Billigkeitsjustiz）以及其特赦給經濟生活的計算帶來了持續的干擾；所謂「英格蘭銀行只適合共和國，而不適合君主國」的說法，體現了現代合理的資本主義與時代之間的密切關係。⑸自由勞動。如果缺乏一個一無所有、因而被迫出賣他們勞動力的階層，同時如果只有不自由的勞動，那麼這是與資本主義的本質相矛盾的，資本主義擴張也是不可能的。⑹經濟的商業化。所謂的商業化主要包括企業的股份證券和息金證券。現代的股份公司就由前者而生發出來，而銀行在其間起了至關重要的作用。與後者相關的

---

⓵ 韋伯認為，這是一個直到他那個時代才被認識到的現象。

例證就是英國的國庫債券體系❹。

前文在分析法律對現代合理的資本主義興起的影響時，已經提及韋伯所列舉的其他一些起源於中世紀的合理的資本主義制度，即地產抵押債券（債務轉讓和戰爭借貸），匯票，貿易公司，以土地清冊保險和抵押債券作抵押以及代理制等等❹。

## 二、新教倫理與資本主義精神

以上所述的三個層面的內容，無論西方文明的一般特徵，還是資本主義經濟的特殊制度，在韋伯看來都是為西方所特有的合理性因素，它們構成了現代資本主義的必要條件。但是，韋伯認為，即使這一切都已具備並且按照自身的規則發揮作用，人們仍然不能說現代合理的資本主義的條件已經完備了；後者還缺乏一種精神的動力，還需要一種獨特的心態(Ethos)。

如果缺乏這種精神，資本主義企業就會雇不到具有勞動自覺性、遵守勞動紀律的工人。韋伯詳細地分析了計件工資提高並沒有造成相應的效率提高的一個例子。某個工人按1摩爾干❹1馬克的工錢，一天收割了2.5摩爾干，於是掙得了2.5馬克。現在工錢提高到每摩爾干1.25馬克，這個工人原來可以輕而易舉地每天收割3摩爾干，從而掙得3.75馬克。但他卻沒有這樣做，而是割2摩爾干，這樣他仍然可以掙得他習慣所得的2.5馬克。韋伯的這個例子並沒有實際調查的根據。他在這裏所要說明的是，單單工資高低的刺激並不能

---

❹ 《經濟史》，第239–45頁。

❹ 《經濟史》，第292頁。

❹ Morgen，歐洲各國的土地面積單位，約等於0.25～0.34公頃。

提高勞動的效率。在需要高度的專注和創新精神、高度責任性的工作職位上面，情況尤其是這樣。現代合理的資本主義需要的是這樣一種態度：勞動必須被當作絕對的自我目的來對待。這樣一種意向決不是自然的產物，它也不能單憑工資的高低被刺激起來，而是長期而艱苦的教育過程的結果❹。這是工人，或者說現代合理的資本主義經濟的自由勞動，所必需的素質。

　　那麼企業家或者商人情況怎麼樣呢？韋伯說，由私人企業家經營的企業，用資本（貨幣或具有貨幣價值的商品）贏利，購買生產資料，出售產品，無疑具有資本主義的性質，但同時也可以具有傳統主義的性質。經濟的資本主義形式與貫穿在其中的精神一般都有相互適應的關係，但彼此並無注定的依賴關係。因而，企業經營，譬如銀行、出口批發商、大型零售商、家庭工業產品的中間商等等的經營，的確只有採納資本主義企業的形式才能進行，但是，它們完全也可以按照傳統主義的精神來經營❺。韋伯為了給人留下深刻的印象，進一步強調傳統主義的資本主義企業的悠閑與舒適：這些企業的組織形式從各方面來說都是資本主義的，人們可以看到純粹商人品格的企業家，看到資本在商業活動中反覆周轉這個無可避免的事實，看到經濟過程的客觀方面，即合理的簿記。但是，如果人們觀察一下賦予他們以靈魂的精神，那麼人們就會看到，傳統的生活舉止，傳統的贏利額，傳統的工作量，傳統的企業領導班子及與工人的關係，本質上傳統的顧客圈子以及贏得顧客的方式，構成了這個圈子的企業家的「心態」的基礎，所以它們是傳統的資本主義企業，而非現代合理的資本主義經濟❻。

---

❹　《宗教社會學論文集》第一卷，第44–6頁。

❺　《宗教社會學論文集》第一卷，第50頁。

　　韋伯說，在某一個時候，這一切突然都改變了。在激烈競爭的壓力之下，田園牧歌式的生活突然瓦解了。財富大量地積累起來了，這些財富並沒有用於放貸謀利，而是再用於商業投資；辛勤工作和嗇刻的節儉表明這些人的目的不是為了消費，而只想賺錢。這是一場革命，它深入人們的行為以及企業的運作之中，改變了一代或幾代人的觀念和生活方式。但是，革命的原因不是用於投資的源源不斷的貨幣，而是一種新的精神，即資本主義精神開始發揮作用了 ❹。那麼什麼是資本主義精神呢？

　　韋伯用本杰明・富蘭克林❹的格言來給人們留下關於這種精神的生動印象：

　　「切記，時間就是金錢。假如一個人憑自己的勞動一天能掙十先令，那麼，如果他這天外出或閑坐半天，即使這期間只花了六便士，也不能認為這就是他全部的耗費；他其實花掉了、或應說是白扔了另外五個先令。

　　「切記，信用就是金錢。……如果一個人信用好，借貸得多並善於利用這些錢，那麼他就會得來相當數目的錢。

　　切記，金錢具有孳生繁衍性。金錢可生金錢。」❹ 如此等等。

　　韋伯提醒人們說，這些格言既不是教人們賺錢的訣巧，也不表明商人的大膽或個人愛好，它所宣揚的正是一種奇特的倫理，而這種倫理體現的精神就是資本主義精神。韋伯清楚地看到，富蘭克林

---

❹　《宗教社會學論文集》第一卷，第50-2頁。

❹　《宗教社會學論文集》第一卷，第52-3頁。

❹　Benjamin Franklin, 1706-1790，美國政治家，科學家。

❹　《宗教社會學論文集》第一卷，第31頁，《新教倫理和資本主義精神》，第33頁。

的這些道德觀念具有功利主義的色彩：誠實有用，因為它能夠帶來
信譽，守時、勤奮、節儉同樣有用，所以都是德行。但是，功利主
義不是它的全部，也不是它的主要因素，在這些觀念背後還有更為
深刻的東西。這種倫理觀所宣揚的至善，即盡量多賺錢，卻是與嚴
格的禁慾結合在一起的，賺錢因而成為目的本身。富蘭克林自述他
的這種觀念受到他那嚴厲的父親的影響，而這位嚴父正是加爾文派
的信徒。於是，這種倫理原來發源於基督教的宗教觀念。為什麼要
從人身上賺錢？富蘭克林引用《聖經》上的箴言回答說：「你看見
辦事殷勤的人麼？他站在君王面前。」這樣，賺錢不僅成為目的本
身，而且這種目的原來具有一種出世的根據。這種目的在韋伯看來
就是新教所謂的天職。對天職負有的責任，這是每個人相對於自己
職業的活動都應當感受到而且也感受到的義務。韋伯強調，這是資
本主義文化的社會倫理之中最具特色的東西，從某種意義上來說，
它對資本主義文化具有決定性的意義❺⓿。

　現在的問題，也就是韋伯《新教倫理和資本主義精神》研究的
中心問題，就是這樣一種倫理觀念以及由此構成的現代資本主義精
神的確切根源在何處濫觴？這種倫理觀念以及這個資本主義精神到
底蘊藏著一些什麼樣的具體內容？這種倫理觀念與資本主義精神的
歷史關係是怎樣的？韋伯在後期把新教倫理與資本主義精神關係的
研究納入一個更為一般的題目，即合理化一般進程之下，並且認為
資本主義是合理（理性）主義進程整體的一個部分時，他同時也就
要回答如下這個問題：新教倫理及資本主義精神與合理（理性）主
義的關係是如何的？但是天職的觀念，尤其在禁慾主義背景之中的
天職觀念，在幸福主義的個人關切之下，確實顯得是不合理的，於

---

❺⓿　《宗教社會學論文集》第一卷，第36頁。

是這就涉及一個更為深刻更為複雜的問題：這樣一種天職觀念，作為一種非理性的根據如何成為現代資本主義這一合理化過程的契機？

天職一詞，無論德語的Beruf，還是英語的calling，都有如下一層意思：上帝派定的任務。這個詞來自《聖經》的德語翻譯，它雖然並不體現《聖經》的原意，而是反映了譯者自己的精神，但很快為所有新教民族所接受。一如這個詞一樣，它所體現的觀念也是全新的，乃是宗教改革的結果：對在現世職業之內的義務履行得如何的評價，乃是一般德性實現所能承荷的至上內容。這就必然使現世的日常工作賦有宗教意義，而天職概念因此也就首次形成了。韋伯說，所有新教教派的核心教條都表達在「天職」概念之中：愉快地獻身於上帝的唯一手段，不是要以苦修的禁慾超越現世的德性，而是要義無反顧於完成由個人的社會地位所造就的現世之內的職責❺❶。韋伯指出，為信仰而勞動，在基督教裏面並不是什麼新鮮的東西。幾乎基督教各教派的禁慾主義文獻都自然而然地充滿這樣的觀念。所以在這方面，新教的禁慾主義並沒有加進任何新東西。但是，天職的概念也是新教區別於其他禁慾主義教派的根本之點。它不僅最有力地深化了這一思想，而且還創造出了唯一對它的效果有決定性影響的力量，即一種心理上的認可：相信這種勞動是一種天職，是至善的，歸根到底常常是證實已獲得恩寵的唯一手段。

在他的具體研究中，韋伯分別詮證了四種禁慾主義新教的相應觀念。筆者在這裏為論述方便起見，將各種觀點甄綜概述，力求從韋伯頭緒多出的思想中理出一個清楚的輪廓。

新教達到了全部基督教祛巫歷史過程的邏輯終點。祛巫的歷史

❺❶　《宗教社會學論文集》第一卷，第63頁。

進程在韋伯看來也就是世界合理化進程的一個階段，而在韋伯那個時代實際上也是合理化進程的主流。這個邏輯終點的居處就是加爾文宗的預定論（或譯神恩預選）。 預定論構成加爾文宗的核心，它的基本觀點是：上帝以其不可思議的神意永恆派定了每個人的完全不可探知的命運，乃至派定了宇宙中最微小事物的命運；既然上帝的神意是無可改變的，那麼得到上帝神恩的人就永遠不會失去神恩，而上帝拒予神恩的人就永遠不可能獲得神恩。上帝是絕對自由的，不會受制於任何東西。人的命運意義就處於冥冥之中，而永遠無法洞悉。於是，這種教義過於崇高的非人性的性質就對宗教改革那一代人造成了巨大的影響：單獨個體空前的內心孤獨感；至於生活中的決定性的機會，即永恆得救，人們已被告知：他只有一個人上路，走向他那已經永恆規定了的命運。誰也無法幫助他，通過教會和聖事而獲救的可能性完全被排除了。一切以具有巫術性質的儀式追求得救的方式，都被當作罪惡和迷信而受擯棄。韋伯說，真正的清教徒甚至在埋葬至親好友時也拒絕舉行任何宗教儀式，以便杜絕通過迷信、巫術的力量和聖事來獲救這種思想。一般來說，清教徒對文化和主觀的宗教虔誠中一切訴諸感官的和情感的因素採取否定的態度❷。

以上的詮釋回答了筆者前面所提的第一個和最後一個問題。宗教改革時代依然是基督教占絕對統治的時代，這一背景知識對於中國人領會宗教改革的意義，以及理解韋伯強調新教那種創新的倫理的重要性，乃是十分關鍵的。在十六世紀，西方人根本沒有選擇成為一個基督徒或非基督徒的機會。正如費弗爾所說，關於這一個事實的領會，我們應當從當時人們的實際生活著眼，不是從少數學者

❷ 《宗教社會學論文集》第一卷，第92–5頁。

和思想家的思想來檢視。當時的實際情況是，人們從出生、命名、婚姻、疾病、工作、職業、時間的觀念，到組織原則、家庭生活，公眾的活動，節慶，乃至於死亡、埋葬、靈魂的歸屬，無一不浸淫在宗教之中❸。所以宗教觀念的改變無疑就意謂生活方式和其他基本觀念的變遷，而救贖觀念作為基督教的支柱觀念的改變自然而然就會引起人們生活態度和生活方式的巨大改變。韋伯深刻的洞察力體現在將資本主義興起這樣一個普遍性的世界歷史現象，與特定時期（儘管這個時期非常重要）的特定人群的特定觀念改變，在因果分析上面聯結起來。進入天國的途徑既然是無法經營的，那麼人們就必須精心來打理現世的生活。但是，對於非基督教的人們來說，這裏的微妙之處在於，經營現世的生活乃是得救的體現，這就是說，人們雖然無法探詢注定的命運，卻仍然能夠以現世的成就來印證神恩。正如韋伯所說，這是極端不合理的、非理性的觀念。但是，就如上面所說，對於那個時代的西方人，沒有上帝和來世的生活是不可想像的。然而，人的生活與上帝，與來世的聯繫卻因此變得更加主觀，更加脆弱了，從而為世界合理化過程將基督教從資本主義精神中袪除出去，埋下了伏筆。這是筆者以後所要討論的問題。

這樣一來，原本就是為了上帝的榮耀而存在的現世，就更具有一種特殊的積極意義了：人要服從上帝的神誡，而唯一的表現就是在社會上取得成就。不僅如此，基督教信仰的堅定性現在表現為自信已經得到上帝的神恩，而這種信仰越堅定，就越要在現世之中取得成就；或者反過來，人愈是在現世取得成就，就愈證明他信仰的

---

❸ Febre, Lucien: *The Problem of Unbelief in the Sixteenth Century: The Religion of Rabelais*, tr. by B. Gottlieb, Harvard University Press, 1982 年，第335–53頁。

堅定，這也就意謂自己已經蒙受神恩。人在現世的職業因此而具有了神聖的意義，即它是一種天職。但是在加爾文教裏面，人的這種職業工作還包含著為社會服務的思想，因為人所處的這個有目的地構造起來的世界以及整個宇宙的安排，都是上帝為了人的便利而創造的❺。韋伯由此推論出的這種觀念所隱含的另一個積極意義：一切情感的，從而一切人間的東西既然都沒有最終的價值，那麼以最合理的方式來從事現世的職業就不會遇到無法克服的障礙。新教徒資產階級在處理世事時的冷酷無情來源於他們的宗教信仰。然而，新教倫理不是個公理系統，因而並非所有對資本主義精神發揮作用的觀念都是從一個最初命題演繹出來的。它是一組觀念的集合，裏面不妨包含相互牴牾的內容，但是它們共同影響的結果是造成了一種新的生活態度和生活方式。

首先是新教徒嚴格的禁慾主義，他們全力反對無節制地享受人生和它所能提供的一切，對文化中任何不具備直接宗教價值的東西都懷有敵意。然而，清教徒並不反對科學，清教運動中的傑出人物都深受文藝復興文化的薰陶，新英格蘭諸州在獨立之初擁有那麼多的大學生，乃是別的國家所無的——這一切部分淵源於他們在宗教上對知識的高度評價❺。

第二點與此密切相關：新教的這種禁慾主義將營利活動從傳統的倫理束縛之中解放出來。清教徒認為，人只是受託管理著上帝恩賜給他的財產，他必須像寓言中的僕人那樣，對託付給他的每一個便士都有所交代。於是，人就如同一架獲利的機器。清教徒把任何窮人都視為好逸惡勞的懶漢，或者罪犯。倘若這種禁慾主義的生活

❺　《宗教社會學論文集》第一卷，第100–1頁。

❺　《宗教社會學論文集》第一卷，第184–5頁。

態度經得起考驗，那麼財產越多，為了上帝的榮耀保住這筆財產並竭力使之增值的責任感就越沉重。韋伯強調，這種生活方式的根源，如同資本主義精神的許多方面一樣，也可以追溯到中世紀；但是，這種生活方式在禁慾的新教倫理中找到了堅實的基礎。這樣，當限制消費和享樂與這種無限制的獲利活動結合在一起的時候，就不可避免地出現如下一種實際效果：禁慾主義的節儉必然要導致資本的積累。抑制對所得財富的消費，使得資本的生產性投資成為可能。當然，新教禁慾主義的生活態度並非直接指向營利，而是一般地指向現世的職業。所以韋伯特別強調，殫精竭力、持之不懈、有條不紊地從事現世的職業工作，作為一種宗教價值，是禁慾主義的最高手段，也是人的再生和信念真誠最確實、最昭著的證明；它對於作為資本主義精神的生活觀念的擴張，乃是一個可以想像的力大無比的槓桿❺❻。所以，在私人經濟的財富生產方面，新教禁慾主義譴責欺詐和本能的貪婪。因為新教禁慾主義與《聖經》一樣，反對將財富作為追求的目的本身，它所接受的是作為勞動成果的財富。這裏的複雜關係在於，人的最終目的乃是上帝的神恩，而其手段則是現世的職業工作，財富在這裏僅僅作為這種工作的成果才有其標誌的意義。

天職概念在新教禁慾主義那裏還包含著更為豐富的意義。一種職業的有用與否，首先取決於它為社會提供的財富多寡，其次是個人獲利的大小，但是關鍵的因素還在於合法謀利，即既不損害自己的靈魂，亦不損害他人的靈魂。在這個情況下，它強調職業的固定化。韋伯認為，這種觀念為現代勞動的專業化分工提供了道德根據。

新教禁慾主義具有強烈的要求統一性的傾向，而這種要求在否

❺❻　《宗教社會學論文集》第一卷，第192–3頁。

定肉體崇拜的觀念中找到了理想的基礎。韋伯這裏的意思是，因為
新教禁慾主義否定一切以感官和情感為取向的事物，所以它就能夠
以理性的方式來安排世間的一切活動。比如，清教徒十分注意《舊
約》對形式化的合法性的稱讚，即它乃上帝所樂見的變化的標誌。
韋伯說，要求統一性的這種傾向直至今天仍然極大地增強了資本主
義對生產標準化的興趣。其實，這種傾向只是合理化傾向的一個因
素。

　　加爾文宗從自己的宗教觀念出發，激烈地反對在基督教一社會
基礎之上國家和教會與壟斷者的聯盟壟斷當時的國家財政，反對這
種政治上享有特權的、貿易性的、借貸性的、殖民主義的資本主義；
後者正是韋伯所謂的不合理的資本主義。韋伯在《經濟與社會》裏
面對加爾文宗的做法作過非常積極的評價。他在談到英國的清教徒
反對重商主義的鬥爭時說：英國人民反對一切卡特爾和壟斷經濟的
意志的極端頑強不屈，在這些清教徒的鬥爭中表現得淋漓盡致。在
韋伯看來，以清教徒為主體的資產階級反對重商主義與斯圖亞特的
壟斷主義，乃是合理的資本主義與不合理的資本主義的最後搏鬥，
即以市場機會為取向的資本主義，與以對國有財產以及殖民機會的
國家壟斷為取向的資本主義之間的最後搏鬥；在清教徒看來，市場
機會應當是自動地、由內部出發地、依仗商人自己的勞動效益而尋
得的。清教徒在自由貿易政策中最終得勢，實行自由貿易是新教持
不同政見者及其同產業利益結盟的功績，從而使重商主義失去支
持❺❼。與其對手相反，清教徒始終強調職業活動中的個人主義的動
機，要求憑藉個人自身的精明幹練合理、合法地謀利。這樣，禁慾
主義的新教徒就成了現代合理的資本主義經濟的代表。韋伯認為，

❺❼　《經濟與社會》下卷，第729-30頁。

他們的這種態度在英國工業發展中起到了巨大的決定性推動作用，因為當時的工業正是在不顧，甚至反對當局權力的情況下發展起來的❺❽。

　　綜上所述，一種特殊的資產階級職業心態就形成了。由於意識到自己承受上帝的神恩，確實受到上帝的祝福，只要舉止得體，行為沒有道德汙點，只要花費他所掙得的財產時不致遭到非議，資產階級企業家就可以聽從營利的關切，並且應當這樣做。此外，宗教禁慾主義的力量還為他們提供了節制有度，態度認真，工作異常勤勉的勞動者，他們對待自己的工作就如同對待上帝布置的生活目標❺❾。韋伯最後的結論非常清楚：「現代資本主義精神的決定性要素之一，不僅如此，而且現代文明精神的決定性要素之一，即以天職觀念為基礎的合理的生活行為，正是從基督教禁慾主義精神之中產生出來的，──這是本文所要論證的觀點。」❻⓿

　　但是，現在我們仍然還可以追問，為什麼只有在這個決定性要素產生出來之後，現代合理的資本主義才能真正發展起來？因為正如我們已經知道的那樣，現代資本主義的大多數其他決定性要素早在宗教改革之前就已經具備，而且在宗教倫理不再對資本主義發生作用的時代，這些因素依然構成資本主義經濟乃至資本主義社會的基本制度，並且發揮著有效而且巨大的作用。我們注意到，緊接著前所引的那段話，韋伯又對他的獨特觀點做了一個相當精確的限定：「現在人們重讀一下在本文開頭所引的富蘭克林的那段話，便會明白，本文開頭稱為『資本主義精神』的那種意向的根本原則，就是

---

❺❽　《宗教社會學論文集》第一卷，第202頁。

❺❾　《宗教社會學論文集》第一卷，第198–9頁。

❻⓿　《宗教社會學論文集》第一卷，第202頁。

我們這裏主要表述為清教的天職禁慾主義的內容，只不過它已沒有宗教的基礎，因為在富蘭克林的時期，宗教基礎已經瓦解了。」 **❻**

於是，我們依然還不明白，在資本主義精神的宗教基礎已經崩壞的時代，世界合理化的進程是否依然進行？進一步說，新教倫理所塑造的生活態度和方式之中的合理性是否保持在現代社會？如果答案是肯定的話，那麼，筆者前面提出的問題並未得到清楚的回答：即在世界合理化一般進程之下，並且認為資本主義是合理（理性）主義進程整體的一個部分時，新教倫理與資本主義精神之間究竟有一種怎樣的特殊關係？它們兩者與合理（理性）主義的關係是如何的？

在《經濟史》的《資本主義意向興起》一節中，韋伯在歷數為現代資本主義所需的各種合理制度之後，認為它的興起還需增添合理的意向，生活方式的合理化，合理的經濟心態**❻**。筆者認定，這些概念無非是天職的另一種說法，或者說乃是對天職概念的解釋。它們的作用是破除傳統的神聖性，也就是說破除固守由祖先傳下來的行為和經濟的心態，而傳統又總是與迷信和巫術結合在一起的，這些精神性的東西就為掃除現世一切不合理的行為提供終極價值根據。這個意思韋伯在《新教倫理和資本主義精神》已經表達過了。現在的問題依然是，倘若沒有新教倫理，那些早已具備或者久已具備的西方文明的合理性精神和具體的合理性制度，是否就不能發展出現代合理的資本主義來？如果情況確是如此，那麼新教倫理就不僅是決定性因素之一，而是唯一的決定性因素。我們看到，韋伯構造新教倫理和資本主義精神這個理想類型，正是要詮證這一點；因信奉新教禁慾主義而滋長資本主義精神的資產階級以及它的自由勞

---

**❻**　《宗教社會學論文集》第一卷，第202-3頁。

**❻**　《經濟史》，第302頁。

動，現代合理的資本主義興起的歷史情勢，乃這個理想類型所適用的歷史個體，後者正是因此而具備了特殊的歷史文化意義。那麼我們的問題便可以集中到如下一點：這個決定因素所發揮的是一種什麼樣的決定性作用？這個作用如不發揮出來，即使前面所說的三個層面的因素皆已具備並且在發揮作用，它們也會由於彼此之間的漠不相關而無因緣際會，現代合理的資本主義，乃至整個現代文明就會與我們人類失之交臂。韋伯的全部分析實際上已經鋪就了通向答案大門的曲徑，卻過門而不入。

推門而入登於堂奧之上，我們發現，新教倫理，尤其它的天職觀念，仿佛上帝的第一推動力，現代資本主義經濟的宇宙一經它推動之後，就會自行運轉起來；資本主義精神原本是從新教倫理之中生發出來的，但一旦形成之後，就如宇宙裏面基本的力，能夠自主地維持現代合理的資本主義的運行，而不再需要外在的宗教原動力。新教倫理如果沒有這樣一種決定性的作用，或者在韋伯的理想類型裏面，如果這種作用得不到有效的詮證，韋伯關於新教倫理與資本主義精神的研究就會失去它的原創力，而缺乏獨到的見解。但是，這個作用同時還有另外一層意思，新教倫理以及它們本身就蘊涵的合理性因素具有整合的作用，或者說它本身同時就是一種整合的力量，將既已存在的各種為現代資本主義經濟所必不可少的合理制度整合起來，使之成為一個自主的體系。禁慾主義的新教所整合的合理性的原素許多原本與它無關，甚至是它所不能產生的。韋伯在《經濟史》中注意到一個吊詭的事實：新教禁慾主義各個宗派，除日常所需之外，一概不想研究科學，然而新教徒卻使技術與經濟能夠利用科學，而且十分有效地利用它——這是它獨特的貢獻[63]。這種整

---

[63]　《經濟史》，第314頁。

合作用韋伯自己稱為親和力。不僅如此，這裏還必須指出，第一推
動力與整合這兩種作用之間的關係其實也是非常微妙的。新教倫理，
尤其它的天職觀念倘若不能將一切既已存在的合理制度和因素整合
起來，那麼這些制度和因素就不會成為一個現代合理資本主義的自
主體系，即使有某種外力的推動，譬如人的利欲，也無法運轉起來；
韋伯一再強調資本主義既是古已有之，亦是非西方地區也存在的社
會現象，其理論的重要性在這裏就可以體會出來了。另一方面，如
果所有合理的制度都已有機地組成一個現代資本主義體系，卻缺乏
一個推動力，那麼它就如一條尚未點睛的龍，無法自己沖天騰飛起
來。

　　揭明新教倫理的這種作用以及這個作用兩個層面之間互為前
提的關係，就是揭示新教倫理與資本主義精神之間關係的理想類型
之中的樞機，這對於理解韋伯現代資本主義興起理論的獨特性，理
解他後期的世界合理性進程學說的主旨，不僅看到其獨到之處，而
且檢視其可能的矛盾，都有重大的干係。在這裏，韋伯理想類型的
學說或許能夠為他沒有和盤托出這個觀點提供某種辯護——這一點
留待日後討論。韋伯在一個更加深入和全面的研究之後或許會奉出
這個結論，因為我們注意到，在《新教倫理和資本主義精神》的結
尾，韋伯認為在這篇歷史研究的著作之後，進一步的任務應當是指
明禁慾主義的合理（理性）主義對社會政治倫理的內容，從而對從
宗教集會到國家的社會共同體的組織形式和功能的意義；然後分析
禁慾主義的合理（理性）主義與人道主義的合理（理性）主義及其
生活理想和文化影響的關係，並且進一步分析它與哲學和科學的經
驗主義的發展，與技術發展以及與精神的文化財富之間的關係；最
後追溯中世紀入世禁慾主義萌芽的歷史變遷，以及它如何歷史性地

通過禁慾主義宗教虔誠的種種個人傳播領域消解為純粹的功利主義❻。雖然韋伯在其他宗教的經濟倫理研究中已經涉及到上述任務的某些方面，但這些任務作為整體來說並未完成，否則我們不僅可能看到韋伯自己對新教倫理決定性作用的具體詮證，而且還可能看到韋伯對於現代社會精神更加深入的剖析。

# 三、現代性：資本主義與合理化

當筆者將韋伯資本主義興起的理論完整地描述出來後，一幅現代資本主義的清明上河圖就呈現我們眼前了。不過，在這幅圖畫中熙來攘往的是韋伯給出的那些合理性的因素，是概念化的人物。它們在一種概念化的精神力量推動之下，合理地整合為一體，自主地運轉起來了。韋伯所謂的現代，至少在他那裏還是一個跨度極大，有其上限而無下限的歷史過程。在當今流行的後現代派的鷹眼裏，這個進程早已經結束了，或者至少早該結束了。但是，後現代主義就其蕪雜的態度誇張的表現來說，主要還是一種情緒的宣洩和觀點的變換。我們身處的世界依然處在現代化的進程之中，現代資本主義世界藉以運轉的規則，從根本上來說仍然是近二、三百年來在不斷形成和完善之中的原則。儘管不同的學派構造出有關現代社會，尤其現代資本主義的不同理論，但是這些理論的中心內容往往是一致的，它們都會指稱相同的一些對象。但是在不同的理論境域裏面，它們可以承荷極為不同的意義。進一步說，兩種不同的理論所論列的對象和現象或許不會完全重合，這就是說，少數對象和現象會落在某些理論的視野之外。但是，當人們檢視的理論達到一定的數量

❻　《宗教社會學論文集》第一卷，第204-5頁。

之後，就會不斷地遇見妝飾迥異的熟面孔。我們也可以從這個角度來看待韋伯的現代資本主義理論。但是，由於韋伯的獨到的見解，許多對象和現象都是首次由韋伯納入現代社會和現代資本主義的理論結構之內，並得以描述出來，從而具有經典的意義。

　　一般地說，韋伯同樣也沒有給出過一個現代資本主義社會和現代文明的完整理論，儘管他相關的思想極其豐富和極其深刻。部分原因或許在於韋伯已經在不同的研究中從不同的角度對現代社會作了種種規定，這使他覺得沒有必要將它們再另行組織起來，因為韋伯從來不願意重複已經做過的研究，甚至都不願重讀自己已經發表的著作。當然人們還可以提出其他的原因，比如他的突然去世。對此這裏不擬深入討論。這樣，筆者在這裏詮證韋伯關於現代資本主義的理論時，就如前面措置他的現代資本主義興起的理論一樣，在相當大的程度上是一種重構，而且更具詮證的意味。這裏首先需要加以說明的是，在韋伯那裏，現代文化（明）與現代資本主義所指稱的，基本上是同一個歷史個體，或者說歷史文化事件，而我們常常一般地稱之為對象或社會現象。這兩個概念的區別在於，當韋伯用現代資本主義這一詞時，他採取的是經濟的觀點，亦即主要從經濟制度著眼來考慮現代社會以及各種制度和因素之間的聯繫，而當他從其他社會現象，比如宗教、政治制度、法律以及學術等等著眼時，常常就用現代文化（明）一詞。基於這樣的認識，筆者在下面的詮證裏把這兩個概念等同起來使用，除非加以專門的區別。

　　韋伯的現代資本主義理論涉及非常廣泛的內容，但是有兩個基本範疇貫穿所有其餘相關理論，它們不僅是韋伯的概念手段，而且確實也是現代社會的一種精神狀態，是現代社會一切制度和行為的基本特徵，儘管並非僅有的特徵。簡單地來說，這就是合理化和價

值多元化。這兩個特徵都是宗教改革之後西方社會的產物，但是在最一般的意義上，它們並非西方社會的獨特產物。韋伯在其《世界宗教的經濟倫理》系列研究之中，承認這兩種性質和心態在其他文化之中也同樣存在，不過與西方的有根本的差別，這一點我們在後面詮釋韋伯世界宗教與經濟倫理時再作討論。現代文化的合理化與價值多元化特徵，作為社會的基本精神和心態，兩者之間的關係相當複雜，而且頗為詭異。但是，由於韋伯認為現代社會的合理化及合理性是一種目標合理性的過程，韋伯的理想類型也就可以用作分析韋伯自己思想的概念手段，從而使筆者的詮證有一條可以遵循的客觀而實在的原則。

目標合理的行為與價值合理的行為作為人類行為的普遍類型，當然並不受時間的限制，而發生於人類歷史的每一個階段，就如韋伯給出的其他兩種行為類型一樣。韋伯的獨到之處在於揭示了西方社會現實的歷史發展中如下的進程：從人的行為的各種類型同時發揮作用而各有自己的一塊領地，演化為目標合理的類型成為主導的方式。這個進程雖然貫穿西方歷史幾千年，但是它經歷了一個根本的轉折，這就是宗教改革。由宗教改革所形成的新教倫理在西方社會的合理化過程發生了一個極為弔詭的作用：資本主義精神所體現的徹底的目標合理的行為來自於一種終極的價值根據，即證明自己已蒙受上帝的神恩以證明上帝的榮耀。新教徒相信這類行為本身具有無條件的內在價值，他們堅信必須這樣做，而且是要通過現世的活動來實現這個行為，就此而言，它是純粹的價值合理的行為；但是當天職觀念落實到現世的成就上面時，行為的指向就發生了變化，現世的成就便轉變為人的行為的決定根據，於是行為的類型就成為目標合理性。因為終極的價值根據已經唯一地規定好了，因而從理

論上來說，沒有任何其他的價值根據能夠妨礙新教徒現世目標合理的行為，並且是不可克服的。然而，實際上基督教倫理還包含其他的內容，比如山上聖訓那些誡條，所以新教徒的具體行為不可能是如此理想地進行的。但是，正如我們已經看到的那樣，韋伯的詮證並非在影寫現實，而僅僅是揭示歷史個體和歷史事件最主要的因果聯繫，因此其他因素就落在了他的分析之外了。但這樣也就產生了這樣一個效果，即人們可以非常清楚地看到歷史個體與歷史事件之中的主要線索。

如果孤立地分析現代社會基本制度和觀念的各種合理的制度和因素，那麼如我們所看到的那樣，它們乃是歷史發展的繼續；但是經由新教倫理的第一次推動和整合作用，這些制度和因素成為一個體系之後，它們在性質上和功用上就發生了根本的變化。

首先，新教倫理作為第一推動力和整合力量既然首先推動的是資本主義經濟的體系，整合的是現代合理的資本主義所必須的各種制度和因素，那麼現代文化（明）的合理性首先是在這個領域體現出來的。在上一節筆者已經分析了資本主義經濟合理性的六個方面，即韋伯所說的現代資本主義興起的條件；這些特徵不僅實際上就是資本主義經濟合理性的現代表現，而且具有極強的拓殖力和滲透性。韋伯在《經濟與社會》裏面有另外一種在筆者看來更清楚而且直接支持此地論述的概括，不妨引述如下：第一，市場自由：所有者完全占有全部的物質生產資料，以及完全沒有對市場贏利機會的獨占；第二，企業經營自由；第三，自由勞動，勞動市場的自由和選擇勞動者的自由；第四，實質性的經濟契約的自由，即消費、生產和價格等等是不受外在限制的；第五，生產過程的技術條件是完全可計算的，即技術的合理性；第六，形式上合理的行政管理和法律；第

七，家庭財產與企業財產的徹底分開，比如有限責任公司；第八，形式上合理的貨幣制度❻。在這裏我們必須充分注意，這些合理制度的作用雖然是現代資本主義合理化的條件，但它們的落實卻是在非經濟的領域，如政治、法律、科學與技術等等。正是在這個意義上，合理的資本主義要求合理的現代社會制度。當資本主義精神由新教倫理點燃之後，而資本主義體系由它整合和推動之後，資本主義精神與這個體系就融合在一起而不可分了。韋伯所說的從社會經濟學的角度來觀察，人的實際行為必然受到實際的經濟情勢的制約，就以其最強的意義體現在現代文化（明）之中了。於是，資本主義精神和現代資本主義經濟成為現代文化（明）合理化的主要推動力量了。

其次，現代社會合理化在政治上最為強大和有效的表現就是官僚制化和形式化的法律，這就是上面第六點所說的內容。這兩點共同構成韋伯所謂的合理國家；無論在歷史發展過程中，還是現代國家的具體實踐裏，它們都是互相倚賴互為條件的。

韋伯說，現代的法律和法律的實踐事務，在任何情況下，都是技術和經濟發展的結果。法律的專業性，以及日益把各種適用的法律評價為一種合理的、因此隨時都能以合理的目的加以改造的、內容上沒有任何神聖性的技術設置，這都是法律的不可避免的命運；雖然通過由於種種普遍的原因在很多方面日益服從現存的法律，這種命運可以得到掩飾，但是，卻不能得到真正的扭轉❻。

如果日益技術化和形式化的法律僅僅是一種制度的話，那麼官僚制由於合理性的優勢，即專業化和行政過程的可預計性，在現代

❻　《經濟與社會》上卷，第189–90頁。
❻　《經濟與社會》下卷，第215頁。

社會就已經成為無處不在統治力。這主要體現在兩個方面，一方面，如我們在上一節所看到的那樣，現代社會從國家機構到群眾組織都採取官僚制管理形式，它的作用無處不在，另一方面，現代社會是通過官僚制而得以正常運轉的，一旦官僚制崩潰，現代社會就連普通人的日常生活也無法維持，它的作用無時不在。韋伯的觀點無疑受到官僚制發展到極致的德國當時情況的影響。那個時代的德國，過於專制，太少自由，而且在韋伯看來，社會各個主要的階級不是已經衰老，就是尚未成熟，而人們（包括韋伯自己）普遍地推崇民族國家的利益至上，在這種情況下，最有效地支配德國政治的實際上就是專制制度之下的德國的官僚體制。於是，韋伯在一定程度上誇大官僚制的力量就是自然而然的事情：官僚制一旦充分實行，就屬於最難摧毀的社會實體[67]。

　　面對官僚制這種強大的力量，韋伯的畏懼之感油然而起。然而韋伯的洞見在於，他不僅同時發現民主乃是官僚制組織的對手和遏制力量，而且它又是官僚制的一種基礎。所以他說，現代意義上的社會整體民主化，是官僚體制的一種特別有利的基礎，儘管不是唯一可能的基礎；民主在不可避免地促進官僚制化現象的同時，成為官僚制統治的對手，而且在某些情況下能夠突破官僚制組織以及構成它的障礙[68]。韋伯沒有注意到的是，要抑制官僚制的過分強大以及它所帶來的負作用，單單一種議會民主是不夠的，還必須充分地擴大個人自由權的範圍。

　　國家行政管理的企業化，現代資本主義企業管理的官僚制化這種合理化的過程，在現代社會裏面會擴張到各種社會機構和組織之

---

[67]　《經濟與社會》下卷，第309頁。

[68]　《經濟與社會》下卷，第313頁。

中，從而重新塑造它們。比如，大學從中世紀起就是一個具有獨特
制度的社會組織，具有抗拒社會制度的變遷影響的深厚傳統。但是，
到了現代社會，韋伯認為，學術機構的資本主義化已經成為一個全
面的趨勢。在《作為職業的學術》的著名講演中，韋伯斷定，德國
大學也像美國大學一樣，已經成為一種大型的資本主義大學企業。
而大學資本主義企業化的重要特徵，主要表現為大學需要靠龐大的
經費來維持，行政管理採用官僚制；以及大學教師和工作人員與大
學，大學與其所屬機構的負責人之間的關係，變成了雇用的關係；
而大學教師和研究人員與其研究工具的關係，也像資本主義企業裏
的工人與生產工具的關係那樣分離開來了。韋伯承認，這種合理化
是有其技術層面的優越性的[69]。

　　如果說大學制度的合理化還是外在的現象，那麼它的內在表現
就是人類思維方式的理智化 (Intelectualizierung)。嚴格地說，理智
化的趨勢和傳統來自古希臘的哲學和科學精神，韋伯在強調新教倫
理乃是西方現代社會全面合理化過程中的重要契機時，有意無意地
忽略了人類精神理智化對於現代社會形成的重要意義。然而在關於
中國宗教與文化的研究裏面，以及在其去世前一年所作的《作為職
業的學術》的講演裏，韋伯卻高度評價了理智化對於現代社會的意
義。他說，學術 (Wissenschaft，亦即科學) 的進步，是人類理智
化過程最重要的一個部分，它已經持續數千年之久了。這個過程也
可以稱為理智化的合理化。這個理智化的合理化過程是通過學術(科
學) 和以科學為取向的技術實現的。那麼，它有什麼實踐意義呢？
韋伯指出，不斷增長的理智化和合理化並不意謂著對於人們所處的
生活條件的認知的不斷增長，而只是意謂著其他的東西，即人們瞭

---

[69]　《科學論文集》，第585頁。

解和相信，只要願意，他們任何都能夠經驗到：原則上並不存在任何在奧宇之中起作用的神祕而不可計算的力量，相反人們在原則上都能夠通過計算支配萬物。但是，這只意謂著世界的祛巫。我們再也不必像認為有巫術存在的野蠻人那樣，必須掌握魔力的手段，去支配神靈或者向其乞求。技術的手段和計算足以使人們支配萬物。這就是理智化本身的意義 **⑩**。

在理智化的學術進步中有兩個重大的事件。韋伯把第一件重大事件歸功於蘇格拉底，即發現了一切科學認識的偉大手段、概念。蘇格拉底探究事物本身，而後者在他的對話中是由理念表達出來的。韋伯說，蘇格拉底以及其他古希臘思想家以為，只要把握住事件的概念，仿佛就把握住事件的本身 **⑪**。第二，學術（科學）在其理智化過程中第二項偉大發現是文藝復興時代的產物，即合理的實驗。韋伯在《儒教與道教》對此作過相當精闢的分析。合理的實驗的重要意義在韋伯看來，一方面在於人們藉此可以控制經驗，沒有這個合理的手段，就不會有現代經驗科學；另一方面，實驗成為研究本身的原則，亦即成為學術的原則，這是文藝復興時代的合理實驗與先前其他實驗的根本區別。

這兩個事件對於現代文化（明）的影響表現在什麼地方呢？學術觀念這兩個巨大的進步，在西方社會的合理化過程是獨立於宗教改革而發生的，但並不是與之毫無關係的，它既為新教徒所利用，同時也受到它們的精神的促進；更重要的是，即使它完全獨立發展，也會與新教倫理殊途而同歸於現代社會的徹底的目標合理性：擯棄人類科學思想中形而上學的終極追求，用韋伯的話來說，就是清除

---

**⑩**　《科學論文集》，第594頁。

**⑪**　《科學論文集》，第596頁。

學術（科學）的種種幻象：「通往真正存在之路」，「通往真正藝術之路」，「通往真正上帝之路」，「通往真正幸福之路」。

現代社會，理智化掏空了人類一切思想的形而上學基礎和目標，而目標合理化為人們的一切行為和一切社會制度提供了最為現實的動力。在經受了第一次推動之後，資本主義經濟體系不僅自轉起來，而且一切外力的解釋看起來都成了多餘的東西。這個自主運轉的怪物將一切都納入自己的覆載之下，在現代社會中生活的每一個人都無法逃脫它有形和無形的控制。在這樣一種現代的文化（明）境況下，人們的根本觀念，人們的精神，或者用韋伯的概念來說，人們的心態又有怎樣的一種面貌呢？

再從資本主義精神說起。韋伯說，今天那些充滿資本主義精神的人，即使不敵視教會，也對它取一種漠不相關的態度。想到天國善意的無聊，對他熱愛事業的天性幾無誘惑力。相反，宗教表現為一種將他們拖離此世的工作的手段❼❷。因此今天營利的生活方式與任何一種統一的世界觀並無必然的聯繫。宗教的倫理，即使是新教的倫理在現代社會不再具有推動作用，倒可能發揮一種相反的功用。資本主義體制已經成為一種客觀的力量，在這種情況下，常常是商業政策和社會政策的利益形態決定世界觀。誰的生活方式要使不適應資本主義成功的條件，他就會每況愈下，或者至少不會蒸蒸日上。但是這些只是在現代資本主義已經取得勝利，已經擺脫了舊有支柱的時候才發生的現象❼❸。韋伯的這個解釋在邏輯上是不周全的，因為它只能夠解釋人們的一般生活方式，而不能說明那些仍然極富敬業、節儉、進取和冒險精神的優秀分子的行為。因為韋伯在上面所

❼❷　《宗教社會學論文集》第一卷，第54頁。

❼❸　《宗教社會學論文集》第一卷，第204–5頁。

引的那一段話之前曾說，如果我們且問一下，他們這種永無休止的
追逐利益究竟有何意義，為什麼對自己擁有的一切永不感到饜足，
從而純粹現世的生活指向對他們顯得毫無意義，他們也許會回答（假
如他們知道答案的話）說：「為了子孫後代」。可是這種動機卻並非
他們所獨有，秉持傳統主義的人也有同樣的推動力❼。而且在《經
濟史》裏面韋伯還說過，到他那個時代入世禁慾已經成了入世縱欲
了，而天職概念已經成為渣滓❼。但是，無論韋伯時代，還是我們
今天的時代，入世縱欲和貪欲並非是人們現世工作，尤其忘我工作
的全部動機，儘管它們可以是動機裏面的一個重要部分。在這裏，
韋伯揭示現象的敏銳觀察力遠勝於解釋現象根據的深入的洞察力。
他著名的鐵罩說就是最好的例證。

　　韋伯說，在禁慾主義著手改造世界並且在這個世界裏發揮影響
時，這個世界的外在物品對人類就獲得了一種前所未有的控制力量，
這力量不斷增長，且不屈不撓。於是，「清教徒願意成為一名有職
業的人；而我們必須成為一名有職業的人。因為當禁慾主義從修道
院的斗室裏被帶入職業生活，並且開始支配此世的德性時，它從自
己這一方面幫助建立了現代經濟秩序強有力的世界，而這種經濟秩
序是受機器生產的技術和經濟的前提制約的。今天，這些條件正以
不可抗拒的強制力決定降生於這一機制之中的一切個人的生活風
格，而不限於那些在經濟上直接從事經營的人的生活風格；這種決
定或許會持續到最後一公擔礦產燃料燒盡為止。在巴克斯特看來，
操心和外在物品應是『披在聖徒肩上的一件隨時可抖掉的輕飄飄的
披風。』但是厄運卻使這掛披風變成一個鐵罩。」❼

❼　《宗教社會學論文集》第一卷，第54頁。

❼　《經濟史》，第314頁。

禁慾主義改造過後的世界就是人最終為物所制的世界。面臨這種文化（明）的嬰薄之勢，一切未能整合進自成體系自我運轉的目標合理的制度的因素，都成了外在於現代文化（明）的東西，換言之，它們都成了非現代的東西。統一的世界觀已經消失了，世界的各種價值處於無可調和的衝突之中；人們都從經驗出發，於是多神論就無可避免地成了人們信仰的現實。真善美的統一性，或者準確地說，統一的可能性消散了；一件事件之所以是神聖的，非但不受其不美的妨礙，而且正是因為其不美，唯在其不美的條件下，這件事件才成其為神聖的事物。尼采之所以成為現代社會的揭幕人，因為他認識到了這一點，並且他還宣布，一件事物非但不因其不善妨礙其美，而且正是因為其不善，並且唯在其不善的條件之下，才成其為美。事物的不善，不美，不神聖，都不妨礙其為真。西方人專心致志於基督教偉岸的激情已經太久，悠悠千百年之後，西方文化的命運注定讓那些蒙蔽的眼睛再度睜開看到，多神論才是本來的日常生活。

仍然懷抱這種激情的心靈，於是就意識到現代文化中的一切失去了意義。現代目標合理的國家制度，尤其是形式化的和技術化的法律體系，不能給人們提供任何有關生活意義的東西，它們的歷史使命恰恰就在於不提供這些東西，而它們最大的積極意義只是在於告訴人們不能夠做什麼，而無法告訴人們應當做什麼。科學（學術），一如我們已經看到的那樣，在韋伯看來，應該擺脫價值判斷，它的任務止限於解釋經驗實在及其因果聯繫。於是，我們看到，一切公

---

**⑦6**　《宗教社會學論文集》第一卷，第203頁。"strahlhartes Gehäuse"一詞，所見諸譯家均據英譯本譯為鐵牢籠，意思雖然近似，但是不僅盡失原文中與「披風」呼應之美，而且終歸不貼切。

共的、普遍的東西，都只涉及人們的行為方式，而不涉及人們行為
終極的決定根據。信仰，價值或者世界觀，以及人們行為的決定根
據，在現代社會裏都成了私人的東西。這就是韋伯展示的現代文化
（明）的實在。不僅如此，韋伯還是科學（學術）理智化和客觀化
的鼓吹者。但是，應當注意到的是，韋伯自己對於現代文化（明）
這種特性的心情其實也是頗為複雜的。他引述托爾斯泰關於死亡的
獨特分析，以此來說明學術進步缺乏一種終極意義。托爾斯泰在其
晚期的小說裏思考死亡是否一件有意義的事。他說，對於文明人來
說，死亡失去了意義，因為文明人的生命是無限進步中的一個階段，
個體生命就其內在意義來說，永遠無法達到其盡頭，在其前面仍然
有下一步待走。他無法享盡生命，在現代人因不斷思想和認識而日
趨豐富的文明之中，他只能享受精神生命不斷推出的新事物中微小
的一部分，他所能把握的不能居於終極而只屬一時。這樣，死亡在
托爾斯泰看來就是一件沒有意義的事情；既然死亡沒有意義，文明
人的生命本身也就不承負任何意義。與托爾斯泰不同，韋伯認為這
種意義依然存在，只不過它已經從公共生活中隱退，而遁入單純的
個人畛域，這便是現代文化（明）的命運❼。韋伯這個思想與他的
方法論思想是一致的，這就是說，事關價值的東西始終應當在主觀
的、個人的層面立其居停，而對於客觀的、事關經驗研究的實在，
則應當保持價值無涉。

　　韋伯將現代文化的這種特性稱為現代性的命運，他避免應用必
然性一詞，以便與馬克思的理論區別，同時他也對打破這種宿命抱
有某種希望，儘管是極其微弱的希望。在《新教倫理和資本主義精
神》的結尾處，韋伯說出這樣一段驚心動魄的話來：「沒有人知道，

---

❼　《科學論文集》，第612頁。

將來誰會穿著那個鐵罩生活，沒有人知道，在這個龐然大物發展的終點，是否屹立著新的先知，而陳舊的思想和理想在那裏威力無比地再生出來；如果不是，在那裏是否存在著以歇斯底里的妄自尊大曲折地表達出來的機械般的僵化呢？但是對於這個文化（明）發展的最後一代人，下面一句話可能成為真實：『專家沒有靈魂，享樂者沒有心肝：這個虛無想像自己已經登上了從未有人達到過的人性的階段。』❼ 所謂虛無就是指缺乏信仰、終極關切的那類人，換言之，就是那些以目標合理為其全部行為的唯一原則的人。

　　韋伯對於現代社會這種態度和情緒，在今天博得無數人的讚賞和同情，而在知識分子這一群對於社會變遷和人類走向最為敏感的文化動物中影響尤甚。儘管如此，韋伯上述的想法裏面包含十分嚴重的理論矛盾。韋伯在別處也同樣說過，要打破巫術和使生活方式合理化，無論在任何時代均只有一種手段，即要一種偉大的合理預言。並非任何預言都能破壞巫術，只有能用奇異的或其他的手段得到證明的預言，才能打破傳統的神聖秩序，把這個世界從巫術中解放出來，創造現代科學技術，以及資本主義的基礎。於是，筆者就不得不追問：第一，西方歷史上發生過幾次打破巫術的歷史事件？如果只有一次，並且就在這一次後人類生活方式就走上合理化的道路，那麼基督教的傳播與排除原始宗教和巫術是否就不算合理化過程的一個轉折點？而且如果新教改革是唯一的轉折點，那麼現代文化（明）即使有其壽終正寢的一天，走向另一個社會的前景也並非基督教先知（預言者）一類的人所能指明的。第二，傳統與巫術是否就是一回事？如果是，巫術是否可以不斷地以新的形式出現？如果不可以，那麼巫術只需打破一次就足夠了，無需不斷地打破。如

❼ 《宗教社會學論文集》第一卷，第204頁。

果傳統與巫術不是一件東西，那麼傳統的不斷形成和打破就有其必要，但是，這裏的問題是，韋伯認為「只有用奇異的或其他的手段能得到證明的預言，才能打破傳統的神聖秩序，把這個世界從巫術中解放出來」，在已經合理化的社會中，或者準確地說，在經過某種合理化陶鑄的時代，奇異的預言還能奏效嗎？第三，就現代資本主義來說，筆者認為第一推動力一次就能畢其功了，那麼對於世界整個合理化的過程來說，需要多少次推動力？這裏實際上還涉及到現代文化（明）與資本主義是否就是同一個歷史現象的問題？資本主義是否就是合理性進程的終點？如是，那麼韋伯的基本歷史觀與黑格爾馬克思又是何其相似：歷史總是有其社會性發展的終點。這是一個思想宿命，受基督教思想浸淫千餘年的西方智者大多難以逃脫。

　　這裏，筆者只想提醒一點：現代社會依然受到各種價值觀念的限制。民主社會的基本結構建立在基本權利或曰自由權的基礎上，而後者正是純粹的價值觀念。在從技術和制度方面解析歷史與文化事件上面，韋伯的洞察力確實是十分深刻的，然而這也必然會在一定程度上限制他的視野：當新教倫理的第一推動力發生作用，而現代合理的資本主義已經整合成一個體系之後，他自己的理論思路也被捲入其中而超脫不出了。

# 第四章　中國社會與中國精神

　　韋伯的中國研究是其《世界宗教的經濟倫理》的系列研究中的重要部分。它與這個系列研究其他部分一樣，也似乎因韋伯主題之爭而變得主題不明瞭。韋伯這個研究的中心關切究竟是什麼？這個研究中的具體結論究竟應該如何理解？更進一步的問題是，韋伯文獻和事實材料上的嚴重錯誤與韋伯對中國社會和制度的洞見，這樣一個事實該如何解釋？韋伯關於中國社會合理化方向的判斷與中國實際的現代化進程，兩者之間的關係該如何來分析？筆者認為，韋伯的中國研究實際上也包含多重主題，它們在韋伯對不同問題的具體措置中分別得到處理，或者說，韋伯通過對不同問題的獨特措置研究了不同的主題。關於韋伯學說主題的爭論始終涉及考察的角度：首先，韋伯學說本身的主旨，其次，韋伯研究者的關切和立場？就像韋伯要求人們區別經驗研究和價值判斷一樣，我們研究韋伯時也必須明確區分這兩類不同的問題。

　　騰布魯克既然認為韋伯學說的統一主題在於世界祛巫和世界合理化歷史發展的進程❶，他強調《世界宗教的經濟倫理》比《經濟與社會》更為重要，就是自然而然的結論。這個論斷不僅激起人們對於韋伯理論主題的更加廣泛和深入的爭論，而且也使韋伯世界

❶ *Reading Weber*，第73頁。

宗教的系列研究引起人們更多的注意。騰布魯克認為，韋伯的合理化過程的概念與《世界宗教的經濟倫理》的核心在於：人們將自己的關切限制在合理的和有條理的生活方式的意義上面，乃是實在包羅萬象的合理化的唯一淵源。騰布魯克觀點在韋伯頭緒別出的研究和思想中理出一個非常簡明的線索，有助於把握韋伯後期的一個主要思路。但是，我們必須同時注意韋伯宗教社會學研究的其他課題，即韋伯在這個系列中關於社會基本結構，政治制度，教育和科技等等多方面的各文明的背景研究；由於其基本的參照依然是西方文明各種合理化的因素和制度，它們的整合過程和契機，因而它同時就是一個比較文明的研究。

　　這一章的重點是討論韋伯關於中國社會和中國精神的研究和態度。但在這之前，我們將簡要分析韋伯世界宗教與經濟倫理研究的一般思路和基本內容。這一方面有助於我們理解有關韋伯著作主題之爭的實際意義，另一方面為筆者討論和批評韋伯中國研究提供一個基本的理論背景。韋伯的中國研究是一個十分獨特的學術現象。韋伯並不是真正意義上的漢學家，因而儘管他下了非常大的功夫，對於具體的材料的理解和掌握依然存在著相當大的問題，這主要表現在他無法很好地處理相互矛盾的材料和說法，他對於中國文化的獨特性質缺乏神入理解的文化前提，以及他那種西方宗教的文化背景使得他無法理解非宗教化的中國人精神世界的內在聯繫與衝突，或者他所謂的緊張關係；但是，由於他將合理化過程作為中國研究的核心思路，一種手段，從而能夠十分深刻和敏銳地洞察到中國傳統社會的根本痼疾，尤其是社會政治制度上的痼疾，而這種痼疾往往是身處中國文化之中的人難以深刻認識到的。由於韋伯的中國研究乃是筆者研究韋伯的中心關切之一，所以無論正面還是反面的詮

證都將蘊涵著一種現代批評的態度。

# 一、世界宗教的經濟倫理

　　一般地說,韋伯的宗教研究就其著作形態來說具有兩種類型。第一,乃是宗教的一般社會學研究,這主要體現在其收入《經濟與社會》中有關宗教的文字。韋伯為它們提出了另外一個副標題,即「宗教共同體化的類型」, 它主要研究宗教在社會生活中的起源、影響,宗教對於群體生活的作用,它與群體生活和行為之間的關係;第二, 世界宗教的經濟倫理系列研究,這通常也被稱作比較宗教社會學研究, 或者更為一般的, 比較文明研究。韋伯最早的宗教研究就是其新教倫理與資本主義精神的研究, 其他一些研究,比如關於中國宗教的研究也在這前後完成, 一般認為, 《經濟與社會》中的《宗教社會學》是在韋伯從事了幾個具體宗教研究之後, 所作的一般性總結。我們看到, 韋伯的注意重心自然放在宗教的起源,宗教的基本觀念, 宗教信徒的社會學分布, 各種宗教的救贖論類型等一般性問題之上, 但是貫穿其中的主線依然是宗教的經濟倫理研究中的三個基本關切:世界的合理化過程、宗教的經濟倫理、宗教拒世的起源及其發展方向;最後一個關切實際上也就是韋伯研究的一個具體的思路, 它用以揭示從宗教的救贖信仰發展成為掌握世界使之合理化的世俗努力這種詭異的歷史過程。本節將圍繞韋伯關於這三個問題的基本學說進行分析。

　　我們在前面已經看到, 現代資本主義的興起的契機就是歷史上既已存在和發展起來的各種合理的制度和因素, 如何經新教倫理整合而成為一個自主和自動的合理化體系。但是, 在韋伯看來, 對於

非西方的文明來說，所要探討的問題遠遠超出這個範圍以外。因為，一些在西方歷史上早已經存在並且成為西方幾千年文明的一個有機成分的合理性因素，卻正是非西方社會所付諸闕如的。所以，在《宗教社會學論文集》第一卷前言起首韋伯就說，「現代歐洲文明世界之子不可避免而且正當地向世界歷史提出如下問題：實際情況中的哪些關聯導致如下一個事實：恰恰在西方這塊土地上，也只有在這塊土地上出現了一些文化現象，它們——至少如我們所樂意表象的那樣——存在於具有普遍意義和有效性的發展方向之中。」❷這些文化現象包括科學、史學方法、合理的和聲、合理的建築結構、報紙和期刊、合理的官僚制、合理的國家；所謂合理的國家擁有合理的成文憲法和法律，一個專業化的、受到合理的規章制度約束的官僚制，或者更進一步，由定期選舉產生的議員和議會及向議會負責的由政黨領袖組成的政府，合理的資本主義等等。韋伯指出，這些現象的每一種，作為人類文明發展的一般因素，並不是西方所特有的，比如，在印度就有經驗的自然科學，在中國早就有發達的史學，而資本主義則更是一個遍及全世界的經濟現象。但是印度的自然科學從來就沒有達到西方現代自然科學那種普遍有效性，而中國的史學缺少方法；至於資本主義，則更是如我們已經看到的那樣，韋伯認為，只有自近代以降的西方才發展出那種現代的合理形式。那麼這一切的原因究竟何在？

　　這就涉及西方文化特有的合理（理性）主義。韋伯因而申明，他的任務首先就是認識西方合理（理性）主義的獨特性，並且在這個範圍之內，認識現代西方合理（理性）主義的獨特性，而且還要從其興起方面來說明這種獨特性。而韋伯這裏的關切如我們已經知

❷　《宗教社會學論文集》第一卷，第1頁。

道的那樣，集中在採納這些合理的制度和因素的人的實際行為的決定根據，這就是所謂的心態。這種心態在韋伯看來主要來自神祕的宗教力量。如果說，《新教倫理和資本主義精神》研究的主要是現代經濟生活與新教倫理之間的關係，那麼其他的具體宗教倫理觀的研究，就是探討世界上最重要的幾種宗教與經濟，以及與它們所處環境的社會階層的關係，探討這兩種關係的因果聯接，從而找到與尚需進一步分析的西方發展的比較之點。由此而觀，韋伯的整個研究以其新教倫理與資本主義精神的研究為參照，它應該包含兩個層次的內容：第一，就是西方一般的合理（理性）主義特點與非西方的比較，第二，西方現代合理化過程的獨特變遷及其與非西方的合理（理性）主義發展的比較。韋伯在具體的研究之中，尤其是在中國宗教等研究中，常常將這兩個層次的問題混同起來。因為按照韋伯的見解，倘若沒有歐洲的宗教革命，那麼即使西方文明之中存在著許多為非西方文明所缺乏的合理性制度和因素，它也無法發展出現代資本主義來。在這樣一個觀點之下，宗教革命之前西方文明之中的合理化因素與非西方文明的各種制度相比，並不具有特別的優越性。當然，韋伯的這個觀點是非常容易受到批評的，因為將宗教革命視作歐洲現代化的唯一決定性的推動力量，無疑將歷史發展的偶然性突出到了危險的程度。不過，這不是我們這裏論述的題目。

不僅如此，韋伯整個世界宗教與經濟倫理的系列研究在結構上是不對稱的。因為《新教倫理和資本主義精神》只是研究西方文明發展中的一個階段，儘管是非常關鍵的一個階段，並且其對象也只是基督教中的一個派別。而韋伯的其他研究則試圖覆載相關宗教的整體及其全部歷史，還將其相關的全部文明作為他的研究的背景。然而，就如在後面關於韋伯中國研究的分析之中就要看到的那樣，

韋伯實際上認為那些非西方的文明歷史並沒有出現實質性的變化；所以，當韋伯說世界宗教的社會學研究的目的和核心在於研究合理化過程的形式，他所謂的過程的形式意義大於其實質意義。

在韋伯的這個研究之中，世界的合理化進程是通過甄綜世界宗教的經濟倫理而揭示出的。於是，這個系列研究以新教倫理為比較衡量標準的特點就越發昭著。什麼是世界宗教？韋伯說，用價值無涉的方式來理解，它就是宗教的或以宗教為條件的生活戒律體系❸，一共包括儒教、印度教、佛教、基督教和伊斯蘭教。猶太教由於是後兩種宗教的歷史前提，也包括在內。不過，伊斯蘭教的研究未及完成韋伯就過世了。雖然我們已經通過詮證而瞭解了新教的經濟倫理，但是韋伯認為每一個宗教的經濟倫理原本有其自己的獨特性。它們並非是倫理理論，而是以宗教的心理和實用的內容為基礎的行為的實踐推動力。韋伯清楚地認識到，經濟倫理原是十分複雜的，受到多種因素的限定。不僅如此，表現相同的經濟組織與極不相同的經濟倫理結合起來，就會按照各自的特點產生出極為不同的歷史作用。進一步，從來沒有哪一種經濟倫理只取決於宗教的因素，它同時受到經濟地理和歷史這樣一些外在因素的影響，在現有的地理、政治、社會和民族的界限之內，還深受經濟和政治因素的影響❹。這些關係本身以及它們之間錯綜複雜的關聯，實際上是無法詳盡地一一揭示出來的。韋伯將自己的研究也就限制在如下一點：確定某個受到了某一世界宗教的實踐倫理的決定性影響的社會階層，遴選出這個社會階層的生活方式中奠定方向的因素。在歷史的

---

❸　《宗教社會學論文集》第一卷，第237頁／《儒教與道教》，王容芬譯（以下簡稱「王譯」），商務印書館，1995年，第5頁。

❹　《宗教社會學論文集》第一卷，第238–9頁。

進程之中，這樣的社會階層並不始終是某一特定的社會階層，但對於既定的某一世界宗教來說，卻總是能夠找到這樣一個階層；他們的生活方式曾經發揮過特別的影響，起過支配作用。比如，在中國社會，這個階層就是儒家士林階層，而在印度就是受吠陀教育的婆羅門。

韋伯認為，宗教倫理在邏輯上實際上起源於對現世的苦難的評價，而這種評價在歷史上以及在不同的宗教之中經歷了種種典型的變化。宗教首先把苦難當作被神厭棄和隱祕的罪惡的徵象，而這就在心理上迎合一種普遍的需要，即得福之人不滿足於有福這個事實，而且還要求確認他有權得福；這樣宗教就為得福者提供了幸福的神義論。但是，對於苦難的消極評價，以及苦難的宗教性神聖化卻導致了宗教共同體的產生，產生了救贖的崇拜，並且在其發展過程中產生了救世主信仰，而救贖的渴望產生出苦難的神義論。苦難的神義論裏面包含著合理的世界觀因素：苦難的原因包含不信先知及其戒律的因素。不過，隨著宗教─倫理研究的日益合理化，各種蒙昧的觀念被排除，苦難的神義論遇到了越來越大的困難，個人的苦難大都是毫無道理的，得福的人往往不是善人，而是惡人。人們無疑要求合理地解釋這種現象。由神義論中這種無可消解的要求所導致的關於神和世界的形而上學的觀念，產生出三種神義論的思想體系，這就是印度的因果報應說，瑣羅亞斯德教的二元論和隱身之神的預定說❺。

韋伯在這裏強調，各種宗教所應許的救贖財富決不能只是被理解為彼岸的東西，相反它們倒大多是現世的實質性好處。當人們希望從現世的各種困苦之中得救，從死亡中解脫出來的救贖狀態轉變

❺　《宗教社會學論文集》第一卷，第246-7頁／王譯，第14頁。

成為一個系統的和合理的世界觀,並且代表對於世界的一種態度時,救贖的觀念就具有了特別的意義。促成這種轉變的是理智合理主義的擔綱者,即知識階層。救贖就其意義和心理素質所要和所能表達什麼東西的話,那麼就取決於這種世界觀和這種態度。韋伯強調,支配人們行為的是物質的和理想的利益,而不是觀念。但是,觀念所構成的世界觀就像扳道工一樣設置了軌道走向,正是在這些軌道上,利益的動力驅動人行動。這種世界觀決定著人們希望從何處解脫出來,又向何處去。它同時蘊涵著如下一種要求和態度:世界在其總體上可以或應當成為具有某種意義的宇宙;而這正是特殊的宗教合理主義的產物。這樣,宗教這種特殊的合理主義越是進步,那麼從理智主義的形式立場來看,它就越趨向於不合理性。

這種非合理化是如何表現出來的呢?韋伯在《宗教社會學論文集》的《中間考察——宗教拒世的階段與方向的理論》一文對此作了相當詳細的分析。

宗教發展呈現出如下的規則:某種行為模式,一旦成為有條理的生活方式,就成為禁慾以及神祕主義的萌芽。它們最早從巫術的前提中產生,而巫術原本或者是為了喚起神力的素質,或者是為防止邪惡的魔法。在歷史的發展中,前者具有極大的重要性,因為它一出現,禁慾就展現其兩重性:一是拒斥現世,另一是借助拒斥現世而獲得支配現世的巫術力量。巫士是先知的歷史先驅,既是榜樣型的先知,也是使命型的先知。神力是他們藉以獲得人們承認其人格及其榜樣的力量、以及他們救世主使命的手段,因為先知(預言者)或救世主的預言內容就是指示出追求救贖財富的生活方式的方向。從這個意義上來說,先知的預言或戒律的意義就在於使生活方式合理地系統化。一般來說,應許將所有信徒從苦難中救贖出來的

宗教都具有這種作用。苦難的本質越是昇華，越是內在化，越是原則化，就越是這樣。這就是救贖宗教的合理的目標，它使信徒處於一種內心安然不受苦難打擾的永恆境界。這種方法取代那種迷狂的、禁慾的或觀照的方法，而達到的那種非常的神聖狀態。先知或救世主的傳道的結果，就是形成一個宗教共同體，而頒布生活戒律的權力就落入了先知或救世主的後繼者、門徒和弟子手中。再進一步，這種權力就落入了世襲的或職業性的僧侶手中。但是，一般來說，先知和救世主是傳統教權制的對立面。

　　韋伯說，以上的論述有一個基本的前提：一切先知或救世主的宗教與現世的秩序之間存在著一種緊張狀態。宗教的救贖性質越純粹，這種緊張關係就越劇烈。一旦救贖觀念和先知的救贖說發展成為合理的倫理學說，情況就是這樣；而且這種倫理原則越是合理，越是以內在的救贖財富為其救贖手段，緊張性也就越大。用日常語言來說，越是從儀式的宗教虔誠昇華為意向的宗教虔誠，這種緊張也就越劇烈。另一方面，對於屬於現世的事物內在的和外在的占有，愈是向合理性和昇華的方向前進，就愈會與宗教之間產生巨大的緊張性。因為人與各個領域的內在的與外在的、宗教的與現世的財富占有的關係，一旦合理化和得到有意識的昇華，就迫使各個領域的特有規則性被人意識到，從而陷入相互之間的緊張關係之中❻。這些領域包括經濟、政治、美學和性愛等。這裏筆者只分析經濟與政治領域的情況。

　　在經濟領域，救贖共同體的第一敵人便是原來的氏族共同體。先知或救世主的預言成為一種新的宗教博愛倫理，這種倫理的特點就是普遍化，將兄弟友愛的關係推廣到教內的一切信徒之間的關係

❻　《宗教社會學論文集》第一卷，第540–2頁。

上面。原先的自然共同體的道德關係具有兩個特點：第一，道德準
則內外有別；第二，氏族內部的道德原則就是簡單的將心比心。但
是，救贖共同體的倫理的普遍性發展，從外在方面來說，擴展為四
海之內皆兄弟，而從內在方面來說，提高為博愛，對受苦受難的人
本身之愛，對他人的愛，人類之愛，直到愛敵人等等信念。這種宗
教的博愛推行得越徹底，它同現世的秩序和價值的衝突就越劇烈。

　　這樣，已然昇華的救贖宗教與合理的經濟之間陷入日益嚴重的
緊張關係。韋伯說，合理的經濟是現實的營利，它是以產生於市場
上人們之間利益鬥爭的貨幣價格為指向的。若沒有利益鬥爭，計算
就是不可能的。貨幣是人類生活中最抽象，最非個人化的東西。現
代合理的經濟越追求其固有的規則，它與宗教的博愛關係就越難想
像。因為根據韋伯的分析，在宗教的博愛裏面，實質的合理性大於
形式的合理性；而在合理的經濟裏面，一切個人的關係是不存在的。
於是，我們看到天主教的態度是：商人的營利固然無罪，但是總非
上帝所喜。而一切合理的救贖方法論中對於追逐貨幣和財產的警告，
都到了厭棄的地步。純粹的救贖宗教都無法克服宗教倫理與合理經
濟之間的關係。宗教的大師以極端拒斥財富的方式來回答這種緊張。
韋伯認為，只有兩條在原則上和在內心上徹底消除緊張的途徑：其
一就是新教倫理的天職概念；另一就是神秘主義的慈悲，不問對象
是誰，一概予以奉獻❼。

　　內在一貫的博愛倫理與現世政治制度的關係同樣也處於緊張
之中。根據韋伯分析，在這裏緊張的根源原是博愛之中的「愛」：政
治秩序越是合理，這個緊張關係就越嚴重。官僚制的國家機器以及
其中合理的政治人物，是一種非個人性的人。因為官僚制的政治運

---

❼　《宗教社會學論文集》第一卷，第544–6頁。

作是以專業的合理化和可計算性為原則，從而排除一切個人性的東西，不以「當事者何人為念」。這是第一點。韋伯的這個解釋看起來十分牽強，因為從這一點看不出博愛的宗教倫理與以專業性的、非個人性的國家機構運作之間的衝突。韋伯所舉出政治緊張的第二個理由，比第一點有說服力，這就是現代合理的國家獨占了暴力的正當使用權力，而山上聖訓則說，不要以武力反抗惡行。第三點，當宗教與政治領域完全合理化時，二者之間也就更加無法相容。戰爭在現代政治共同體內就能成就某種激情 (Pathos)，一種的共同情感。戰爭喚起同胞間無條件的奉獻、犧牲的共同體情感，而宗教領域堪與此情感相匹敵的情感，只有在堅持博愛的大師共同體中才能看到。第四，戰爭讓人體驗到死亡的神聖情感，每個人對於死亡的意義非常清楚，合理的政治在這個特殊的領域也排除了宗教情感的獨占性。韋伯認為，這種緊張關係的解決之道依然有二，仍舊是新教的禁慾主義和神秘主義，前者藉上帝的命令來限制普遍的博愛，而後者根本就反對政治。

　　總之，無論從何種觀點來看，宗教的態度總是要與現世發生各種衝突。救贖的要求總是起自於現實生活的系統的和實際的合理化的企圖。這個企圖的一個前提就是：世界的進程，在涉及人類關切的範圍內，應當是一個充滿意義的過程。而這個要求又是來自於現世普遍存在的不公正的苦難現象：人們對於現世不公正的幸福要求一種公正的補償。從這點出發，就通向貶低現世的價值觀念：因為合理的思考越是專注於公正的補償的問題，這個問題在現世徹底解決的可能性就越小，而現世之外的解決就越顯得有其可能，或者更富有意義。然而這種補償對於現實的世界實際上毫無影響，於是人們就用另外一個更加非理性的問題來代替這個問題，這就是原罪說，

而這個世界就是為懲罰而被創造出來的。這樣，在宗教的學說裏，這個世界的絕對不完善就被設定為顛撲不破的事實。這似乎證明這個世界暫時性的正當，但是這種正當性反而使這個世界更加貶值。這樣，人們勢必將那些值得珍貴的價值理想化，它們應當是永恆的。

　　這樣一種強烈對照的結果，就是現世的文明日益失去其意義。所謂文明就是指人類從預先注定的自然生命的循環中解放出來。但是，依照上面的解釋，文明每向前邁進一步，就注定要蹈入更具毀滅性的無意義境地。而一切有助於文明財富增長的勞作，越是被當作一件神聖的任務，一種天職，就越會變成為一種毫無價值和目標的無意義的繁忙。世界作為不完善、不公正、苦難，過去的罪惡的淵藪，注定的有罪之地，必然隨著日益無意義的文明進一步擴張和分化，因而，從純粹倫理的角度來看，就宗教上所設定的其存在的神聖意義來說，必然是腐敗和毫無價值的。於是，就形成了這種情況：關於世界意義的思想越系統，世界外在組織越合理化，以及對於世界非理性內容的體驗越加昇華，救贖的要求就越來越非現世化。韋伯在這種緊張不斷加劇的發展中，發現了對於他的宗教的經濟倫理學說極為重要的轉機：沿著上述軌道前進的，不僅僅有使世界祛巫的理論思想，還有從實踐的倫理方面使世界合理化的宗教倫理的努力❽。

　　韋伯上述的思路實際上一直沿循西方宗教發展的軌跡，所以在尋找這種使世界合理化的宗教努力的承擔者時，他自然而然就提出西方中世紀市民階級，以及在其他地方類似於這個階級的一類階層：如手工業者、商人、家庭工商業主。在這個階層身上具有兩個重要的特點：第一，他們的宗教立場是多義性的；第二，在他們身上存

---

❽　《宗教社會學論文集》第一卷，第571頁。

在著如下一種可能性：同技術的和經濟的合理主義趨勢相結合而以倫理上合理的方式來調整生活。但是，除此而外，使命式的預言所建立的宗教基礎是這個階層發揮這個努力的適宜的土壤。因為相信使命的預言的信徒，認為自己不是盛聖水的器皿，而是神的工具。他們不應當以被神占有或討神的歡心為奉獻，而應當從事神所願意的行為。與此相反的是那內心觀照式的、縱慾的、麻木的狀態。由此，就完成宗教救贖信仰中的一個重要的轉變：從觀照地逃避世界到以禁慾的方式積極地改造和支配世界。這個轉變自然是在西方宗教歷史上完成的，而其他宗教，尤其是亞洲的宗教，在韋伯看來，主要還是處於消極地避世的狀態，因而對於世界的合理化無法予以積極的推動，這就是說，它們根本就不可能提出一種基本宗教信念，主要是救贖信仰的經濟倫理，而後者在韋伯看來正是世界合理化的整合力量。由此，我們也就可以大致瞭解韋伯這個可謂博大精深的系列研究的基本結論。

　　然而，韋伯是明智的，而且他的方法論的信念也使他認識到：實際上發生的宗教現象並不簡單地表現上述的兩極，在它們之間還有許多形形色色的其他類型。比如，下面將要分析的中國宗教就不屬於上述兩極的任何一極。這些世界宗教本身都是極其複雜的歷史個體，韋伯所構造所描述的，只是它們之中各種組成成份無數可能的聯結中的一小部分。因此，韋伯強調，他的世界宗教的經濟倫理研究不是系統的宗教類型學，另外一方面也不是純粹的歷史研究。它是以宗教倫理的歷史實在為著眼點，考察對於與經濟意向的對立面的關聯來說具有典型的重要性的東西，而忽略其他方面的東西。所以它並不給出某一個宗教的完整圖象，而是著力澄清每一種宗教不同於其他宗教的如下一種社會─歷史關係：它們對於韋伯所關切

的聯繫，即宗教信念與經濟倫理之間的關聯是十分重要的。總而言之，韋伯關於世界宗教的經濟倫理的研究所採取的是理想類型的方法：對於世界各種宗教的表述是非歷史的，這就是說，比其實際過程更有系統性，在本質上更加一致性：「在一門宗教中所突出的始終是這樣一些特徵，它們對於形成有別於其他宗教的實踐生活方式乃是決定性的特徵。」❾

下文筆者將著重討論這個系列研究中十分重要，但對於韋伯的經濟倫理來說並不那麼典型的中國宗教部分。前面所論述的韋伯的典型思路在中國研究中只是發揮了參考標準的作用。中國研究的特殊性，除了其他重要原因之外，還在於韋伯將儒家思想矯拂為一種宗教，而正是這種做法也使韋伯世界宗教與經濟倫理系列研究的內在一貫性大受損害。這一點筆者在下面的分析中將作具體的討論。在這之前，我們再來看看韋伯在這個研究的導論裏給出合理（理性）主義的三個規定；而澄清合理（理性）主義各種可能的方向，以及各種合理（理性）主義的方向與韋伯所謂的世界合理化過程的那種合理（理性）主義之間的關係，對於理解韋伯的中國研究極為有益。

合理（理性）主義的第一規定主要具有形而上學的意義，韋伯說，這就是成體系的思想家依憑世界觀所從事的那一種合理主義：通過不斷精確的抽象概念逐漸從理論上來把握實在性。

對於理解韋伯的中國研究比較重要的是合理（理性）主義的第二種的意義，即通過始終精確地計算適當的手段，從方法論上達到既定的實踐目標。世界的合理化在另一方面就是生活方式的合理化，它可以接受合理化的各種不同的形式。這裏的關鍵是實踐的目標如何確立。韋伯在這裏以儒教為例說明，按照不同的標準，合理化原

---

❾　《宗教社會學論文集》第一卷，第267頁。

來是可以向著十分不同的方向展開的。「在缺乏任何形而上學和幾乎缺乏所有宗教依歸的殘餘的意義上，儒學走得如此之遠，以至於到了人們一般還能夠叫做宗教倫理的東西的最邊緣了；它是如此合理化，並且在缺乏和排除一切非功利標準的意義上，如此清醒，以至於除了邊沁的之外，沒有別的倫理體系可與之相比。」❿

第三種意義上的合理（理性）主義才是韋伯中心關切的合理化的方向：「合理的東西在另外一層完全不同的意義上，即在合計劃性的意義上，就是具有前後一貫形式的禁慾的苦行方法，或神祕的苦行方法，或沉思的方法，就如在瑜伽和後期佛教的輪藏術裏的那樣。合理的東西，部分在形式方法的同一種意義上，部分地在與規範地有效的東西和經驗地給定的東西相區別的意義上，一般來說，乃是一切種類的實踐倫理，它們以體系的方式、清楚地指向堅定的拯救目標。」⓫這裏韋伯所說的規範地有效的東西，應當是指數學一類的東西。正是這樣一種合理化過程，在非西方的宗教及文明裏面付諸闕如。

## 二、中國社會──城市與鄉村

在《世界宗教的經濟倫理》系列研究裏面，《儒教與道教》具有獨特的結構。雖然韋伯研究及比較分析的落腳點最後還是在中國精神與經濟倫理上面，但是從這一研究所涉及的範圍來看，它與其說是一個宗教社會學的專題研究，還不如說是一個簡明的中國社會與中國精神的研究。合理化在這個研究之中不僅是韋伯探討的問題，

---

❿　《宗教社會學論文集》第一卷，第266頁／王譯，第32頁。

⓫　《宗教社會學論文集》第一卷，第267頁。

而且還是韋伯分析和比較的重要手段，是串聯其他研究而使之具有
內在一致性的大綱。《儒教與道教》整體結構由兩部分組成。第一
部分包括前四章，韋伯在這裏以社會學的方法研究中國社會的基本
結構和制度；第二部分由後四章組成，按照《世界宗教的經濟倫理》
系列研究的宗旨，這一部分當是研究的重心所在，因為它直接詮證
中國的主要宗教，中國的精神世界以及這種精神的擔綱者，即受到
儒教或道教倫理決定性影響的社會階層，而這個階層的生活方式對
於中國文明的合理化方向發揮了重要的影響。

　　下面的分析將按照韋伯的基本結構進行，但會偏重於韋伯關於
中國社會的洞見和重要的偏見，從而凸現韋伯的深刻鑑識和最具特
色的理論。韋伯的中國研究從其本義上來說只是一個比較研究，因
為韋伯所運用的基本理論和方法原是他用來處理西方社會—歷史的
理論和方法，而他一切判斷的標準乃是西方社會特有的合理性因素
和制度。騰布魯克認為，《世界宗教的經濟倫理》已經超越了《新
教倫理和資本主義精神》，形成了合理化進程的普遍歷史概念；所
以從具體的研究而論，韋伯關注的是在各個不同宗教和文明之中，
一種主導的宗教世界觀的出現牽涉到哪些力量，換言之，這些力量
如何有助於形成某種獨具特色的宗教經濟倫理❷。騰布魯克的觀點
只有在加上筆者上述觀點的修正和限制之後，才是可以承認的。

　　此外，我們還必須注意韋伯中國研究的另一個特點：這就是韋
伯將有幾千年歷史的中國當作一個幾乎沒有什麼變遷發展的類型，
這不僅使得韋伯對中國社會和中國精神得出許多不準確的和錯誤的
觀念，而且在方法上也違背了《世界宗教的經濟倫理》的宗旨，因
為合理化的過程只有在歷史之中才能實現出來❸。韋伯描繪出這樣

❷　*Reading Weber*，第64頁。

一個只有空間的運動，而無時間上進步的中國社會，確實讓人注意到了在傳統的中國歷史觀下不受重視，未被注意或者根本不會觸及的獨特社會結構及其各種關聯。但是試圖將中國幾千年的歷史，不同時代的社會經濟生活當作一個單一的形態來看待，從而無視中國社會的多樣性以及中國社會內部的多樣性，無疑就忽視、遮蔽了許多實際的歷史發展和聯繫。造成這一局面的原因除了前面所說的西方合理（理性）主義對於現代社會的普遍性意義的觀點之外，還有如下兩個方面：第一，由於資料十分匱乏，韋伯無論在構造理想類型時還是在揭示實在類型時，都有捉襟見肘之窘；第二，韋伯以源於西方的理論概念來理解和構建一個迥然有異的社會時，分析手段、概念和方法必然會與他實在的經驗聯繫甚不符合，所以解釋的自相矛盾和衝突便是勢所必然的了；而要避免這個缺點，就需要從大量的資料和乃至個人的經歷中概括和抽象出適用於中國社會和中國精神的基本概念，否則關於中國社會－歷史的研究始終就脫不了矯揉造作的性質。

　　韋伯首先從城市入手從事他的中國研究，而從具體內容來看，經濟和經濟制度的內容構成了他所謂社會學基礎的主要部分。這樣，他的整個中國研究的進展就呈現為從經濟到精神的展開。但是，建立在極不可靠的統計材料上的中國貨幣研究，究竟有多少正當性和準確性，是一個需要專家深入研究的問題。我們這裏關心的是，韋伯這個研究是為顯示兩個他早已經成竹在胸的結論：第一，貴金屬擁有量的增加並不導致中國傳統經濟的解體，而是可以與傳統經濟

---

❸　騰布魯克認為，韋伯在《世界宗教的經濟倫理》裏已經在方法論上採
　　納「半實在類型」的手段，而不再完全固守理想類型的方法。但是，
　　騰布魯克的觀點至少不適用於中國研究部分。

攜手共進的；第二，人口的驚人增長既沒有刺激經濟的發展，也沒
有受到資本主義經濟形式的刺激。我們在上面已經看到，用貴金屬
的大量增加和人口的增長來解釋現代資本主義的興起，是十九世紀
曾經十分流行而為韋伯堅決反對的觀點。韋伯一開始挑明這個觀點，
就給人們一個強烈的印象：資本主義現象有其深層的原因，而這些
正是中國所缺乏的。

　　韋伯在接下來的一節開門見山，指出中國城市相比於西方城市
的缺陷。西方的城市，尤其中世紀的城市在資本主義興起中所發揮
的作用，在中國的城市都付諸闕如。西方中世紀的城市是合理的經
濟制度和因素的溫床：「在西方，古代和中世紀的城市，中世紀的
羅馬教廷和正在形成的國家，都是財政合理化、貨幣經濟以及政治
性很強的資本主義的體現。」❹這裏，我們且擱置一個重要的事實，
即中國的國家早已經以不同於西方的形式建立起來，這個巨大的差
別深刻地影響到中國社會的制度和精神的發展。韋伯認為，中國的
城市雖然也往往是商業和手工業的中心，但後者的發達程度不如西
方中世紀的城市，它們主要是君主的國都，而在韋伯時代又主要是
地區行政長官的駐地，城市居民的主要收入來源是地租和俸祿。韋
伯這些評價之中包含著一些含混不清的觀念。因為城市的政治中心
地位並不與經濟中心的地位衝突；其次，中國城市的商業中心的地
位以及它的作用，應當以它在中國當時經濟之中的影響來判斷，而
不能以與西方中世紀的印象式的比較來評判。譬如，現代中國許多
城市的經濟規模比不上西方許多城市的經濟規模，但是這絲毫不能
否證它們在中國經濟之中的主導作用。

　　與經濟領域相似，韋伯認為，中國城市以及所有的東方城市的

❹　《宗教社會學論文集》第一卷，第290頁／王譯，第57頁。

形成，都缺乏政治的獨特性，這些獨特性包括古希臘那樣的城邦，西方中世紀的城市法以及具有特殊利益的同業公會。中國古代的城市從來就不曾成為具有特殊政治、經濟和軍事利益的共同體。我們如果將韋伯有關西方城市，尤其是中世紀城市的研究結論與韋伯筆下中國城市作一比較，那麼，中國城市的問題就更嚴重了。不過，應當承認，中國的城市從來就沒有西方源於希臘的那種自由、民主的城邦傳統；城市固然有其自己的獨特的利益和社會階層，但是它不可能建立以城市獨特利益為基礎的城市特有的法律、議會制度、自己的軍事組織；因此現代國家的民主制度、法律制度和精神、權利概念和自由的精神無法從中國的城市中產生出來。但是，韋伯為此所提出的原因卻不是根本性的：古希臘羅馬的城市起源於海上貿易，而中國基本上是一個內陸國家。韋伯在這裏忽略了一個重要的歷史事實，這就是說，無論西方古代的城邦，還是中世紀的自由的或自治的城市，它們發展的重要前提就是在它們之上並沒有一個強大、統一的國家，所以就存在著城市自治發展的政治的和經濟的空間；而某個強大的國家在相應的地區興起之日，也就是這種自治的城市衰落之時。韋伯在《經濟史》中分析古代和近代西方城市興衰時說，在這裏我們發現古代的和中世紀一近代的發展之間的基本差異。在古代，城市自由的消失有利於一個按照官僚制組織起來的世界帝國。洎至近代，城市自治也日益被剝奪。十七世紀和十八世紀的英國城市只不過是一個同業公會的集團，它僅僅能要求在財政上和等級上具有重要性。在法國和德國也發生了同樣的情況。近代城市的自由完全被剝奪殆盡。這與古代幾乎完全一樣：隨著羅馬人統治的建立，城市自由就喪失殆盡了 ❺。中國自秦以降一統天下的郡

---

❺　《經濟史》，第287–8頁。

縣制國家，除了少數邊遠地區以及少數民族地區之外，城市自治發展的條件和自由的空間從根本上被掃蕩淨盡了。先秦的城市發展不在此例，韋伯海上貿易的解釋或許是一個重要而頗富啟發意義的觀點。

儘管如此，韋伯對於中國傳統城市的經濟活動的弊病的評價卻依然有效：中國城市從來沒有發展出一套行會特權系統，由於沒有這種法律保證，中國的商業團體就只好走上一條自助之路；也正是出於這個緣故，中國就缺乏一種公認的、形式化的和可靠的法律基礎，來以協作的方式自由地調節商業和手工業，而正是這種法律基礎促進了西方中世紀手工業裏面的小資本主義的發展。儘管西方城市的自治自近代民族國家形成之後衰落了，但它所發明和建立的制度，尤其是經濟制度和政治制度卻匯入了已經興起的資本主義體系之中。

與城市相對，中國的鄉村卻歷來存在著西方幾乎未曾出現過的自治現象。韋伯說，中國的村莊同時是一種擁有廣泛自治的聯合體，但他認為，中國鄉村的自治始於王安石的變法措施之一，即「保甲法」。 如果說王安石變法在關鍵問題上失敗了，那麼，它似乎還是留下了深刻的痕跡。中國的「自治制度」就是通過所謂十家與百家聯合體的合理化而保存至今仍在發揮作用的形式❻。中國的鄉村自治究竟始於何時，雖然尚無定論，但決非自北宋才出現的。韋伯關於中國鄉村自治有許多斷定，但像他別的有關中國的評價一樣，乃是深刻的鑑識與隨口的評價之自相矛盾的混合物。

韋伯正確地指出，中國鄉村自治的前提是中國農村的宗族制度。城市由於不在宗族的勢力範圍之內，所以就沒有自治。在韋伯

❻　《宗教社會學論文集》第一卷，第353, 366頁／王譯，第118, 131頁。

看來，宗族是中國文明的一個獨特現象。西方到中世紀時，宗族的意義就喪失殆盡了，而其他文明即使還存在著宗族，它的發達程度也遠遠比不上中國。在韋伯看來，宗族仿佛就是中國農村經濟、政治、宗教、文化的綜合體，此外它還有防禦能力❶。但是，韋伯對宗族的理解很受歐洲原始公社的影響，因而得出一些似是而非甚或錯誤的結論。比如他說聚族而居的村子，土地是為宗族所有的，而不是分給個人的。韋伯在這裏首先可能混淆了宗族與家庭。在傳統中國社會，家庭可以是所有權單位，而宗族不可能承擔這樣的職能。其次可能混淆了宗族的公產與個人（主要是家庭）財產。前者是供祭祀祖先，幫助宗族兒童學業和施行其他義舉而用的；這一點韋伯也提到了，但是他並不十分清楚這種義舉與所有制的關係，儘管在敘述宗族的各種功能時，他還以「宗族還有財產」這樣比較謹慎的口吻說話。所以當韋伯說，這個聯合體（宗族）除了意味著對家計自給自足的經濟支持以外，顯然還意味著對市場發展的限制；從社會角度說，對於宗族成員，包括在異鄉、特別是城裏生活的人的存在來說，宗族就是一切，他顯然得出了一個與他所引述的材料不甚符合，而且與宗族的實際功能亦不相符合的結論❶。

　　宗族在鄉村社會所發揮的綜合的社會功能，是鄉村自治的制度和組織基礎。韋伯說，在政治上，由於宗族的存在，鄉村就是皇權以外的地方，城市是沒有自治的品官所在地，鄉村則是沒有品官的自治區。中國鄉村的自治與西方中世紀城市的自治之間具有極大的差異，其中非常重要的一點正是韋伯誤解的地方：中國鄉村的自治不能僅僅歸於皇權的不及，就如西方中世紀城市自治那樣。中國鄉

---

❶　《宗教社會學論文集》第一卷，第366頁。

❶　《宗教社會學論文集》第一卷，第380頁／王譯，第144頁。

村自治在不同的朝代和歷史時期有其不同的演變，但一直以或強或弱的形式延續著，單單這個事實就說明它與皇權之間有一種相互依賴和補充的關係，這當然是中國傳統專制主義的一種非常獨特的方式。艾爾曼分析明清時期宗族與國家關係時指出，更重要的是，地方宗族是縣級行政體系下控制和穩定農業社會秩序的重要力量，因此有利於地方官員的管理。宗族不會最終成為國家的對立面，而只是國家與地方性社會經濟力量互動的產物。它們代表著存在於各種非宗族形式的共同體內部的一種以血緣關係為基礎的社會組織。地方士紳們的利益通過國家認可的組織形式——宗族得到實現。這種社會發展最明顯的特徵即在於它們得到儒教國家的授權准許❶。

　　鄉村的自治未能超出血緣紐帶，相反以血緣紐帶為其主幹，這是它與西方城市自治另一大區別之處。韋伯指出：中國的法律和農民的思維方式中天生沒有一絲「法人」概念❷，所以自治的鄉村並沒有一個具有明確的法律地位的管理機構，比如像西方中世紀城市議會那樣的機構。這毫無疑問是中國鄉村自治的最大弱點。自治的權利和範圍以及自治的本身並不是嚴格地得到規定和確認的，所以皇權常常能夠根據自己的實際情況侵削鄉村的自治。

　　但是，在韋伯看來，鄉村的自治的勢力，無論在整體還是在持續性上，都遠勝於代表國家政權的官僚制的合理主義，因為前者代表傳統的力量。因而，在傳統的中國農村就出現這樣一種力量抗衡關係：家長制的官僚制政權對鄉村自治的力量；而後者又是由兩股勢力組成的，即一股勢力是宗族組織，另一股勢力是窮人組織。「統

❶　艾爾曼：《經學、政治和宗族》（趙剛譯），江蘇人民出版社，1998年，第19頁。

❷　《宗教社會學論文集》第一卷，第381頁／王譯，第145-6頁。

治老實農民的正是由光棍們組織起來的無產者，用布爾什維克的術語來說，就是『鄉村農民』，就此而言，布爾什維克主義似乎可以找到其在中國的根基。對這種（光棍）組織，任何個人，甚至任何較大的地主集團，都防不勝防、無能為力。如果說，過去幾百年中大規模的土地占有在中國十分罕見的話，那麼，這種狀況，即一種在倫理上天真的『農民布爾什維克主義』，無疑起某種作用，這種受到族權大力控制的思想，是缺乏國家強制下的財產保障的直接產物。」❹我們不知道韋伯這種說法的根據是什麼；而且在強調宗族在鄉村的主導作用，以及地方士紳（韋伯指的大約就是不仕的士人）對鄉村的強大控制力量的同時，韋伯又作出這樣一個判斷，無疑是自相矛盾的。無論如何，構成鄉村自治的兩股勢力，宗族和士紳也好，農民也好，都是維護傳統的力量。它們將妨礙現代大企業特有的勞動紀律，市場對勞動的自由選擇，以及任何西方式的合理管理。

　　韋伯不理解中國自治的鄉村作為民間社會的重要性，認為它們是維護傳統反對改革的主要力量，從宗族長老到普通農民都是如此。韋伯時代有許多西方學者將鄉村自治視為中國的民主制，但是韋伯認為它與現代民主毫無共同之處，它只意味著⑴封建等級制的中止，⑵家長制—官僚制的渙散性，⑶宗法制❷宗族的堅不可摧和無所不

---

❹　《宗教社會學論文集》第一卷，第384頁／王譯，第148頁。

❷　筆者用「家長制的」譯 "patrimonial"，用「宗法制的」譯 "patriarch-alisch"。"patrimonial" 一詞其他譯家和研究者或譯為「世襲制的」，或譯為「家產制的」，都易於造成誤解。比如韋伯說中國傳統的官僚制是 patrimonial，從而說中國傳統的官僚制是世襲的，顯然違背事實，而說它是家產制的，意義也極晦暗不明，比如說「家產制臣民」就很讓人摸不著頭腦。韋伯認為，patrimonial 其實是 patriarchalisch 的一種特殊情況，而在漢語語境裏，無論從學理上來分析，還是在常識下去

能。韋伯的這三個結論都是大可商榷的，這不是因為筆者認為鄉村自治代表著中國的民主，而是認為韋伯的評論並不中肯。另外，非常重要的是，韋伯沒有認識到，民間社會在對抗專制主義，容納中國獨特的自由精神，維持中國文化的多元性等方面的重要意義。

韋伯關於中國城市與鄉村的研究的一般結論，卻與上述那些具體的評價有不小的衝突。韋伯注意到，至少自近代以降，中國已經出現了各種商業和手工業的行會，在各個領域，包括經濟和信用領域出現了會員制的協會（會）；中國社會已經沒有等級的差別，人民早就有遷徙的自由，而不像西方那樣，直到中世紀後期農民才獲得這種權利；自由選擇職業也是古已有之，而且也沒有出示通行證、被迫就學和服兵役的義務（最後一點實際上比較複雜）；既沒有限制高利貸的法律，也沒有限制貨物運輸的法律。韋伯甚至認為，城市裏的居民與鄉村一樣，自己管理自己。這些情況實際上非常有利於資產階級營利形式的自由發展，但是具有西方特色的市民階層沒有發展出來，就連西方在中世紀就出現了的資本主義營利形式在這裏還不成熟。韋伯說，於是一個老問題就再次呈現出來：從純粹經濟的角度，一種真正資產階級的、工商業的資本主義原本是可以從上面所提到的那些小資本主義的萌芽發展出來的；而它之所以沒有發展出來的原因，幾乎完全由於國家的結構㉓。

---

理解，家長制正是宗法制的一種特殊情況。

㉓　《宗教社會學論文集》第一卷，第390–1頁。

# 三、中國政治——官僚制與法律

## 1.傳統主義的官僚制

　　那麼在韋伯看來，中國傳統社會的國家結構具有什麼樣的性質和特色呢？

　　金子榮一認為韋伯眼中的中國社會結構是一種二元結構：國家的統治機構構成政治的上層結構，後者就其本身而言，是牢不可破的、卻難以編入人民的生活共同體；社會的基層是沒有政治權力但有根深蒂固之自治體制的鄉村和城市團體❷。這樣一種分析自然有其簡單明瞭的優點，但是忽略了兩者的相互依賴性。如果中國傳統社會就是這樣簡單搭在一起的大廈，那麼就很難說明它如何以這樣脆弱的結合維持了二千年以上。中國傳統社會即使可以從這個二元結構觀來分析，我們也要十分注意使兩者整合起來的社會階層和精神力量。而且就是從消極的方面來考慮，我們看到，韋伯已經注意到國家結構對於資本主義發展的壓抑。

　　韋伯認為，東方國家及其行政管理結構的特色源於治水的需要❷。在他看來，治水在中國與在埃及一樣，是合理經濟的前提，

---

❷　《韋伯的比較社會學》，第108頁。

❷　韋伯應該是治水理論的主要奠基者，雖然在他之前黑格爾和馬克思都曾有過片段的想法。韋伯的思想直接導致魏特夫治水社會理論的產生，魏特夫本人在《東方專制主義》1957年的序言裏也特別強調了這一點。但令人奇怪的是，此書漢譯（中國社會科學出版社，1989年）的出版說明宣稱：「魏特夫自稱是『治水理論』的創始人」（參見此書第2頁），不知出自何據。

因而對於中央集權和家長制官僚制的產生是至關重要的。與埃及和美索不達米亞不同的是，在中國，至少在北方，政治的首要任務就是修堤防洪，開鑿運河以利航運，而以灌溉為目的的水利工程則是第二位的。對於水利的依賴，不僅影響中國的政治，而且還影響中國的宗教，或者與政治結合在一起的宗教。韋伯之所以把中國的皇帝稱作一位大祭司，就因為皇帝負有祭天地以求風調雨順的職責。

韋伯認為，中國最初的行政結構分為兩個部分，直接由常勝的統治者委任其官僚管理的畿內地區，及由納貢諸侯控制的畿外地區，而其發展趨勢就是畿內畿外地區逐漸合併起來。一統天下的中央集權制是由秦始皇正式確立的，韋伯用西方人一直樂用的「中央帝國」將統一的中國稱為統治者的世襲領地。因此而來的最大的政治變革就是專制和官僚制取代了原先的神權封建制。韋伯認為，根據功績和皇恩提拔官僚是一種民主化的現象，而促成這個現象的原因，主要是專制君主與平民為對抗貴族等級所結成的天然聯盟。這種現象最大的特點就是平民有機會憑藉自己的努力進入官僚統治階層，而這正是中國二千多年郡縣制專制統治的特色。官員的選任制度中間歷經變遷，至唐朝科舉制遂正式建立。科舉制以及與此密切關聯的教育制度的意義，並不限於建立了在當時相當合理的官員選任制度，而且還是中國傳統社會的主要整合力量，即政治的上層結構與民間社會主要就是通過由此而產生的士階層才形成一個統一的共同體。韋伯對於科舉制抱有獨特的見解：它旨在於防止官僚擺脫中央權力而形成地方割據。以考試成績而不是以出身或世襲的等級為根據授予官職，對於中國的行政管理和文明具有決定性的重要意義，但是在此基礎上並沒有建立起一套精確運轉的國家機器。雖然韋伯認為，無論在中國還是在西方，家長制官僚制是形成一個龐大國家的基礎

的穩定核心，合議機構的出現以及專職部門的發展，也是典型現象；但是，官僚制運作的精神在中國與在西方卻是大相徑庭的❷。

　　首先，中國政府機構在組織上同一切處於不發達的交通技術條件之下的家長制國家組織一樣，行政管理的集中化程度也十分有限；即使在官僚制國家建立之後，中央政府的官員與地方官員之間的對立和等級上的差別依然存在。在韋伯看來，除了科舉制，中央政府控制地方政權和官僚的最有效的辦法就是官員的調任制度。地方官員通常是三年一任，任滿之後就轉往其他地方就任。地方官員的調任制度使官員不能在一地坐大，形成諸侯之勢而成為獨立於中央的力量，這樣從表面上維繫了帝國的統一。但是，韋伯認為，這種調任制度的代價是極大的，這些官員從未在任職之地紮下根來，一般對地方事務都不甚了了，當然也就無法以合理的措施來處理地方的事務。而且，每當他們新到一個人生地不熟的地方任職，就不得不依賴原來衙門裏的吏屬，而後者由於對地方事務的精通，實權自然就旁落在他們這些不在官僚之列的胥吏手中，正式官員卻根本無力監督、修正這些胥吏的工作。不僅如此，中央政府任命的官員因此也就不可能制訂合理的政策，尤其不能制訂合理的經濟政策。於是，中國的官僚制度就出現了這樣一個散漫、粗放和無力的局面：中央政府只能依靠調動職位來管理和控制地方官員，對地方的實際事務並不清楚，而地方官員由於上述的原因對於地方事務不甚清楚，也就無法進行合理的管理。比如，韋伯特別指出：無論中央或省裏都沒有可靠的財政預算，而只有傳統的撥款；中央政權對地方財政不甚了了，幾乎所有的財政管理權都交給了省裏，而各省的官員也不清楚州府的實際收入，於是層層剋扣、貪汙和賄賂就是勢所必然的

---

❷　《宗教社會學論文集》第一卷，第335頁。

了。行政管理的這種局面與韋伯所說的現代官僚制可計算的程序，相去當然實在是太遠了。

就像韋伯的任何研究一樣，一個社會—歷史現象總是包含多重的因果聯繫。中國傳統社會不合理經濟秩序以及經濟政策，另一方面也源於構成官僚群體的那個階層的觀念。在上述兩種因素以及其他可能因素的背景之下，我們看到韋伯所列舉的一系列源於不合理的行政管理的不合理的經濟現象。比如，國家幾乎沒有任何主動長期的經濟政策，尤其沒有工商業政策；受過教育的階層的社會品格也規定了這個階層對經濟政策的立場，只要沒有出現新的移民活動、（由灌溉造成的）土地改良以及財政或軍事利益的影響，至少在考慮生產與經營時，中國和古代東方實際的國家政策總是對經濟運轉聽之任之❷。「政府沒有現代意義上的商業政策。據我們所知，官員在水路上設的關卡只具有財政性質，從來沒有過經濟政策性質。……王安石……試驗失敗了，於是經濟在很大程度上處於放任自流的狀態；同時，對『國家干預』經濟事務，特別是對壟斷特權，即家長制國家裏比比皆是的得心應手的財政手段的厭惡，成了一種根深蒂固的情緒。……任何一個官僚制度都不言自明地厭惡自由交換引起的純粹經濟上的急劇分化。這個世界帝國在經濟上變得自給自足了，社會構成也平等化了，在這種條件下，經濟狀況日趨穩定，就根本不會如十七世紀英國文學作品中所討論的那種經濟問題出現。中國根本沒有一個在政治上政府無法藐視的自覺的市民階層，而當時英國的『小冊子作者』最關心的正是這個階層的利益。因為凡盛行維護傳統及其特權的地方，就只是『靜態』的，所以就如同處於家長制官僚制情勢之下的所有地方一樣，商人行會的態度乃是行政當局

---

❷　《宗教社會學論文集》第一卷，第424–5頁／王譯，第187頁。

需要認真考慮的勢力。相反就動態的方面而言，這些商人行會的態度卻沒有起決定作用，因為不存在（不再存在！）英國那種強大得足以驅使政府為其效勞的、擴張的資本主義利益❷。」中國的稅務管理與土地登記一樣，也十分落後；中國也沒有產生合理的農業大生產──這一點的原因比較複雜，而韋伯為此提出的原因之一是保護農民的政策，亦即重農抑商的政策，它妨礙了資本主義積累擴展到農業領域。

其次，中國官僚制的俸祿制造成了官僚階層的極端傳統和保守的傾向。韋伯認為，因為政府給予官僚的俸祿數額很小，一般官僚無法依賴其俸祿生活，也無法靠俸祿支付職責內的行政費用。於是，官僚就像個封建領主，負責向中央（或向州省政府）上繳一定的租稅之後，餘下的就用來支付行政費用和留歸己用。這種俸祿制於是帶來了如下的後果：⑴中央政府對於地方政權和官員的權力雖然通過調任制度得到了鞏固，但每個官員卻由於這種不停的變動和機遇，成為相互競爭俸祿的對手；於是他們的境遇一方面取決於同上司的關係，另一方面取決於他所屬的官員派系。韋伯認定，處於這樣一種情勢中的官僚，無論對上對下都是同樣地軟弱。⑵這是一個影響更為深遠的後果，它本身帶來行政和政策方面極端的傳統主義。韋伯認為，這種傳統主義也有相當合理的基礎：因為對傳統的經濟與管理形式的任何干預，都會侵犯統治階層無法估量的進項和俸祿。既然任何官員都有可能被調到機會不佳的職位，因此，整個官僚階層在這種情況下都會像捐稅輸納者一樣，一致強烈地阻撓改革訴訟費用、關稅及捐稅制度的企圖。韋伯說，這類收入的機會因為事實上屬於整個官僚階層的，所以他們就會團結一致，以極端的仇恨來

❷　《宗教社會學論文集》第一卷，第425–6頁／王譯，第188–9頁。

迫害那些倡導改革的合理（理性）主義思想家。韋伯於是得出一個與中國歷史進程一致的結論：只有暴力革命，不管是來自下層，還是來自上層，才能給中國帶來轉機。

官僚的這種傳統主義也是地方分裂主義的根源。分裂主義首先是財政分裂主義，因為任何行政管理的中央集權化都會危害地方官員及其幕僚的俸祿。所以這種俸祿制是合理的中央集權制的絕對障礙，也是推行全國統一的經濟政策的絕對障礙。我們在這裏不得不承認韋伯的洞察力，因為中國大陸至今還深受這種障礙之苦。韋伯再一次強調了他關於中國變遷革命論的結論：這種家長制官僚制和俸祿制的普遍後果就是，只有武力征服或軍事革命、宗教革命，才能打破俸祿階層利益的堅硬外殼，才能創造全新的權力分配與經濟條件；一切來自內部的改革都由於受到他們的抵制而失敗了。韋伯當然也有理由感到慶幸，在這方面西歐是歷史的偉大例外，不僅因為那裏沒有大帝國的和平條件，更重要的是那裏存在著獨立的社會力量，後者能夠與王公諸侯聯合起來，突破傳統的束縛。中國為什麼沒有類似的力量存在？這是韋伯提出的一個發人深省的問題，他想要通過中國人的精神世界來予以解答❷。

## 2.家長制的法律

韋伯在他後期的幾本主要著作中一再強調，現代資本主義對於行政和法律運作的可計算性十分敏感，換言之，它們構成了現代合理資本主義的社會制度和政治的必要條件。中國的行政和法律恰恰與此相反，從根本上缺乏這種可計算的合理性。韋伯說，中國的國家形式是家長制的，這就是說，它的行政和法律都是家長制的。這

❷　《宗教社會學論文集》第一卷，第346–9頁／王譯，第112–4頁。

一特點在政治上造成如下的典型後果：一個神聖不可動搖的王國與絕對自由地專橫和仁慈的王國並存。韋伯對於中國法律制度的評價與對於其他制度的基本評價是一致的：缺乏合理性。「中國、印度、伊斯蘭地區以及所有合理的立法與合理的審判沒有取得勝利的地方，都有這樣一個原理在起作用：『專橫破壞著國法』。這個原理在西方中世紀曾推動了資本主義法律制度的發展，而在中國，它卻無法做到這一點，因為，一方面沒有作為政治單位的城市的法人自治體；另一方面也沒有從保障特權和使特權固定化的角度確立最重要的法律制度：在中世紀，這兩者合起來，正是借助這些基本原則，創造了所有適合資本主義的法律形式。」❸

　　韋伯承認，在中國，法律雖然在很大的程度已經不再是永恆有效的規範，而是正確地發現的規範，中央政府早已制訂了大量的律法，而且它們對於各種案例都具有相當的概括性，也不乏系統性，但是，中國的法律與西方法律相比，仍有其相當嚴重的缺陷。這種缺陷一部分乃是在於缺乏法治社會的外在環境，比如上面所說的絕對專橫的君主專制；或者來源於儒家的一些觀念。韋伯在談到中國一千五百年以來的土地所有制的性質一直不穩定時，提出如下一個說法：「士林階層拒絕編纂一部法典，他們獨具特色的理由是：老百姓如果知道了自己的權利，就會藐視統治階級。在這種狀況下，維繫作為自助聯合體的宗族就成了唯一的出路。」❸ 韋伯沒有提到這個思想的出處，筆者在D・布迪和C・莫里斯撰寫的《中華帝國的法律》一書看到相關問題的詳細考證。公元前536年鄭國宰相子產公布了他所作的《刑書》，鄰國一位名叫叔向的官員寫信給他，表示

❸　《宗教社會學論文集》第一卷，第391頁／王譯，第155頁。
❸　《宗教社會學論文集》第一卷，第368頁／王譯，第133頁。

反對。他的基本觀點此書作者概括如下：「公布法律將會對道德和政治造成威脅。」 兩位作者認為，在其他任何一個文明古國中，似乎從來都沒有人提出過這種觀點。儘管叔向還不能被當作正式的儒家看待，但他的觀點無疑體現了儒家的基本思想。這兩位作者認為：「儒家是傳統的『封建』價值準則的堅定的維護者。由此不難理解為什麼儒家堅決反對新的法律，尤其是在這種新的法律剛剛出現的時候。後來，隨著新的法律漸次鞏固，儒家也逐漸改變他們的態度，勉強把法律作為一種不可避免的邪惡的東西接受下來。但即使至此時，他們仍然堅持認為，在理想的社會中，公布成文法是不必要的，甚至在當時未盡完善的政治狀況下，與以道德訓誡和示範來實現政府統治的方式相比較，以法律來實現統治方式，應該只是次要的。」❷這是支持韋伯學說的最新觀點。

缺陷的另一部分則主要是法律本身的問題，韋伯指出的主要有如下幾點。

⑴真正有保障的「自由權」付諸闕如。韋伯認為，中國的法律完全缺乏自然法的基礎，其根源在於儒家思想根本就缺乏自然法的觀念。「對於個人的任何自由領域的一切自然法上的承認都付諸闕如。甚至『自由』這個詞，對於（中國）語言來說也是陌生的。這可以從家長制國家的性質，從遵從祖制上得到解釋。事實上，最終，亦即經過否定私人領域裏的攤派的漫長階段之後，得到切實保護的唯一制度是：私人財產的所有。這裏所謂的保護，如前所述，非指西方式的保障。除此之外，沒有法律保障的自由權利，就連這種財產的『私有制』也只在實際上比較有保障，並不享受神聖的靈光，

---

❷ 布迪，D和莫里斯，C：《中華帝國的法律》（朱勇譯），江蘇人民出版社，1998年，第11-2頁。

比如在克倫威爾反對平等派的聲明中，就有這種神聖性。」❸這無疑是韋伯對於中國法律的一個鑑識。但是韋伯接下來的說法就對錯參半了：在家長制的理論裏，皇帝不是任何人的客人，上級官員不是下級的客人，因為根據法律，下級的財產屬於上級。不知道韋伯這種說法究竟有何根據？「普天之下，莫非王土」實際上表示君權的普遍性，而並不意味著天下的一切均是皇帝的私人家產。韋伯強調這一點的意圖雖然在於中國法律的實質公正性，即皇帝和各級官員具有調節土地和其他財產的權力，以實現保障民生和社會安寧的政治理想，卻會造成中國並不存在過實質的私有制的誤解。韋伯認為，西方在近代從形式的法律與實質的公正之間的緊張之中產生了自然權利的個人主義的社會倫理。中國的社會倫理不屬於此類。但這裏涉及的一個關鍵問題是：中國倫理的這種性質是否必然導致否定私有制，無論是實質上的，還是形式上的否定？

(2)中國立法的內在性質。以倫理為取向的家長制，追求的是實質的公正，而不是形式的法律，這無論在中國還是在世界各地都是如此。所以，中國法律的性質是傳統主義的，但並沒有判例的搜集，因為法律的形式主義遭到排斥。皇帝的詔諭大抵具有中世紀教皇詔書那樣的訓誡的性質，但是沒有後者那種嚴密的法律內容。重要的詔諭並不是法律的規範，而主要是倫理的規範。因此中國的法律在韋伯看來，從根本上就缺乏可計算性，就這個意義上來說，自然是不合理的。

(3)西方意義上的律師在中國的家長制的司法中根本沒有一席之地，因而中國也沒有一個法律家階層。其所以沒有律師，乃是因為世俗法的形式發展對於中國福利國家的家長制及其虛弱的職權沒

❸　《宗教社會學論文集》第一卷，第436頁／王譯，第198頁。

有意義。與此相似，中國的法官也是家長制的法官，他們在神聖傳統允許的範圍內明確地不按照『一視同仁』的形式規則判案；在很大程度上恰恰相反，按照當事人的實際身份和具體情況，即根據實際結果的公正和適當來斷案❸。

在《儒教與道教》裏面，韋伯分別從兩個不同的角度分析中國法律，他首先考察了中國法律的結構特徵，然後又在儒家思想的背景下來分析中國法律的思想特徵；筆者前面所謂的中國法律的內在缺陷，從哲學和觀念的淵源來追究其原因，實際上也出自於儒家思想，或者一般地說，中國精神的特性。兩種研究的基本結論是一致的，這就是中國法律重視實質的公正，而無形式的合理化；中國法律缺乏自然法（權利）的思想，而這一點直接導致私有制在中國缺乏神聖性。韋伯幾次指出，中國法律的這種性質直接影響現代資本主義在中國的可能發展。但是，另一方面，現代法律的合理性同時也受到資本主義發展的促進。「我們現代西方法律的合理化是兩種相輔相成的力量產物。一方面是資本主義的力量，它關切嚴格地形式的，因而──在功能上──盡可能像機器一樣可計算的法，尤其是法律程序；另一方面，專制主義的國家權力的官僚合理（理性）主義關切法典的系統化和法律的一律性，而這種法律是由受過合理訓練的、力求地區之間升遷機會一律的官僚來施行的。只要這兩股力量缺少一股，現代的法律體系就不會產生。」❸反觀中國，自從秦漢統一之後，家長制國家權力既不期待一種強大而不太馴服的資本主義利益，也不期望一個自主的法律學家階層，它只考慮能保證其合法性的傳統的神聖性。這樣，不僅形式的法學未能得到發展，而

---

❸　《宗教社會學論文集》第一卷，第437頁。

❸　《宗教社會學論文集》第一卷，第438頁。

且它也從未嘗試使法律系統地、實質地徹底合理化。現代合理化的
法律和現代資本主義，在韋伯的學說裏面，尤其在他關於中國法律
的研究裏面，是互相促進的兩種社會現象，而它們彼此實際上又有
其他社會政治、經濟和文化的原因，其中某些因素和現象在中國並
非完全不存在，但是這些因素既沒有按照自身的內在邏輯發展起來，
也沒有得到某種強大的外在力量的促進而形成為一種制度。分別追
溯和探討這些因素和原因，以及它們相互之間的關聯和影響，需要
一個巨大而系統的研究。中國經典的歷史學對於這個偉大的任務是
無能為力的。韋伯的研究給我們一個啟示，純粹以材料搜集和敘
述為務的歷史學在現代已經無法勝任認識和理解歷史的重任了。或
許正是出於這個緣故，迄今為此，有關中國社會─歷史發展的深入
研究尚無出於國人之手的。筆者在這裏也只是以最簡明的著墨概括
和分析了韋伯研究的基本內容。

# 四、士、儒家與道教

　　按照韋伯自己的計劃，《儒教與道教》的前四章，即其社會學
基礎研究是為其主題研究所做的準備,而後四章才是他的真正問題,
由此說來，筆者從此處起開始的論述和分析才開始涉及韋伯中國宗
教研究的核心。現在，讓我們來檢視韋伯主題研究的基本觀點，從
而探知中國精神在韋伯的眼中究竟具有何種性質。

## 1.士與教育

　　韋伯《世界宗教的經濟倫理》的主題和任務之一，就是在韋伯
所研究的每個世界宗教所在的文明中，遴選某個受到既定世界宗教

的實踐倫理的決定性影響的社會階層，釐定他們生活方式中奠定方向的因素，因為這些因素決定了那個文明的生活方式和社會制度的合理化及其方向。韋伯認為，這個階層在中國就是儒家的士林階層。韋伯的這個選擇是正確的，而且也是不可避免的，因為在傳統中國社會，尤其是儒術獨尊以後的中國社會，沒有一個階層能夠像士林階層那樣，在思想文化、政治社會制度、倫理規範和日常生活方式等領域發揮決定性的作用。但是儒家原非宗教，而儒家士林並非具有特定宗教信仰的社會階層，他們與韋伯筆下的新教徒和其他宗教的教徒，在形成方式、社會地位、思想觀念乃至數量等方面極為不同，從而使得韋伯的敘述不免有其隔膜、過分與不及的不足。此外，士乃是官僚制度、禮儀、教育和主流的思想與文化的負荷、維護和發揚光大者，所以士林階層的特點都只有在這些現象之中才能得到準確的認識和規定。這樣，這裏的論述只是頗受限制的外在描述。有關教育的論述則與此不同，因為教育有其相對的獨立性，然而這種在韋伯眼裏太過獨特的教育方式和內容，其根據和目的當然也必須通過分析制度的和精神的原因才能得到有效的說明。

　　士❸與教育是須臾不可分地聯繫在一起的中國人文傳統。士是教育的產物，且倚賴於其受過教育經過考試的資歷和資格。從另一方面看，中國的正統教育是由士維持的，至少從儒家傳統一脈以降是如此。韋伯對這一點的判斷是相當準確的，所以在《儒教與道教》的《士林》一章起首便說：十二個世紀以來，社會地位在中國主要是由出仕的資格而不是由財富決定的。這種資格又是由教育，尤其

---

❸　中國古代士的起源原是一個十分複雜的問題，韋伯承認不清楚這個問題；余英時在《古代知識階層的興起與發展》（載《士與中國文化》，上海人民出版社，1987年）所作的考證，可資參考。

是考試規定的。韋伯認為，在重視典籍教育 **❸** 上面，中國遠遠超過了人文主義時期的歐洲和晚近的德國，而將它作為社會評價的標準。早在戰國時期，士就周遊列國，作為合理的行政管理的促進者和「智士」，乃是中國文化統一性的象徵，而文化的統一在韋伯看來乃是中國統一的根本特徵。總而言之，士是受過教育的一個階層，他們乃是中國官僚階層的主體，而且也是典章文化的承荷者。韋伯說，二千年來，士一直是中國的統治階層；筆者可以補充說，他們控制著中國的文化、教育和政治，而且是在一人或者一個最高統治集團之下的統治階層。讓韋伯為難的是，他無法在西方，在印歐語系的其他文明找出相似的社會階層來，以便對照說明；而其主要原因乃在於，在基督教和伊斯蘭教文明那些徹底宗教化的社會裏面，人文主義是無法以世俗的形態成為社會的主導精神的；而在中國這樣的非宗教的社會裏面，並不曾存在過在社會精神生活上面起決定作用的神職人員階層。韋伯對於中國文化之隔，常常也就在他的鑑識之後接踵而來，譬如他提到，士大多不是長子，又如平民因為難以掌握漢字，所以不易進入士林等等 **❸**。

　　韋伯始終認為，巫術信仰遍布在中國社會的各個層面。他似乎覺得，僅僅從教育和人文主義傳統來解釋士在社會的統治地位是不夠的，尤其對於宗教社會學的研究來說是不夠的，所以他試圖從巫術方面為這種特殊的地位補充根據。譬如，文字在中國社會一直具

---

**❸**　literasche Bildung 以譯成「典籍教育」為佳；或譯「文學教育」，不免望文生義之嫌，亦且導致望文生義的後果；或譯「人文教育」，雖然指明了這種教育的實質內容，但近乎解釋，而與翻譯相去甚遠，此外，中國傳統的教育並不包括現代所謂人文教育的各個方面。

**❸**　《宗教社會學論文集》第一卷，第395–6頁／王譯，第159–60頁。

有神奇的色彩，識文斷字的人自然也就被看作是身具神力的人。其
他還有治水的技術，曆法和天文的知識。這些現象對於民間信仰和
民間知識確實極具重要性，但是相關的觀念並不構成正統儒家思想
的基本觀點，事實上反倒是它們所要清除的內容。中國民眾對於士
大夫階層的尊重，實際上出自多方面的原因。筆者在這裏還可以補
充與加強韋伯的解釋，比如，宗族觀念，即對於光宗耀祖的重視，
乃至對於鄉望的重視；從另一方面來說，證明祖宗有德而能福蔭後
代，也是重要的因素——這與新教徒證明自己已蒙神恩的心理頗有
相似之處，而韋伯卻沒有注意到；政治的抱負和倫理的理想，治國
平天下和兼濟天下——這一點當然用現代社會心理學理論來分析，
或許會有更多的發現；現實的利益和榮譽，孔子就說過，「君子疾
沒世而名不稱焉」。

　　士林階層在不同的社會－歷史環境中，表現出不同的政治和文
化的傾向。韋伯注意到，封建時代即戰國時代的知識分子是政治實
踐上的合理主義者，有時也是勇敢的政治改革者，因為在那個時代，
士乃是自由精神的體現者，而後世的士大夫卻成了頑固的傳統主義
者。儘管如此，士大夫階層對於自己的階層總是具有明確的認同。
韋伯如下一句評語非常中肯：士大夫等級本身認為自己是統一的，
既有等級榮耀，又是中國統一文化的唯一代表，因此士大夫對於自
己所受的教育極為自負。實際上，這種自負的原因就如上面論及他
們受到社會尊重的原因時所說的，同樣包含多方面的因素，其中最
值得注意的是，除了教育的資歷之外，還有士大夫自己的政治抱負
和道德優越感。韋伯用西方的觀念說出了這樣一層意思：他們是精
通典籍和傳統的人，因而從禮儀上和政治上來說，是行政的固有秩
序和君主神力性的正確生活這兩方面的權威❸。既然士大夫認為，

唯有自己的階層才能管理國家，那麼利益的考量與實現理想的考量在這裏發揮著同樣的作用，而從士階層的整體，即從其歷史和自我認同的群體來說，後一個考量往往更為關鍵。

這種政治和道德理想的抱負正是來源於中國傳統的教育。

但是，與韋伯的其他研究一樣，他首先要確定中國傳統教育的類型和它的性質。毫無疑問，這正是西方經典的科學研究方法。但是，就如我們接著就會看到的那樣，這樣一來，中國傳統的教育也就呈現出特殊而多少有點奇怪的性質，因為它又被放進一套與它太不合適的概念體系裏面。這是中國一切傳統無可避免的命運，在現代所謂的科學研究和學術闡述裏面，它們注定要經受這種解構❹。韋伯認為，教育的目的在歷史上有兩個極端。第一，喚起神力（英雄氣概和神奇的天資）；第二，傳授專門化的職業訓練。第一個目的適合於神力性的統治，第二個目的則符合合理的現代官僚制統治結構。這兩個極端雖然對立，但並非毫無關聯，毫無過渡。英雄和巫覡也需要專門的技能，而專業的官員所要接受的訓練也不止於知識。韋伯的分析總是試圖覆載各種可能的經驗實在，所以他說，在這對立的兩極之間存在著各種可能的教育類型，它們的目的都在於養成受教育者的一定的生活方式，無論這種生活方式是世俗的，還是宗教的，歸根到底都是等級制的。第一種教育實際上只是喚起和考驗個人天賦的資質，因為神力是無法傳授和訓練的。教育目的的另一極是極端實用的，即為了管理的目的而培養學生的實踐才能，比如培養機關、事務所、工場、科研實驗室或訓練有素的軍隊的管理人材。原則上，任何人都可以接受這種教育，但在程度上或有不

---

❸　《宗教社會學論文集》第一卷，第398–40頁／王譯，第162–4頁。

❹　此辭的本義和現代流行義兼而用之。

同。韋伯在這種教育之外還專門提出一種文明教育❹，以便分析中國傳統的教育制度。所謂文明教育，它就是根據統治階層的文明理想，教育出各種類型的文明人，即採納一定內在和外在生活方式的人士。這種教育與專門化的職業訓練一樣，也是有教無類的。韋伯說，不同的階層當政，教育就會具有不同的特點；然而，現實生活中從來也沒有出現過純粹單一的教育制度。

那麼中國傳統的教育制度是一種什麼類型的教育，具有何種特點呢？在韋伯看來，它一方面保留有神力教育的遺響，另一方面，而且也是這種教育的實質，就是文明的資格教育，而資格的考試當然就是國家所掌握的科舉考試。韋伯說，這種教育與西方傳統的人文教育類似。在德國，這種資格教育和考試一直是成為行政管理人員和軍事指揮人員的前提條件，經過此種教育的群體自然也就是有教養的階層。但是，西方社會除此之外，還有合理的職業教育，並且部分地取代了那種人文教育——這便是西方教育與中國教育最大的區別。與此同時，在西方，尤其在德國，還有一套與教育制度關係密切而又自成體系的國家考試體系；這種教育與國家考試的分離體系，自然與中國的教育與考試的分離頗有一種形式上的類似。但是，無論是教育的內容還是考試的內容，中國與現代的西方之間的差別太過巨大。

韋伯說，中國的科舉與我們為律師、醫生和技術人員等等制定的現代合理的官僚制的考試程序不同，根本不確定專業資格。韋伯補充說，這種考試也不確定考生的神力。韋伯認為，科舉考試所要考察的是考生對於經典文獻的掌握以及有教養的思維方式。實際上，科舉的考試內容還包括歷史、詞賦和政治等綜合性的知識，這種考

---

❹　Kultivationspädagogik，或可譯為「素養教育」。

試自然包含對考生的判斷能力和鑑賞能力的考察，也曾考過考生的政治知識和對策能力（策論）。如果考試的內容真是僅限於韋伯所說的內容，科舉制對於維持郡縣制社會的巨大作用就難以得到合理的解釋了。

在科舉制確立之後，中國的正統教育就是圍繞著科舉而進行的。至於其他非主流的教育，比如醫學教育等等，雖然所採用的方式與正統教育不同，而且與西方現代的專業教育相比，在方法和手段上也相去甚遠，但是因為涉及中國社會專業人員的培養方式，它們就具有重要的現實意義，然而它們卻為韋伯所忽視了。韋伯考察的是正統的教育，而這種教育在他看來具有兩方面的重要特點：一方面具有純粹世俗的性質，另一方面又受制於以正統的觀念解釋經典的規範，因而是極端封閉的經典教育。但是，它並非一直就是如此。韋伯認為，在先秦，中國的教育接近古希臘的教育方式，因為學生除了禮儀之外，還要學習騎射與舞蹈。毫無疑問，這是一種積極的評價，因為古希臘的教育體現著全面發展的精神。韋伯對於先秦時代的中國精神頗多讚賞，其原因乃是在於，無論在精神的自由方面，還是在教育的全面發展，乃至於士大夫的勇氣方面，都與西方的，主要與古希臘的相仿佛。然而，自從秦漢以降的中國精神，特別是這裏正在論述的教育制度和原則，幾乎沒有得到過韋伯的積極評價。

於是，我們通過韋伯的眼睛就看到一系列的問題：中國的文字是有嚴重缺陷的，這就是說，它是不合理的，主要原因就是它並非拼音文字❷。漢字既不適宜於詩歌，也不適宜於系統的思維；漢字

❷　當然，就這個評價而言，韋伯的偏見似乎不應當受到特別的指責，因
　　為直到現在仍然有一股漢字虛無主義的強大勢力，無視邏輯實證主義

也不適宜於演說；甚至也不適宜於對話和戲劇。然而，讓我們無法深責韋伯的是，在這些顯然錯誤的，甚至偏見過深的斷語旁邊，韋伯又會說出極其中肯的評價，比如，演說之所以不發達有其社會的和政治的原因；這也在一定程度上造成了韋伯的自相矛盾。韋伯說，中國的語言雖然具有邏輯性，但是中國人沒有領悟邏輯、定義與推理的力量；中國的小學教育沒有數學教育，而其他學校也不教自然科學、地理和語言理論，當然就更不教授邏輯學。如果韋伯將西方的大學教育與中國的傳統教育進行比較，那麼中國傳統的正統教育就會顯得更加原始落後。這一切在相當大的程度上確實是事實，但是當韋伯硬要從《論語》中的格言聯想到印地安酋長的表達方式時，人們就很難不回味一下其中深含的歧視和偏見。

　　問題的嚴重性並不僅僅在於教育本身的缺陷，而在於中國社會的統治階層，主導中國社會生活方式和價值觀念的階層就是在這樣一種教育下培養出來的。這正是韋伯通過他的敘述要給讀者留下的印象。人們自然而然就會思考，這樣一個階層如何可能會有一種積極的精神和心態？

　　幸好，韋伯的敘述沒有忽略道德在中國正統教育中的重要性，但是這種道德教育經韋伯之口說出來之後，就顯得有點兒怪異了。韋伯認為，中國傳統教育所培養出來的士大夫的精神的前提，不僅包括中國正統學說即儒家學說，而且也包括其他異端學說。這樣，至少與新教徒相比，中國士大夫階層的精神就顯得要斑駁蕪雜。成「仁」成「義」原是儒家道德的最高境界，這種道德要求原本是無

---

建立理想的人工語言的努力的失敗，無視由電腦技術揭示出來的漢字的潛質，而力求以拼音化消滅漢字，從而使人及其基本的生存方式成為手段，而技術本身則成了目的。

條件的，但是韋伯卻將神靈的酬報當作它們的前提，這樣就讓人們
覺得巫術信仰乃是儒家道德的基礎。同樣地，當韋伯將「正氣」塗
上鬼神靈異的色彩時，人們自然就無法理解：它原來包含如下一個
信念，即善乃是客觀道德秩序之中的主導力量，就此而言，它當然
比基督教信仰中所謂上帝與魔鬼對立的說法更少巫術色彩。士大夫
道德修養原來就是包含在科舉制中的重要成份。當然，士大夫階層
以及由他們組成的官僚階層並不是單靠道德修養來自我約束的，他
們也受到公共輿論、制度和常設機構的監督。韋伯提到了中國傳統
對於官僚的監察制度：刊行有關官員的政績、行為以及相關的報告
和鑑定。在韋伯看來，這種監督的公開性甚至超過西方議會對於行
政機構的監督。他承認，這種制度和機構為公開的品評對官員行政
管理的壓力打開了一個安全閥，後者相當有力並且有效❸。應當補
充的是，實際上，整個士階層都是受到某種制度約束的，這涉及與
科舉制直接聯繫在一起的中國傳統的學制。

## 2.儒家

從嚴格的意義上說，士大夫與儒家兩者並不是完全等同的，兩
者之間的關係還牽涉許多其他的複雜關聯，比如兩者關係的歷史變
遷，儒家思想與其他思想的合流等等。然而在相當長的時間內，儒
者構成了士大夫的主流和中堅，而儒學構成了士大夫思想的根本。
韋伯所談的士大夫與儒家的關係，正是典型時期的情況，一般地說，
就是宋代儒學復興之後的局面。

韋伯關於儒家的專門論述，是從詮證儒家與宗教以及一般宗教
性現象的關係入手的。

---

❸　《宗教社會學論文集》第一卷，第421-2頁。

　　在關於儒家與宗教之間關係的研究上面，韋伯的觀點經常陷入自我衝突的窘境。我們看到，韋伯對於中國文明中的宗教現象所持的基本觀點是一個正確的見解：漢語中沒有專門用來標識 "Religion"（宗教）的詞，而只有⑴士大夫的 "Lehre"，即「教」或「學說」；⑵"Ritus"，即「禮」或「儀式」；無論所謂的「教」還是「禮」，兩者皆無宗教的或世俗的之分。韋伯接著分析說，儒家的正式中文名稱是「儒教」❹。由此我們便看到，韋伯其實非常清楚地分辨了儒教之「教」與「宗教」之間的區別。如果韋伯堅持這一點，那麼他整個中國研究的基點就要大大地改變，而且《世界宗教的經濟倫理》的題目也就有改動的必要。但是，韋伯無法逾越自己既有的概念體系來理解儒家的學說和中國文化的主流，這正是他對於中國文明以及儒家的鑑識的原因，但同時也是誤解的濫觴。如果加以進一步的分析，我們就會看到，漢語裏面即使沒有與西方「宗教」概念相對應的辭語，也不等於中國沒有宗教和宗教現象，佛教就是。然而，韋伯卻認為佛教不是典型的中國宗教。佛教雖然不是中國本土發源的宗教，但卻是在中國影響最為深入和普遍的宗教，且不說它衍生出許多中國的派別。韋伯的這個偏見實際上是非常沒有道理的，它的荒唐就相當於人們說，基督教，或者說新教不是德國的宗教，所以人們在研究德國宗教時，可以將基督教排除在外而不加考慮。情況果真如此的話，那麼從德國人自己創造的具有宗教性質的東西裏面，人們所能找到的除了巫術以外，大概不會有更多的東西了；不僅如此，韋伯關於新教倫理的整個研究也會傾刻崩塌。

　　在中國沒有「宗教」這個概念的原因是什麼，韋伯沒有告訴我們，但他舉出與此相關的一系列現象：在這裏沒有先知，因而也就

❹　《宗教社會學論文集》第一卷，第432頁／王譯，第195頁。

沒有先知造就的人的靈魂革命；也沒有一個勢力強大的神職人員階層，不過韋伯將道教排除在外，因為道教有神職人員，然而它卻基本上沒有在中國政治中形成過強大的政治勢力；在中國也沒有由自主的宗教力量所產生的它們自己的救世說、倫理和教育。實際上，一如筆者上面所說的那樣，韋伯如要保證自己論述的準確性，他首先應當排除的是佛教，因為他認為在中國不存在的那些宗教現象，佛教在中國歷史上大都已經成就過了。不過，韋伯按照自己的思路得出了他所敘述的情態的積極結果：由於沒有那些宗教的束縛，所以中國官僚階層理智主義的合理（理性）主義就得到自由的發展，而理智主義的合理（理性）主義在中國也與在世界其他地方一樣，從內心深處就蔑視宗教。在中國，這種理性主義也不需要用宗教來愚民。但是為了馴服民眾，它為職業的宗教人士保留了官方的有效性，這就是說，官方承認職業宗教人士活動的權力和正當性，而且面對地方強大的宗族勢力，宗教的有效性也是無法根除的。但是，也就僅此而已，宗教任何進一步的內在與外在的發展都被腰斬了。

　　韋伯進一步說道，家長制的官僚固然不反對祖先崇拜，但是看不起民間宗教。在這裏我們又遇見了韋伯至少表面上矛盾的說法：從儒家的國家觀來看，也必須為人民保留宗教。如果沒有信仰，世界就無秩序可言。韋伯的這個斷語來自於對於孔子一句話的誤解。《論語・顏淵》記載：子貢問政，孔子回答說，「足食，足兵，民信之矣」。　倘若必不得已要去掉什麼的話，那麼先去兵，次去食，因為「民無信不立」。　這裏所謂的「信」乃是信任之信，而非信仰之信。韋伯將此句誤解為：從政治上說，維護信仰甚至比讓人民吃飽飯更為重要。他將信任之「信」誤解為信仰之「信」了❹，當然

❹　《宗教社會學論文集》第一卷，第431–3頁／王譯，第193–5頁。

誤解之過主要應當諉之於譯者。

　　毫無疑問，韋伯的這個誤解與他關於漢語沒有宗教一詞的辨識是有矛盾的。韋伯又規定儒教或者儒家與宗教性的東西的關係說：與宗教性的東西的關係，無論是巫術性的，還是祭祀性的，就其本義而言，都是此岸性的，這比起任何其他地方的宗教的東西更強烈，更有原則性，而且始終是一種規則。韋伯的這個說法是一個難以接受的結論，沒有彼岸追求的宗教，就像沒有地面建築的大廈一樣無法理解。由於沒有彼岸追求，中國人的一切神明觀都立足於如下一個信仰：至善的人能夠不死，而在一個幸福的天堂中永生。韋伯強調，無論如何，一般來說，信儒教的中國人（而非佛教徒），在祭祀時為自己祈求多福、多壽、多子，也略微祈禱祖宗的安康，卻根本不為自己來世的命運祈禱——嚴格地說，這正是儒教與宗教，尤其是西方宗教最大的差別。韋伯說，長期以來，儒教至少總是用絕對不可知的根本否定的態度對待任何彼岸的希望。這大概引證的是孔子「不知生，焉知死」的名言。然而中國人的宗教觀念的複雜性在於，儒家沒有彼岸的關懷，並不等於中國人就根本沒有彼岸的追求，因為中國不僅存在其他深入民間生活而深刻地影響人民生活方式的宗教，而且如果說中國的士大夫階層能夠詢納儒釋道而使之在理論上合流，那麼一般民眾對於不同宗教的寬容和綜納的態度，使得他們也無法避免彼岸的關懷。於是韋伯如下的觀察並不符合實際情況：中國人對自身彼岸生活的關心，也遠不及對鬼神可能在此岸生活中產生的影響的關心；中國缺少任何來世說和拯救說，缺乏對任何超驗價值和命運的領會。但是，像任何其他的家長制組織一樣，中國也相信救世主主義，但把希望放在此岸的真命天子身上，而不像以色列人那樣，寄希望於一個絕對的烏托邦。於是，筆者可以順

著韋伯的思路得出一般性的結論說：凡是在猶太－基督教傳統或伊斯蘭傳統中置於彼岸的價值和追求，儒家都將它們放在了此岸，如果儒家也擁有這種價值和追求的話。

儒家對於此岸的關懷，儒家理智主義的合理（理性）主義等等，即使在韋伯看來也產生了積極的後果。由於沒有拯救，沒有彼岸的追求，沒有韋伯未提及的最後的審判，儒教中也就必然沒有人與人不平等資格的經驗，或者嚴格地說，儒家並不承認人天生不平等的理論，也不承認等級差別的超驗根據。韋伯說，儒教對此全無所謂，因此也沒有任何關於「神恩地位」的宗教性差異的思想。韋伯在這裏以西方宗教為背景澄清了一個基本而且非常重要的事實：在中國，尤其在儒家思想之中，並沒有等級制的宗教根據；人與人在原則上是平等的。這樣在中國，相對於現代資本主義的興起來說，就無需借助西方中世紀的城市自治來取消等級制度，使社會各階層各階級實現平等化，而且既在理論上亦在實踐上無需使農民擺脫人身依附的改革。平等和自由勞動的理論根據在儒家學說裏面是早已具備著的，而在中國傳統社會中也以實際的形態存在著，比如韋伯提到的，在中國很早就存在遷徙的自由。其實，至少歷史－社會學的現象表明，等級制和嚴格意義上的奴隸制只有在印歐語系地區才存在過，而種族主義也是猶太－基督教最核心的內容和基本傳統，它與等級制具有密切的關係；但需要提醒的是，這並不意謂著猶太－基督教不包含著相反的思想或者發揮出相反思想的可能性。

既然從嚴格的意義來說，儒家缺乏宗教最核心的學說和最基本的追求，因而事實上並非一種宗教，那麼儒家的本質是什麼呢？韋伯說，首先就是它的倫理性，儒教僅僅是現世俗人的倫理。與佛教形成強烈對照的是，儒家適應世界及其秩序和習俗，歸根到底它不

過是一部受過教育的世俗之人的政治準則與社會禮儀規則的大法
典。在儒家看來，世界的秩序是既定的，牢不可破的，社會秩序只
是這種世界秩序的一個特例。偉大神明們的宇宙秩序顯然是要世界
幸福，尤其要人得到幸福，社會秩序也是如此。國泰民安只有通過
順應和諧的宇宙才能實現。如果未能實現，那麼過錯就在於人的愚
昧，尤其是對於國家與社會領導的無方。君主應當把未經教化的黎
民百姓當作自己的子民來對待，另一方面，他的首要職責就是從物
質上和理想上關心臣屬，與他們保持一種良好的和敬重的關係。每
個人報效上天的最佳途徑就是發展他自己的真實本性 —— 不知韋伯
報效上天之說出自何據 —— 這樣，每個人本來的善就會實現出來。
這一切都與教育有關，而教育的目的則在於發展每個人固有的資質。
沒有「本惡」，而只有因教育不到而造成的錯誤。世界的秩序乃是
教化的需要、不可避免的勞動分工及由此產生的利益衝突的自然發
展的產物。韋伯解釋孔子「食色，性也」命題說：經濟的和性的關
切是人類行為的基本動力。在這樣一種現實主義的觀點之下，強權
和社會的隸屬關係之所以存在，不是出於被造物的墮落和原罪，而
是出於簡單的經濟狀況：需求日益增長，而生存手段始終是匱乏的；
如果沒有強權，人人都會陷入戰爭之中。於是，這個世界的強制性
的秩序，財產占有的分化以及經濟利益鬥爭，在原則上不成其為問
題❹。韋伯的詮釋是非常有意義的，然而不全面，因為無論孔子還
是儒家，都還闡述了關於調節社會財富的另一方面的思想。但這不
是筆者需要在這裏深入討論的問題。尚需提及的是，當儒家論及社
會秩序和基本動力的問題時，它就不僅僅是一種倫理學說，而且也
是包含政治哲學命題在內的社會政治理論。

---

❹　《宗教社會學論文集》第一卷，第441–2頁／王譯，第203–4頁。

禮與孝的觀念應當是儒家的本質因素。如果說儒家在原則上不承認任何天生不平等的理論,那麼維護社會現實秩序中的等級制度,卻是儒家的現實倫理和實踐行為最為重要的一個方面。禮和孝這兩個概念表達的就是儒家這種觀念。韋伯清楚地認識到,等級制的習俗和禮,乃是儒家的中心概念,但他的誤解在於僅僅將禮理解為一種形式化的儀式,而沒有領會禮背後嚴格的君臣、父子、尊卑的倫常秩序。在儒家看來,這種倫常的尊卑是一種自然關係。韋伯非常精闢地指出,忠是家長制的基礎,但他在接下來所做的分析中卻有將孝與忠混淆起來的傾向。韋伯認為,在儒家學說裏,孝位居一切道德之首,而其他道德可以從孝裏引申出來。然而必須指出的是,中國傳統所謂以孝治天下,往往只是統治者的自我標榜,對於國家權力來說,忠君在實際上總是壓倒孝親。

儒家的其他道德也不是都能從孝推衍出來的,但是如果願意費一番心思,就能找到它們之間的關聯。中國傳統思維在這方面的功夫,確實遠遜於像柏拉圖的《巴門尼德斯篇》和黑格爾的《邏輯學》所下過的功夫,但這並不意謂著中國傳統思想中不存在可以敷暢和廓開的潛質,而只是意謂尚少人去從事此項工作。比如,韋伯一再強調的儒家以及中國人的和平主義,與孝之間就存在著複雜而有趣的理論關係。韋伯一方面強調,儒家的理性是一種秩序的合理(理性)主義,它在本質上具有和平主義的特徵,這種性質是隨著歷史的發展而達其最高程度的。但在韋伯眼裏,孔子卻因提倡為父兄復仇而不是和平主義者,後世的儒家之所以成為和平主義者,也是因為畏懼鬼神。韋伯無法理解孝與儒家和平傾向的聯繫,也不瞭解民本思想與和平傾向的聯繫。其實,韋伯在研究士大夫時就已經注意到:和平主義的儒家士大夫以國內的政治安定為己任,天生厭惡

軍事勢力，或者不理解這類勢力❼。韋伯無法領會的是，士大夫的這種傾向原本包含儒家的最高道德追求和政治抱負，而後者就其核心而論不僅來源於孔子學說，而且也完全可以以現代的方法從中演繹出來。就如筆者前面已經指出的那樣，韋伯總是試圖從儒家的學說之中詮證出巫術信仰，從而證明他的一個基本結論：儒家德性的合法性，不僅在總體習俗上，而且具體地以泛靈論的方式得到保證。儒家所缺乏的是救贖宗教那種有條理地指導生活的核心力量❽。「人之初，性本善；性相近，習相遠；苟不教，性乃遷」，這是儒家性善論的通俗表達。當韋伯認為性善論乃是一種特殊的觀點，而它源於缺乏一位超凡的倫理神時，他完全從西方基督教化的觀點進行判斷，而得出的結論無非就是偏見，儘管這種偏見有時富有啟發意義；而有時就形成自相衝突的矛盾，比如，韋伯在另一個地方說道：儒家也不相信巫術，這與猶太人、基督徒、清教徒是一樣的❾。

## 3.科學與形而上學

　　韋伯將形而上學與科學歸在儒家的題目下來討論，這表明，在他看來科學技術在中國的發展主要與儒家有關。在李約瑟卓越的研究之後，人們一般不再持這樣的看法，因為李約瑟極有說服力地證明，對於中國科學技術的發展，是道家而非儒家作出了最為重要的貢獻。中國的科學技術發展是一個頗為困難的題目，筆者在這裏主要分析韋伯的論述，並參照相關的文獻作一些簡要的討論。

　　科學的系統而全面的發展，應當說是西方文明的獨特現象；而

---

❼　《宗教社會學論文集》第一卷，第429頁／王譯，第191頁。

❽　《宗教社會學論文集》第一卷，第458頁／王譯，第222頁。

❾　《宗教社會學論文集》第一卷，第443頁／王譯，第204頁。

這個文明裏，科學原本是在形而上學中孕育成長的。沒有深刻而系統的形而上學思考和探討，沒有蘇格拉底和柏拉圖那種追求事物本身的精神，沒有窮究隱德萊希(Entelechie)的希臘自然哲學和一般形而上學，科學在西方的發展是不可設想的。從既有的歷史裏面，人們無法找到能夠從猶太一基督教傳統獨立發展出系統而合理的科學的證明，其他幾大宗教也是如此。但是，這並不否定如下一個事實：形而上學的終極探索乃是人類精神的共同傾向。只是在不同的文明中以及在不同文明的不同時期，這種探索精神的強烈程度和徹底性乃是大有差別的，有些確實受到長期的遮蔽。韋伯深明形而上學與科學發展之間的奧援關係，儘管他從幾個不同角度論述了儒家的科學思想與中國的科學發展，但他始終將缺乏超越的思想，缺乏形而上學，缺乏科學與缺乏超越的神以及彼岸追求視為同一層次的匱乏，即缺乏一種形而上學的終極根據。

按照韋伯的分析，儒家正是因為有了這種根本的不足，才產生了其他種種的問題，缺乏科學只是其中的後果之一。韋伯說，儒家本身在相當大的程度上擺脫了形而上學，儒家的科學精神也不足。所謂科學精神不足，乃是指沒有發展出系統的自然主義的思維。前面已經指出，韋伯認為：西方的自然科學及其數學基礎是一種複合物，半是在古希臘哲學基礎上發展起來的合理的思維方式，半是在文藝復興的基礎上發展起來的技術實驗，後者包含一切自然主義學科的特別現代化的成份，它最初不是從科學領域，而是在文藝復興時代從藝術領域裏產生的。文藝復興時代的高級實驗藝術是兩種因素獨特結合的產物：一是從手工業基礎上發展起來的經驗技藝，另一種是徹底合理化的抱負，即將藝術提高為科學而使之獲得永恆意義；後一種抱負也只有在西方這個社會的文明背景之中，在文藝復

興這個特殊的歷史時期才能孕育出來；它在任何其他文明裏面都付諸闕如。

就此而言，韋伯簡直就是以憐憫的口氣談到中國的情況：爐火純青的藝術缺乏實現徹底合理主義的抱負的動力。在西方，人們的這種抱負來自提高藝術水平的相互競爭，而這種競爭的存在表明人們的追求是多樣化的。但是，在中國的家長制的條件之下，統治階層的競爭全都集中在獵取功名上面，它窒息了其他一切的追求。其次，儒家的傳統主義，對於一切不同於古代的東西一律不感興趣。韋伯還提出一個純粹經濟上的原因：經驗的技術轉化為合理的技術需要經濟資助，而中國工商業資本主義的微弱發展，使得它沒有能力支付這種資金。韋伯關於中國經驗技術無法發展成為合理的技術的解釋並不全面，因為士大夫階層在藝術上的競爭，在程度上並不亞於韋伯所說的西方中世紀那些多才多藝的藝術家為藝術和技術合理化而進行的競爭，但是，中國士大夫階層的藝術競爭方向卻與西方那些藝術家大相徑庭。經濟資助的情況也是如此。

士大夫階層對於技術的鄙薄，其歷史－社會的原因應當是相當複雜的，韋伯所揭示的雖然是非常重要的方面，但答案看起來並不這麼簡單。我們看到，韋伯有時當作原因提出來的現象，實際上在很大的程度上可能已經只是結果而已。比如，韋伯強調士大夫階層秉持實踐的合理（理性）主義，而得到任意的發展，它沒有其他的競爭對手：沒有合理的科學，合理的技術訓練，沒有合理的神學、法律學、醫學、自然科學和技術能夠與它們競爭，也沒有任何神聖的權威或人間的權威能夠與它們競爭。總而言之，在這個官僚體系旁邊，沒有給西方特有的現代的合理（理性）主義讓出一席之地，既沒有競爭，也沒有贊助。對於科學和技術的發展來說，這確實是

一個令人窒息的環境。在這裏還應當加上非常重要的一個因素，這就是在中國的正統教育裏面，從來就沒有科學的位置，比如韋伯幾次提到的，自從秦以降的正規教育之中，就從來沒有數學的科目。韋伯的判斷在一定意義上是正確的，然而當他論及這個官僚體系的基礎時，他才開始探尋真正的原因：中國官僚體系的基礎，在西方，在古代時就已經消失了，而與西方古代相當的戰國時期的中國原來也存在相互鬥爭，相互對立的知識流派和哲學流派。但這仍然只能解釋一部分現象，因為畢竟後來有佛教的傳播，還有分裂的時代，如此等等。韋伯給中國二千年的思想史描繪了一幅可悲的圖卷：在公元元年以後，再也沒有出現過一個完全獨立的思想家……只有儒家、道家和釋家的鬥爭，在受到認可的儒教內部，哲學派與行政政治派之間的鬥爭也依然存在❺❶。科學與技術的情況，尤其是科學的發展，亦是如此。

　　韋伯關於儒家與科學關係的觀點，為後世研究者所證明。在這裏，筆者願意引證李約瑟關於中國科學及科學思想發展的一般判斷，以便在韋伯的觀點之外，獲得對於這個問題的一個更為清楚的概觀。李約瑟的基本觀點是直接了當的：儒家對於科學的貢獻幾乎全是消極的，但是具體的分析表明，儒家對於科學的態度具有兩種根本自相矛盾的傾向：「一方面它助長了科學的萌芽，一方面又使之受到損害。因為就前一方面來說，儒家思想基本上是重理性的，反對任何迷信以至超自然形式的宗教，……就後一方面來說，儒家思想把注意力傾注於人類社會生活，而無視非人類現象，只研究『事』(afffairs)，而不研究『物』(things)。因此，對於科學的發展來說，唯理主義❺❶反而不如神祕主義更為有利；這在歷史上並不是最後一

❺❶　《宗教社會學論文集》第一卷，第440-1頁／王譯，第202-3頁。

次，而且也不僅在中國是如此。」❷李約瑟認為儒家是重理性的，亦
即合理的，這與韋伯的基本判斷是一致的。但韋伯強調儒家是實踐
的合理（理性）主義，這就是說，儒家的合理（理性）主義並沒有
一般性和普遍性。不過，事實也表明，而且我們也有理由相信，從
儒家的合理（理性）主義提高為一般的合理（理性）主義，並沒有
不可克服的困難，而且這種合理（理性）主義的傳統正是東亞經濟
發展的積極因素。問題的關鍵在於這種合理（理性）主義的發展方
向的確立。

　　李約瑟的中國科學和技術研究也修正了韋伯對於中國人自然
科學思想的一般觀點：人們往往認為，在中國，即使『哲學』這個
詞的含義，也並不完全像它在歐洲所具有的那樣，因為它的倫理道
德和社會的含義遠遠多於它的形而上學的含義。然而，道家和墨家
提出了極為重要的自然主義世界觀；名家也開始了邏輯的研究，可
惜沒有發展下去❸。於是，在對中國文化發展一個至關緊要的事實
的判斷上，他們兩人是一致的：無論這種自然主義的思想，還是邏
輯研究，都因中國的統一而中斷了。這裏應當指出的是，李約瑟的
研究雖然改變了人們關於中國科學技術發展的具體觀點，但是在一
些有關科學技術，尤其是科學發展的基本判斷上，他與韋伯或那個
時代的西方人之間的觀點並沒有根本的差別：比如李約瑟指出這樣
一個重要的事實：「的確，科學與巫術的分化，是十七世紀早期現
代科學技術誕生以後的事——而事實上這一點卻是中國文化所從未

　　❺　即合理（理性）主義。

　　❷　李約瑟：《中國科學技術史》第二卷，《科學思想史》，科學出版社，
　　　　上海古籍出版社，1990年，第12頁。

　　❸　《中國科學技術史》第二卷，《科學思想史》，第1頁。

獨立達到過的❸。」這個論斷的重要性在於，它使李約瑟特別強調的道家對於科學技術發展的貢獻的意義，僅僅限於現代之前的時期，而現代科學技術仍然是西方人的獨創。這樣一來，在現代社會合理性的發源和展開方面，李約瑟的觀點就不會與韋伯的發生不可調和的衝突。

## 4.正統與異端

在《正統與異端》題目下面，韋伯主要比較了道教與儒家的宗教性質，倫理特徵及與合理（理性）主義的關係，其次討論了對中國社會、政治和日常生活方式產生過重大影響的其他宗教，如佛教、太平天國的基督教等其他宗教。最後，韋伯就上述這些對中國士大夫階層和一般民眾產生過重大影響的宗教做出普遍的結論，而這些結論不可避免是參照新教倫理及西方社會特有的合理性因素做出的。

正統與異端的區別完全是基督教的觀念，而正統與異端的截然對立也是在基督教化的地區，或者經基督教的表親伊斯蘭教教化過的地區才出現的現象。基督教絕對信仰的要求原本無法找到一個最終根據，從中推演出一套邏輯一致的教義來，事實上它更多地出於維護基督教，主要是天主教那種教會組織制度的現實需要；而後者的目的不僅在於壟斷信仰，而且也在於掌握統治世界的權利和獲取塵世的物質利益。基督教專制時代，西方社會對於異端進行極其殘酷的迫害和鎮壓，而整個基督教歷史從一方面說也就是正統與異端鬥爭、消長和轉化的歷史。基督教意義上的正統與異端觀念以及那種嚴酷鬥爭的現象在中國並不存在。嚴格地說，無論佛教、道教、

---

❸　《中國科學技術史》第二卷，《科學思想史》，第36頁。

還是後來的基督教並不構成儒家的異端，因為在基督教的歷史上異端與正統總是同出於基督教一源的；如果比照於基督教同其他宗教的關係，它們只能稱為儒家的異教。即使如此，儒家對於其他宗教和學說固然不可避免地會採取批判和排斥的態度，但是它的傾向卻始終是寬容和融合的，所以從基督教對異教的關係的框架之下來把握儒家與其他宗教的關係，也難以達到中肯的結論。

儒家有其核心的概念，一些基本的道德和倫常原則。儒家士大夫只要堅持和踐行這些根本的觀念和原則，那麼他們就可以相當自由地採納其他的學說和生活方式，而不會引起政治和信仰上的危機。在中國傳統社會裏面，如果說政治制度以及宗法制度極具排他性，那麼，宗教和信仰的寬容卻是文化的主要傳統。一種學說或信仰在基本原則和觀點方面依照邏輯的方式徹底系統化，在中國歷史上並沒有出現過。如果我們採用韋伯合理化的概念手段來詮證，那麼這就意謂，在中國，傳統的宗教或者傳統的學說沒有哪一種經過徹底而嚴格的合理化。這種思想的獨特性當然可以找到許多解釋的原因；但是如果只從思維方式上來考慮，那麼我們可以舉出一個主要原因，即邏輯的系統發展在中國付諸闕如，當然也就談不上人們有意識地將邏輯方式貫徹到理論思維和學說發揮之中。宗教和信仰的寬容，按照韋伯的合理化進程的觀點，在特定的歷史階段或許並不能夠產生積極的後果。韋伯關於中國的正統與異端的研究實際上也正是說明，中國本土所產生的宗教對於士大夫階層的倫理，尤其經濟倫理沒有起到積極的作用。

韋伯陳述其正統與異端研究的宗旨說：「我們關心的是官方教會同非經典的民間宗教之間的立場分歧，後者是否能夠成為並且已經成為某種偏離了既定方向的生活方法論的源泉。情況可能是這樣。

因為大多數民間神祇——只要不是來源於佛教——的祭祀都是被儒教及由其掌握的禮儀機構一再當作為異端來措置的流派的活動；這些流派也同以儒教為取向的祭祀本身一樣，一方面是祭祀（與巫術）實踐，另一方面也是教義。」❺❺

對儒家與民間神祇關係的研究，韋伯是從分析古希臘相似的現象入手的。他說：古希臘哲學流派典型的社會倫理傾向同儒教是一致的，它們的主要代表，也同儒家學派的中國知識分子一樣，事實上把神撇在一邊。總的說來，在我們這裏也是這樣。但是，在某一點上有一個重要的區別：儒教（孔子）在編輯經典文獻時，不僅清除了那些民間神，而且出於教育的目的，從經典書籍中刪除了所有與儒家傳統相悖的成份。只要讀一下柏拉圖在其《理想國》中同荷馬的著名辯論，就不難看出：希臘古典哲學的社會教育學多麼願意也這樣做。但是，韋伯認為，在西方社會，主要在古希臘，沒有哪一個哲學流派取得了儒家在中國的那種獨尊的地位。接受一種學說作為唯一正確的國家哲學，在西方是不可能的。因為沒有一個哲學流派為自己這樣要求過，或者能夠要求絕對傳統主義的合法性，由於這個原因，它們也不像儒教一樣，在政治上為一位世界君主及其官吏效力。將儒家推薦給中國當權者的，是對世界的絕對適應和對危險的形而上學思辯的絕對拒斥，後者正是西方哲學流派中那些最富有政治影響的學派的激情所沒有的 ❺❻。韋伯上述說法似是而非，因為儒家即使排除民間神祇，但它並沒有確立一個或一批官方的神，也沒有確立儒家自己的神祇。在這一點上它與古希臘主流哲學派別也是一樣的，而與基督教大不相同。但是，在西方，正統與異端，

---

❺❺ 《宗教社會學論文集》第一卷，第460頁。

❺❻ 《宗教社會學論文集》第一卷，第461–2頁／王譯，第226–7頁。

正教與異教關係的形成，正是在基督教取得絕對支配地位的時期。基督教作為一個靈魂拯救共同體，與官方權力結合成世界歷史性的同盟，它作為正教，作為正統所起的作用，以及對待異教與異端的態度，與儒家有著巨大的區別。所以從西方文明和思想的一個源流即希臘文化來說，那裏的哲學或某一種思想派別固然不謀求國家哲學的地位，但是比之於猶太─基督教這另一個源流來說，儒家並沒有要求使自己的學說和原則深入到人們內在和外在生活的一切層面，從而清除其他思想和其他生活方式得以維持的空間。所以，在西方的基督教時代，像儒釋道並行於世這樣的現象是根本不可能出現的，民眾自然也就無法從不同的學說裏面採納不同的觀念和原則，以指導自己生活的不同方面，就像現代社會中的情況那樣。

　　韋伯心目中儒家的主要異端就是道教。現在讓我們來看看他是如何詮釋道教和其他異端的特徵的。

　　道家和道教之間的區別並不引起韋伯的特別注意，當他從老子著手分析道教的一般特徵時，他說所要討論的不是作為哲學家的老子，而是他的社會學地位和思想。韋伯將道教的淵源追溯到隱士，從而認為他們的中心關切是長壽術和獲得巫術的，或曰神祕的力量，所以神祕主義在韋伯那裏成了道教的基本性質。那麼道教神祕主義的內容是什麼呢？韋伯說，這就是達到某種無的狀態，而其手段就是「無為」和「無言」；這種追求實際上是針對儒家的政治和倫理理想原則的。與其他地區的神祕主義不同，道教雖然也瞭解迷狂和縱欲，但是他們追求的乃是反面，即不動心。韋伯認為，道教之道，原是儒家的概念，但是老子將道與神祕主義對神的典型追求聯繫起來，也就是說，老子其實將道當作神本身了，而且老子與道教是通過無為的狀態，亦即使自我絕對脫離現世的熱情和利益來享有這個

神的。這樣，道教與其他的神祕主義就有了不小的差別：不動心的狀態乃是他們所特有的❺。

這樣一種神祕主義與儒家的清醒的合理主義，在對待世界的態度和方法上自然是對立的，那麼現在的問題就是：這種對立在倫理上面是如何表現出來的？而這種對立與合理（理性）主義之間的關係具有何種性質？這才是韋伯研究的主題。

韋伯認為，老子以「聖人」理想來取代儒家的「君子」理想，而聖人不僅不需要現世的道德，而且這有使他偏離自身得救的危險──這是典型的基督教式的解釋，現世的道德以及對這種道德的推崇標誌著這個世界已經不那麼神聖了。於是，在老子的眼裏，儒家適應世界乃是「小」德，他所要求的乃是「大」德。韋伯解釋說，這就是要求與社會的相對倫理不同的絕對完美的倫理。但是，這種倫理最終既不能使他得出禁慾主義的結論，也不能使他在社會倫理中提出積極的要求。這一方面是由於冥想式的神祕主義本身得不出這樣的結論，另一方面則恰恰由於並未得出最終的結論。這裏應當指出，老子及道家的思想都具有禁慾主義的特徵，不過它太過消極，因而與新教的禁慾主義大相徑庭。但在韋伯那裏，老子既然得不出禁慾主義的結論，又對現世採取一種否定的態度，那麼人們的生活該如何定向呢？老子主張小國寡民的自治和自給自足，這些小國可以保持淳樸的農民或小市民的道德。韋伯認為，老子的思想實際上是一種個人主義的自我解脫論，它只能使個人解脫，對於他人只能起示範的作用，而且要貫徹這種神祕主義，就必須完全拒絕現世的一切活動，後者與靈魂解脫毫無干係。

於是韋伯認為，道教也與儒家一樣，無法通向神與被造物對立

❺ 《宗教社會學論文集》第一卷，第467-8頁／王譯，第232-3頁。

的禁慾主義的倫理。他說，《老子》一書裏沒有由宗教促動的與現世的積極對立，根本沒有神同被造物之間的緊張關係，因為，這種緊張關係只有通過堅信存在一個人格化的世界創造者和統治者才能維持，而後者絕對超越被造物而存在於人世之外❸。在《儒教與道教》裏面，韋伯反覆強調這個觀點，既用它來評價儒家，亦用來評價道教；在後面我們還會看到，這正是韋伯認定的現代資本主義沒有在中國出現的最重要原因。如果說從對於現世確實有效的社會倫理裏面所產生的結果，是儒家的經濟功利主義進一步上升為享樂主義，那麼道教就只是享受「道」。 這裏必須揭明的是，韋伯這個斷語的背景乃是新教的天職倫理，於是我們就看到一個極度強烈的對比：新教以現世禁慾主義的態度，以徹底合理的方式在工作，而中國人的倫理或者說經濟倫理用以教人的極致無非是享樂。韋伯自己隨後也點明了這一層對比：「中國的，尤其是道教的『自由放任主義』， 鑑於那種冥想式的神祕主義基礎，完全沒有『天職倫理』的積極特點，因為這種天職倫理只能提供指向禁慾的俗人道德，而後者又是從神的意志同現世秩序之間的緊張關係中產生的。就連道家特別強調的節儉美德，也沒有禁慾主義的性質，而主要是冥想的。」❺韋伯提到那時歐洲人的一個偏見：沒有一個道地的中國人能夠從老子觀點的本來聯繫來繼承它們，也就是說，沒有一個中國人能夠理解老子。我們姑且將這一結論擱置一邊，而來看看韋伯對道教自相矛盾的判斷：「道教壓根兒沒有自己的『倫理』， 對它而言，是巫術而非生活方式決定了人的命運。」❻綜觀韋伯關於道教的全部

---

❸　《宗教社會學論文集》第一卷，第472頁／王譯，第238頁。

❺　《宗教社會學論文集》第一卷，第473頁／王譯，第240頁。

❻　《宗教社會學論文集》第一卷，第451頁／王譯，第247頁。

分析，合適的結論應當是，道教雖然有一些倫理觀點，但不成系統。但韋伯的一般結論與其具體分析總是保持一定的張力，於是我們就看到韋伯將傳統主義與缺乏倫理等同起來的判斷：就其效果來說，道教比正統即儒教的傳統主義性質更強。由於徹底奉行巫術的救世技術，道士們出於經濟上生存的考慮而直接熱衷於維護敬畏鬼神的傳統。因此，將「切莫變革」這個原則歸於道教，是毫不奇怪的。在任何情況下，從道教裏都找不出通往合理的──不管是入世的還是出世的──生活方式之路，相反道教的巫術只能成為產生這種方法論的嚴重障礙之一❻。

　　但是，我們立即就讀到韋伯又有另外一個不同的斷語：儒道兩家都寬容巫術和泛靈論，道教則積極地扶植它們，這就決定了它們的龐大力量在中國人生活中的繼續存在。於是人們就看到這樣的結果：在中國，古老的經驗知識與技能本身的任何合理化，都是沿著巫術世界觀的方向進行的。人們自然要問，巫術究竟有助於合理化，還是其障礙？韋伯是在討論道教與科學的關係時作出這個判斷的，那麼巫術在這裏能否發揮積極的作用呢？答案是否定的。道教以巫術為目的將一切可能的經驗科學都引向了歧途：天文學通向了占星術，藥物學及與之相關的藥理學向著泛靈論的方向合理化了，風水阻礙了技術和經濟、近代的交通和實業的發展。總之，中國出現的一切技術和學科，都沿著巫術的方向合理化了，在這上面是天人合一的哲學和宇宙起源論；後者將世界變成了一個巫術園。儘管韋伯聲明道教並不等同巫術，但是當他把儒家的思想一起解釋為巫術的哲學根據時，這種分辨究竟還會有多大的意義呢？

　　現在讓我們來比較一下不同的觀點，看看道教與中國科學技術

❻　《宗教社會學論文集》第一卷，第489頁／王譯，第256頁。

發展之間的關係如何可以得到另外一種詮證。李約瑟認為，「道家對自然界的推究和洞察完全可與亞里士多德以前的希臘哲學思想相媲美，而且成為整個中國科學的基礎。」 就此而言，道家是儒家的勁敵❷。李約瑟進一步從道家的起源論證說：「道家思想有兩個來源。首先是戰國時期的哲學家，他們探索的是大自然之道，而非人類社會之道。因此，他們不求見用於封建諸侯國的朝廷，而是隱退於山林之中，在那裏沉思冥想著自然界的秩序，並觀察它的無窮的表現。……他們攻擊『知識』， 但他們所攻擊的是儒家關於封建社會的等級和禮法的學究式的知識，而不是關於大自然之道的真正的知識。……道家的另一根源是一批古代薩滿和術士們：他們很早就分別從北方和南方部族進入中國文化，其後集中於東北沿海地區，特別是齊國和燕國。在『巫』和『方士』的名稱下，他們作為一種原始宗教和方術的代表，在中國古代生活中起過重要作用。他們與中國人民群眾有密切聯繫，而反對儒家提倡的那種尊天的國教。……中國古代這兩種不同的成份能夠如此完全地結合而形成後來的道教，乍看起來，也許是難以理解。但實際上並不困難。科學與方術在早期是不分的。道家哲學由於強調自然界，在適當的時候就必然要從單純的觀察轉移到實驗上來。」❸李約瑟指出，道家思想曾幾乎完全被大多數歐洲翻譯者和作家誤解了；他認為，道家思想固然是宗教的、詩意的，但它至少也同樣強烈地是方術的、科學的、民主的，並且在政治上是革命的❹。這個判斷可以用來直接反駁韋伯的觀點。

---

❷　《中國科學技術史》第二卷，《科學思想史》，第1頁。

❸　《中國科學技術史》第二卷，《科學思想史》，第35-6頁。

❹　《中國科學技術史》第二卷，《科學思想史》，第37頁。

　　但是，就如筆者前面已經指出的那樣，對於中國科學技術發展的任何評價和再評價，都受到無可改變的事實的約束，所以如果我們同意科學和技術到今天的進展乃是一種進步的話，那麼韋伯對傳統中國科學和技術狀況的判斷，就包含著不可更易的內容。上述李約瑟對於道教的評價實際上也是頗有分寸的，他同時指出了道教在科學與技術研究方面的重大缺陷：可惜他們未能對實驗方法達到任何明確的定義，或把他們對自然界的觀察加以系統化。他們太迷戀於經驗主義，太有感於自然界的無限複雜性，太缺乏亞里士多德事物分類的膽略，又沒有參與墨家與名家創造一套適合科學的邏輯的工作❻❺。

　　儒家與道家雖然在韋伯的研究裏分居正統與異端兩種有霄壤之別的地位，而且在思維方式上也大相徑庭，但是它們的倫理，尤其是經濟倫理，他們關於世界和社會的世界觀大有殊途同歸之勢：傳統主義的，都寬容巫術和泛靈論，而在韋伯看來巫術信仰屬於中國統治權力分配的傳統基礎；它們都未能得出宗教的超驗的神同被造物之間的緊張關係的結論，因而它們對於世界的態度都是享受，只是享受的對象不同，在前者是現世的物質利益和政治地位，而在後者乃是道；它們都包含著合理主義的內容，但其方向並不是形式化和可計算性，相對於現代資本主義社會來說，這種合理化是沒有出路的。那麼中國的其他宗教和學說的情況又是如何呢？

　　韋伯出於毫無根據的奇怪想法，將佛教排除在他的中國宗教研究之外，這樣，一個最為現實的後果就是，當他將構成傳統中國精神世界的最為重要的組成成份之一，當作無足輕重的東西撇在一邊時，他就無法通過自己的研究讓人們理解中國精神的情態，無論他

❻❺　《中國科學技術史》第二卷，《科學思想史》，第175頁。

描繪的是一種理想類型，還是實在類型。韋伯非常傲慢地認為：不管怎樣，在宗教信仰上把中國人視為「佛教徒」——以往常常是這樣認為的——全是一派胡言。按照我們西方的標準，只有領有度牒的僧侶，才可稱之為「佛教徒」❻。那麼按照同樣的標準，除了神職人員、修道院的男女僧侶之外，西方那些廣大的基督教信眾，是否也應當排除在基督教的信徒之外？如果韋伯作出這一判斷的理由僅僅是在北京的民間風俗中，辦葬禮兼用佛教和道教的禮儀，而基調則是古典式祭祖，那麼無數的士大夫和普通民眾也都要被排除在儒家信徒之外。然而，儘管如此，韋伯還是承認佛教已經深入到中國人的日常生活，並且起著相當重要的作用：宗教講道，追求個人的得救，因果報應和來世信仰，宗教信仰與內心的虔誠。如果韋伯對於儒釋道三家合流有更多的知識，那麼他就會發現佛教也以同樣大的程度影響士大夫階層的生活方式。

韋伯認為，早期印度佛教是救贖宗教，但其傳入中國的形態已不復為救贖宗教，而變成實施巫術祕法的僧侶組織。救世主信仰、先知和救贖都是基督教的重要特徵，而在韋伯看來它們乃是宗教能夠袪除世界巫術的最重要力量，而且也是世界合理化的偉大力量。但是在中國，國家祭典不理會個人的苦難，而巫術卻從未被偉大的救贖預言或本土的救世主宗教排擠掉，因為在中國只產生了下層的救贖宗教意識，它部分類似於古希臘的祕教儀式，部分類似於古希臘的奧爾菲斯教派。不過，此種救贖宗教意識在中國比在希臘更強烈，但始終具有巫術性質。道教不過是個巫師的組織。這樣，道教與佛教一樣，至少對俗人而言，沒有成為在社會學上具有決定性意義的宗教團體。因此，這些民間的、停留在巫術層次上的救贖宗教

---

❻　《宗教社會學論文集》第一卷，第503頁。

意識，通常完全沒有社會性。韋伯這裏所謂沒有社會性，當然是指沒有基督教那種教會組織，沒有神父或者牧師與所轄教區信徒的交談，沒有任何教會戒律和對宗教生活的監督。總而言之，它們沒有基督教的發達形式❻。

其他宗教，如伊斯蘭教和西藏佛教也都在韋伯的論述之外，基督教在中國的命運被他嚴重地歪曲了，而太平天國卻受到格外的好評。比起其儒家與道教的研究，韋伯對於中國其他宗教的判斷是相當草率的，充滿了矛盾和偏見。事實上，對於多種宗教在一個文明、一個國家裏面共存而為其人民兼收並蓄這種歷史事實，他從根本上就缺乏一套理解的概念。但是，他的總的結論則是相當清楚的：儒道兩家之外的其他宗教並未對士大夫階層產生過決定性的影響，從而未曾對他們的生活方式的取向產生過重大的作用；宗教本身的合理化發展，除了太平天國提供了最後一次機會之外，其他宗教則都無可挽救地始終停留乃至倒退到兼具巫術性質的層次。

# 五、中國精神與合理（理性）主義

## 1.中國精神的一般情態

前面我們大致沿著韋伯研究的進程，檢視和分析了他關於中國社會政治經濟基礎結構的研究，他關於中國的士、儒家和其他所謂異端的研究，後一部分的研究既是韋伯的主題，也是筆者的中心關切。但是一方面，這些分別的討論尚不能使我們形成如下清楚的概念：韋伯關於整個中國精神的一般判斷，以及中國精神在世界合理

---

❻　《宗教社會學論文集》第一卷，第512頁／王譯，第277頁。

化進程中的地位；或者更具體地說，作為中國精神主流的儒家與新教精神的根本差別究竟何在；另一方面，我們也需要對韋伯的一般判斷做出基本的評價。《儒教與道教》的最後一章，即第八章是全書的結論，而其焦點所在乃是儒家與新教之間直接的比較，這也為我們在這裏的總結提供了討論的主題。不過，我們這裏所要涉及的題目至少在具體內容上要大於第八章；非常重要的一點是，當我們在這個世紀末來重新考察韋伯在本世紀初所作出的各種判斷時，確實有一種時間的優越性，這不是來自於我們本身對於韋伯能力的優越，而是人人都可以利用的歷史實在。在中國幾近一個世紀的變遷之後，我們對於自己的傳統和新傳統，對於自己傳統固有的潛質和可能的禍害當有更加清楚的認識，而在我們正費力而堅定地走向大家認可的方向之時，也能夠更加冷靜而客觀地臧否韋伯對於中國文明的各種判斷，無論其為洞見還是為謬誤。

《儒教與道教》的全部研究表明，韋伯實際上力圖對中國社會和中國精神的本質做出整體的概括，這原本是一個艱鉅的工作，但韋伯這個系列研究的宗旨卻使他能夠遊刃於具體分析之間，提出一些一般性的命題，而不形成內在一致的總體結論，最後將全部研究歸結到儒教與新教之間的強烈對照。將韋伯的這些命題歸總起來而加以綜合的考察，我們便能瞭解韋伯的基本態度和判斷，儘管它們之間原本也包含內在的矛盾。筆者將著重檢視如下幾個一般性的命題，並且盡可能將它們置於最廣闊的視野裏面來討論。

第一，精神世界的多元性是韋伯頗多批評而不甚理解的中國傳統社會的獨特現象。多種宗教，多種信仰不僅並行於世，而且相互融合相互補充，在中國的士大夫階層那裏，最為典型的表現就是儒釋道三教的合流；而在一般民眾那裏，日常生活的原則、信念、禮

儀和節日系統來源於各種宗教和學說。普通百姓「見神就拜」，對信仰和宗教採取一種實用主義的態度。韋伯因此就得出在中國除了剃度的僧侶之外就沒有佛教徒的極端觀點，正是典型的基督教偏見。在中國確實沒有出現過由有嚴密組織的團體按照一套嚴密的信仰理論體系——並且在相當大的程度借助國家暴力——來實施信仰行為的宗教。佛教初傳入中國時確實帶來了一種信仰團體的組織，但並沒有帶來一個理論嚴密、原則一致的宗教思想體系，所以一開始就有許多學派，紛繁的學說。儒術獨尊雖然很早就有人提倡，但它成為某種具有官方權威的國家倫理，則是到了很晚才形成的局面，而此時儒家已經受過釋道兩家幾百年的洗禮。信仰和精神，在中國比之於基督教專制的時代，相對地屬於私人的事情，這雖然不能從嚴格的意義來說乃是現代信仰自由和私人化的表現，但是其中所包含的精神卻是可以相通的。韋伯用正統與異端的關係來詮釋儒家與其他宗教和學說的關係，並且有意無意地誇大中國鎮壓異端的事實，即使以中庸的態度來評判，也正是沒有貫徹其神入理解的方法論的表現。

　　第二，中國缺乏形而上學，缺乏自然科學思想，缺乏邏輯，缺乏實驗精神。這不是韋伯的創見，而是幾個世紀以來西方的普遍觀點。必須承認的是，它確實在相當大的程度上揭明了中國傳統精神世界的不足之處。但是，從我們今天的知識來說，韋伯的觀點都是必須加以限制才能繼續有效。比如說，中國之缺乏形而上學，如果從缺乏追求事物本身，追求事物的隱德萊希(Entelechie)來理解，那麼中國古代的哲學思想確實與西方沿循不同的理路發展；但當我們從更加廣泛的意義上來理解形而上學時，這個說法就不再成立了。與此相關，韋伯也特別強調中國缺乏自然法，或者說自然權利。韋

伯用家長制國家的特點來解釋其原因，沒有多大的說服力，因為家長制在西方也曾長期存在。筆者認為，缺乏自然法思想，從根本上來說，與缺乏追求事物本身乃至本源的形而上學有著相同的原因，而其中主要的一個就是理智化的不徹底性和片面性。理智化或理智主義不徹底的障礙來自何處，這是一個艱鉅而龐大的題目，這裏暫且擱置不論。

　　第三，中國精神的傳統主義。傳統主義是韋伯理論的一個非常重要的概念，無論在《經濟與社會》，還是在《世界宗教的經濟倫理》都是韋伯用來分析歷史—社會實在的基本手段。在「方法論」一章，我們已經看到韋伯對傳統的行為的定義，在《世界宗教的經濟倫理》的《導論》裏面，韋伯又給出了一個非常詳細的說明：傳統主義就是從心靈上適應和相信某種日常習慣了的東西，後者成了不可更動的行為規範；因此，以此為基礎，即以對（現實的、或所謂的、或臆想的）一再發生過的事情的敬畏為基礎的統治情勢，應當稱作傳統主義權威。以傳統主義權威為基礎、其合法性仰仗傳統的最重要的統治形式是宗法制：父親、丈夫、家長、族長對家庭和宗族成員的統治，主人和舊奴隸主對農奴、依附農和自由農奴的統治，主子對家僕、家臣的統治，君主對家臣、內廷官吏、大臣、幕僚、封臣的統治，家長制統治者和君主對臣民的統治。宗法制的及其變種即家長制的統治的特點是：它有一種堅不可摧的規範系統，這些規範之所以堅不可摧，乃是因為它們被視為神聖的東西，觸犯它們會帶來巫術的或宗教的禍害；它們還承認統治者任意專斷和施恩的王國，而這種恩威是對人不對事的，因而是不合理的❸。

　　儒家與士大夫在韋伯看來乃是傳統主義的典型代表，道教由於

---

❸　《宗教社會學論文集》第一卷，第269–70頁／王譯，第35–6頁。

在經濟生活方面依賴巫術，因而也是傳統主義的。這兩種在韋伯看來體現中國精神的學說和宗教在本質乃是傳統主義的，而傳統主義正是世界合理化進程的最大障礙。然而，正如筆者前面所指出的那樣，傳統的行為中的「傳統」在這裏並不構成行為的決定根據，而是對於行為的發生方式的描述；如果人們把傳統當作行為的決定根據，那麼傳統就必須或者歸入某類價值，或者歸入某種目標，因此，在判斷一種傳統主義的性質時，我們首先就必須確定其所遵守的規範的性質，只有在這個前提之下，才能對傳統主義做出合適的評價。韋伯在上面的定義中直接就將傳統主義與宗法制的統治聯繫起來，這樣固然使規範有了比較確定的意義，但也大大限制了傳統主義的範圍，比如傳統倫理道德規範所蘊涵的革命意義。更重要的是，在中國的傳統之中一直存在著一些西方在很晚才出現的促進資本主義的因素，或者反過來說，在中國的傳統中一直就不存在一些阻止現代資本主義興起的障礙，而它們在西方卻在相當長的時期內一直存在。

第四，與傳統主義密切相關的是中國人的巫術信仰。幾乎在其所論及的中國社會從制度到思想的一切領域的一切層面，韋伯都發現了巫術信仰或者與巫術性東西的關聯。即使在韋伯清楚地意識到不信鬼神的儒家那裏，韋伯也同樣發現巫術的色彩，而中國人的民間信仰幾乎就是一個巫術世界。韋伯的觀察確實有相當的根據，但這並不能夠證明一個重要的結論：巫術信仰的普遍乃是中國人獨特的精神世界❻❾。

---

❻❾　筆者在拙文〈分裂的精神和規範的張力〉考證了西方即使在新教改革之後也存在民間巫術及信仰的事實，參見《中國近現代經濟倫理的變遷》（劉小楓、林立偉編），香港中文大學出版社，1998年，第97頁。

第五，這裏所要說的韋伯判斷已經超過歷史—社會學研究的範圍，而涉及，或者事實上包含種族偏見的所謂人類學問題，儘管韋伯申明他的判斷來自於傳教士的文獻，而後者在韋伯看來包含有比較可靠的經驗。這就是中國人明顯地缺乏「敏感」**⑩**：無限的耐心與自制的禮貌；墨守成規；對單調的生活與無休止的勞作完全麻木不仁；對異常的刺激反應遲鈍，即使在知識階層圈子內也是如此。所有這一切似乎都可以很好地、可理喻地結合為一個統一體。但是，另一方面似乎也呈現出反差強烈的對立面：對於不熟悉的事物或非直接觀察到的事物表現出異乎尋常的恐懼，無法消除的疑慮；對所有不能直接把握和當下見效的事物，或者予以拒絕，或者缺乏認識的需求；與此形成對照的，是對一切虛幻的巫術騙局表現出無限善意的輕信**⑪**。

第六，韋伯緊接著又提出對中國一般道德現象的觀察，也是偏見最甚的評價：人與人之間缺乏真正的同情，即使對於自己最親近的人也是如此，而與此相反，社會團體卻保持強大而持久的凝聚力；不僅如此，在韋伯，以及在大多數傳教士看來：中國人的不誠實在世界上是絕無僅有的，但大商人卻是十分可信賴的，然而基本的狀況還是人與人之間典型的不信任**⑫**。傳教士的觀察以及韋伯的結論是同樣地毫無根據的，因為除非有非常廣泛和正確的田野調查和統計數據，這種表面的觀察是靠不住的，易遭反駁的；因為我們很容易在西方社會觀察到同樣的現象，甚至是有過之而無不及的現象**⑬**。

---

**⑩**　Nerv，亦可譯成神經質、緊張等。

**⑪**　《宗教社會學論文集》第一卷，第517–8頁／王譯，第283–4頁。

**⑫**　《宗教社會學論文集》第一卷，第518頁／王譯，第284頁。

## 2.中國宗教的一般特徵

從歷史的角度來看，中國精神的一般情態應該決定了中國宗教，主要是儒家與道教的特徵，因為唯有它們是中國原生的宗教。但是，韋伯實際上剛好得出相反的結論，正是中國宗教的特徵決定了秦漢以降的中國精神的一般情態。我們看到，在《儒教與道教》的《結論》裏面，韋伯特別以儒家的宗教特性，亦即其相對於新教的宗教缺陷，來解釋中國人道德缺陷的根源。於是，我們在這裏就有必要綜觀韋伯關於中國宗教一般特徵的論述，並進而檢視韋伯所做的儒教與新教之間反差極其強烈的對比。

當韋伯將中國宗教當作一個整體來評價時，它的外延常常是極不確定的，儘管在多數情況下他意指儒家與道教，但確實也常常將民間信仰和其他宗教包括在內。我們馬上就要看到的中國宗教的一個基本的特徵，亦即缺陷，就涉及佛教。這個基本特徵就是根本缺乏形而上學的基礎，因此，它們都缺乏內在一致的宗教理論，缺乏一以貫之的世界觀。宗教的形而上學基礎固然需要理論的奧援，但必須有其信仰的基礎，這就是對於彼岸、救贖的追求，對於救世主的希望。但是，在中國，以前沒有任何轉世論、救世說，根本沒有對先驗的價值和命運的任何追求。韋伯這個斷定實際上非常含糊，因為除了儒家基本沒有救世說和彼岸說之外，道家原來就包含著來世的追求，至於佛教的轉世和來世說乃是其信仰的根本。這樣，韋伯下面這個斷定就是不正確的：在中國，就如同任何其他地方的家長制聯盟一樣，「彌賽亞」（救世主）的希望都落在此岸的真命天子的身上。但不像譬如在以色列那樣，是對絕對的烏托邦的希望❼。

❼　較為詳細的分析可參見上引拙文〈分裂的精神和規範的張力〉。

韋伯反覆強調，在中國宗教之中，沒有神與人的緊張對立，沒有彼岸與此岸的緊張對立，這一點在儒教裏面表現得最為典型——稍後分析儒家時我們再詳細討論；從理論上來說，這個現象無非就是缺乏宗教形而上學基礎，缺乏救贖信仰的結果。

　　進一步說，宗教上超驗的東西與經驗的東西的對立，亦即彼岸與此岸的對立，就蘊涵著預定論的概念，蘊涵著人在宗教資格方面的等級差別，總而言之，蘊涵著天意的概念，而這些信念與巫術和巫術信仰都是對立的。

　　儒家之缺乏形而上學基礎，在韋伯眼裏導致了中國人此岸性的根本宗教傾向。「儒家與信徒的關係，不管是巫術性質的，還是祭祀性質的，從其本義上來講，都是此岸性的，比起任何地方、任何時期的宗教關係的常規表現來，這種此岸性都要強烈的多，原則得多。」❼韋伯進而就將這種情態普遍化：長期以來，儒家至少總是用絕對不可知的根本否定態度對待任何彼岸的希望。而且即使在這種立場尚未浸潤的地方，或者後面要談的道教與佛教影響占優勢地方，對自身彼岸命運的關切，也遠遜於對神靈對此岸生活的可能影響的關切❼。道教的情況略微不同，韋伯注意到老子的得救的思想，但是他認為老子並沒有由此得出拒絕現世的結論，而僅僅消極地要求將現世的活動降到最低。這樣，依照韋伯的基本評價，與基督教相比，無論儒教還是道教都是現世傾向的宗教。他說：「個人靈魂得救的關切與自然社會秩序要求的關切之間的基督教式的衝突，是不可想像的。『神』或『自然』與『成文法』或『習俗』或任何其他

❼　《宗教社會學論文集》第一卷，第434頁／王譯，第196頁。

❼　《宗教社會學論文集》第一卷，第433頁／王譯，第195頁。

❼　《宗教社會學論文集》第一卷，第434頁。

的約束力量之間的對立，是不存在的；因此，任何宗教的或理性的、與罪惡的或荒謬的世界處於緊張或妥協之中的、以宗教為礎石的自然權利，也付諸闕如，要有也只是微乎其微的萌芽，只要看一眼經典作家偶爾提到的那種『自然』情形，就很清楚了。因為這總是指自身和諧的自然秩序和社會秩序的宇宙。幾乎沒有人達到絕對完美的境界。但是，每個人都完全能在至少不妨礙他實現完善的社會秩序內部達到他可能達到的完善程度，為此，他要修煉社會道德，亦即仁、義、信、禮、智，儒教在這方面帶有積極色彩，道教則帶有冥思色彩。」❼

　　既然此岸的生活才是人們的中心關切，因而合乎邏輯的推理就是天意觀念必然缺乏。然而在這裏，韋伯卻又陷入了窘境，因為他面對的是在他的概念框架之下顯得自相矛盾的事實：民間的信仰裏顯然沒有任何天意的觀念存在；而在儒家的學說裏面卻非如此，儘管在孟子的學說裏，天意並不涉及個人具體的命運，而僅與社會集體本身的和諧以及命運的流程有關；但是另一方面，儒教實際上並沒有純粹的人類英雄氣概這一特殊觀念，後者高傲地拒絕信仰任何善良的天意，並且認為非理性的厄運是預先由一種非人格的命運力量決定的，而個人生命的重大突變是由這種力量決定的。在中國，這兩者——善良的天意與非人格的命運力量毋寧是同時並存的。孔子顯然認為，他自己的使命以及影響它的力量的確是命中注定的❽。韋伯的觀點很難說是正確的，因為中國的民間信仰裏面確實從很早起就富有天意的觀念，《易》、《尚書》、《詩經》等著作的相關思想就是明證。而在後世的民間信仰裏面，天意的觀念更是一種

❼　《宗教社會學論文集》第一卷，第495-6頁／王譯，第261-1頁。
❽　《宗教社會學論文集》第一卷，第491-2頁／王譯，第255頁。

基本觀念，儘管它常常與其他的觀念混合在一起；其次，恰恰孟子
最為人熟知的名言所表達的正是天意直接決定個人的命運的思想：
「天將降大任於斯人也……」。

我們知道，在新教，尤其在加爾文宗，天意和命運的預定觀念
乃是其倫理觀形成的契機和樞紐，儘管天意和命運的預定在加爾文
宗乃指上帝以其不可思議的神意永恆派定了每個人完全不可探知的
命運。於是，每個人因此在蒙受神恩這一點上是各不相同的，也就
是說在宗教資格上是有等級差別的。韋伯儘管承認儒家確實有天意
和非人格的命運力量，卻認為，儒家沒有人與人不平等資格的經驗。
韋伯說，儒家不承認等級差別的超驗根據。如果這是就「神恩地位」
的宗教性差異而言，那麼韋伯的判斷無疑是正確的。但是，如果拓
寬對非人格的力量決定命運的理解，那麼受命於天的觀念在儒家的
倫理觀確實起著相當重要的作用，而且這樣一種觀念確實也如韋伯
自己所說的，造成了儒家的生活中的緊張；因此，我們可以說韋伯
已經看到了儒家思想極具深意的東西，卻不加琢磨而輕易放過了，
從而失去了使其判斷更加全面和深刻的機會。不過，韋伯認為道教，
尤其老子思想中倒有西方宗教那種神恩地位差別的思想：神祕的領
悟者同凡夫俗子之間的差別，只能是神力天賦的差別。在這裏，一
切神祕主義的內在得救的貴族主義和神恩個別主義都表現出來了：
人的宗教資格差異的體驗。沒有領悟的人，用西方的話來說，站在
神恩之外。他只能而且也需要保持現狀 ❼❾。

比之於有關中國精神的判斷，韋伯對於中國宗教的總體見解包
含更多內在的齟齬，但這似乎不妨礙他得出一般結論：中國的宗教
信仰，無論儒教還是道教，都沒有像清教那樣為個人以宗教為取向

❼❾　《宗教社會學論文集》第一卷，第472頁／王譯，第239頁。

的生活方式提供足夠強烈的動機。在國家祭典和道教祭典這兩種宗教形式中，一點兒看不到魔鬼凶惡的勢力，以致無法讓虔敬的中國人（無論是正統還是異端的），為了得到救贖而起來應戰❽。於是，它們都不是以改造世界而使之符合自己的理想為生活的目的，而只是消極地適應世界。

## 3.儒家與新教的對立

這個結論正是韋伯《儒教與道教》的基本結論。韋伯整個中國研究的主題實際上是多元的，但是這並不妨礙他最後將它們一概匯入合理（理性）主義的主流。在中國研究的《結論》裏，韋伯將合理（理性）主義設定為坐標區，通過比較儒教與新教合理（理性）主義的不同方向，再次強調了這個結論，並且進而將它與現代資本主義的興起與未來發展結合起來考慮。韋伯認為，他因此就可以將中國研究的所有觀點都貫穿起來。

儒教是合理（理性）主義，新教也是合理（理性）主義，那麼這兩種合理（理性）主義之間的關係究竟是怎樣的呢？韋伯提出兩個標準：第一，宗教袪巫的程度；第二，宗教將神與世界之間的關係，以及依此而產生的這個宗教本身與世界的倫理關係，系統地統一起來的程度。

就第一個標準而論，新教已經達到其最高階段，完全徹底地清除了巫術，即使在儀式和象徵的符號中也根除了巫術；不過，這主要是指新教徒消除對於任何巫術操縱的相信，而不是指擺脫迷信，所謂新教的世界徹底袪巫應當從這個意義上來理解。與此相反，儒教並未從積極救贖這一層面來觸動巫術，在道教的巫術圍中，現代

❽　《宗教社會學論文集》第一卷，第490頁／王譯，第255頁。

西方式的經濟與技術受到了絕對的排斥，因為缺乏任何自然科學的
知識。這個巫術園地之所以能夠保留，在韋伯看來，屬於儒教倫理
的最內在的傾向，這就是儒家對於世界上一切事物的中庸態度。清
教則認為，只有倫理合理主義才具有宗教的價值：行為依照神的命
令，並出於對神的敬畏。

　　這樣自然就進到第二個標準。依照基督教的一般理解，神與被
造物和世界的關係，以及宗教本身與現世倫理的關係，是對立的關
係，即肯定與否定的關係，後者服從於前者的關係。人們憑藉各種
否定現世生活的方式，譬如禁慾等拒世的手段，通過祈禱，使自己
的生活符合宗教教義和戒律的要求，使自己功德圓滿，以獲救贖。
但是，韋伯認為，新教，尤其是新教禁慾主義諸派改變了這樣一種
觀念。這裏涉及一個非常詭異的信念關係：新教禁慾宗派在本質上
是拒世的，但是，由於他們的預定論觀念，以及與此密切相關的天
職觀念，他們的拒世方向反而指向現世的工作成就，而這種成就由
韋伯詮釋為謀利；由於工作成就乃是他們已獲神恩的證明，而對於
現世本質上的否定態度使他們能夠排除一切妨礙他們獲得現世成就
的障礙，也就是說，證明神恩這個超驗的根據，保證了經驗中一切
徹底的目標合理的行為的正當性。這是韋伯在《新教倫理和資本主
義精神》裏面給出的詮釋，當然新教徒的行為實際上還受到其他道
德戒律的約束。但是，與《新教倫理和資本主義精神》不同，韋伯
在《儒教與道教》裏面，試圖用宗教來解釋道德的根源，尤其是用
儒教與新教之間宗教性質的差別來解釋他所謂的中國人的道德缺
陷，這是其一。過度強調新教所具的緊張狀態，後者根源於先知或
救世主的宗教。依照這種宗教的學說，神與人，彼岸與此岸，宗教
的原則和倫理與現世的秩序處於對立之中，而緊張狀態就來自於人

意識到神的偉大與人的罪惡，彼岸和宗教倫理的完善與此岸和現世秩序的不完善。這種倫理原則越是合理，人越是以內在的救贖財富為其救贖手段，緊張性也就越大；換言之，神的與宗教的東西愈是理想與合理化，愈受人追求，現世的東西就愈不合理，愈顯其罪惡性。這種意識愈強烈，愈明確，它所產生的支配世界的動力就愈強大；這是其二。

儒家卻正好相反，它的倫理根本就沒有自然與神之間，宗教倫理的要求與人類的不完善之間，今世的行為與來世的報應之間，宗教責任與政治社會現實之間的任何緊張關係。這就是說，儒教並不認為它們之間存在著巨大的對立，因而自然也就不會產生像新教倫理那樣強烈的支配和改造現世秩序的動力，也沒有任何理由不通過純粹受傳統與習俗約束的內在力量來影響生活方式**❽**。直接地說，儒教試圖將與這個世界的緊張性，無論從宗教上貶抑現世，還是實際地拒世，減少到最低程度，就此目的而言，儒教是合理主義的宗教。對於儒教來說，現世是一切可能世界中最好的世界，人性本善，人與人之間，就如事物與事物之間一樣，在原則上是平等的，只有程度上的差別，都能遵循道德原則，而且可以達到完善的程度。於是，韋伯得出一個非常重要的結論：儒教只是適應這個世界**❽**。

在《儒教與道教》裏面，韋伯反覆地從不同角度，以不同材料來論證這個觀點：新教與儒教的對立是顯而易見的，這兩種理論都有它們非理性的要素：在儒教是巫術，在清教則是一個超驗上帝無法究底的意旨；但是，從巫術中只會得出傳統牢不可破的結果，因為行之有效的巫術手段，以及最終所有傳統的生活方式，都是不可

---

**❽**　《宗教社會學論文集》第一卷，第522頁／王譯，第288頁。

**❽**　《宗教社會學論文集》第一卷，第514頁／王譯，第280頁。

變更的——如果要避免激怒鬼神的話❽。儒教同佛教一樣，只是倫理而已。但與佛教截然不同的是，儒家僅僅是人間的俗人倫理；與佛教更加深刻的對立是：儒家適應世界及其秩序和習俗，歸根結蒂不過是一部受過教育的世人的政治準則與社會禮儀規則的大法典；世界的宇宙秩序是固定的、不可冒犯的，社會秩序只是其特例❽，如此等等。

在韋伯看來，如果新教倫理乃是大眾倫理的話，那麼儒教的士大夫倫理，對廣大民眾卻必然只具有限的意義。因為首先教育並不普及，它因地區，尤其因社會階層的不同而存在著巨大的差別；貧窮的民眾極度匱乏地生活在自然經濟之中，而這種生計之所以可能，完全是因為它與儒教的君子理想之間缺乏任何內在聯繫。士大夫對於大眾的生活方式產生的決定性影響是消極的：一方面，它完全阻礙了先知宗教意識的產生，另一方面則幾乎徹底地根除了泛靈論宗教意識裏的狂迷要素，而這些可能至少部分地決定了中國人種族品質的特性；其中主要是儒教社會倫理的冷漠性質，以及它對純粹人際的——家庭的、學生的以及同事的——紐帶以外關係的拒斥，在這裏發揮了作用❽。這裏已經涉及宗教對一個民族，對一個國家的民族性和倫理影響的重大問題，而且韋伯的觀點無疑在人類學的名義之下包藏著種族主義的觀點——這一點且先置而不論，而專注於儒教，或宗教與社會倫理的關係。

---

❽　《宗教社會學論文集》第一卷，第527–8頁／王譯，第255頁。
❽　《宗教社會學論文集》第一卷，第441頁／王譯，第203頁。
❽　《宗教社會學論文集》第一卷，第494頁／王譯，第255頁。

## 4.中國精神的合理主義

筆者在〈分裂的精神和規範的張力〉一文曾指出：「倫理規範和觀念的終極解釋和根據是一個普遍的事實，而終極根據本身卻因文化、宗教乃至習俗的不同而各個有別。不同的終極根據在解釋同樣的倫理規範及觀念時，自然會賦予其以不同的意義，乃至使之具有不同的強弱程度。但是人們並沒有權利根據終極解釋來推斷實際存在的倫理規範和觀念的狀況。韋伯雖然也用許多人的觀察做為自己斷定中國人普遍不誠實的另一個根據，但他實際上並不理解仁、義、禮、智、信在儒家學說及士林階層道德規範中的重要地位，當然也不理解誠信也是中國民間倫理規範的主要內容。」❽

韋伯總是在新教的背景之下突出儒家對中國的社會倫理的消極影響，綜觀他的具體論述，他實際上將幾個雖有關聯卻層次不同的問題混淆在一起。第一，儒家是否與新教一樣，具有形而上學的基礎和追求。這事實上是個聚訟紛紜的問題，但筆者認為，儒家確實具有形而上學的基礎和追求，但由於缺乏邏輯的工具，缺乏系統的、從不同角度進行的研究，這種基礎和追求的實際存在便缺乏理論上清楚的表達。第二，一種宗教，學說與民間的社會倫理的關係。依照歷史的實在，習俗和倫理始終是宗教、社會倫理和學說的根源，即使在這些宗教和學說建造起系統的、理論的形式之後，它們依然構成社會行為的規範基礎。系統的、理論化的倫理規範毫無疑問會對民間倫理規範產生重大的影響，使之合理化和明確化，而基督教通過嚴酷的宗教專制強迫推行的基督教道德對民間倫理規範的影響更是深入和久遠，這是一個事實，但它不能證明，民間的倫理規範

❽　見《中國近現代經濟倫理的變遷》，第96–7頁。

來源於基督教。中國的情況確實與西方，尤其新教地區不同，沒有經歷過殘酷的宗教專制時期，但儒家的思想通過士大夫階層而主導了中國民間的倫理規範和信仰，但是儒家的倫理規範從其源泉上來源於民間倫理習俗，儒家的思想也沒有包羅中國人日常生活的一切倫理規範。

這裏尤其需要予以反駁的是韋伯的這樣一個判斷：中國人普遍不誠實以及人與人之間不信任，韋伯自述其根據來自他所讀到的傳教士的報告。對於這種報告的虛妄和偏見，筆者前面已經反駁過了，無論是《聖經》山上聖訓所立的道德戒律，還是韋伯《新教倫理與資本主義精神》裏面所著力頌揚的那些道德箴言，除了為基督教的一神論信仰所特有的內容之外，都在中國人的精神世界以不同的形式存在著；不僅如此，違背這些道德規範的現象也都在西方，尤其在新教地區以不同的方式存在。然而，韋伯不願意正視這個現實，當他讀到中國大商人十分可信賴的品質時，毫無根據地斷定它們是從外部培植起來的，而不是像新教那樣是從內部發展出來的；他進而推論說，中國的各種倫理品質皆是如此[87]。由此而觀，筆者很願意認為，韋伯及其所據文獻的譯者將孔子說的「民無信不立」之「信」解釋為「信仰」，而非「誠實」和「信用」，乃是著意的合理誤解。韋伯沒有對儒家或其他宗教和學說的倫理規範作出積極的評價，也沒有仔細檢視中國民間倫理規範的正面意義，都可作如是觀。正如高承恕所說：「韋伯所建構的儒家理念類型實是相當帶有歐洲中心的色彩！……在這樣的價值關聯的前提下，韋伯的論點不可避免地是站在西方人及其歷史關懷來觀照、來思考。……我們如果用西方新教當作一把尺來衡量其他宗教，幾乎預先就已注定在其他宗教傳

---

[87] 《宗教社會學論文集》第一卷，第521頁／王譯，第286頁。

統中是缺乏新教所具有的物質了。」❽

　　韋伯前面的斷定還引發一個極其深刻和極具現代意義的問題。如果某一文明的族類或民族的道德品質能夠從外部培植起來，它是否需要這個文明內在的根據？如果不需要，那麼韋伯就必須證明，在新教之前，或者更寬鬆地說，在基督教之前，西方文明之中根本沒有包括誠信在內的德行；如果需要內在根據，那麼在中國文明內部有利於培植這些德行的根據是什麼？這顯然不是韋伯所能夠回答的問題。這個問題的現代性意義在於，假定承認新教地區是現代資本主義及現代化的發源之地，而世界其他地區的現代資本主義和現代化都是後起的，那麼現在的問題是：在其他條件相同的情況下，這些後起的現代化國家發展速度上的差異有無文明的內在根據？這就直接涉及到儒家發展與東亞現代化的歷史與現實關係問題，也關涉韋伯現代資本主義興起理論與中國現代化前景之間的關係。筆者這裏仍將通過詮證韋伯學說來分析這些問題。

　　韋伯的某些觀點和判斷常常依違不定，自相衝突，韋伯的中國研究雖然由於文獻掌握的缺乏，卻由於具有一整套概念手段，並且以其新教研究的理想類型為比較的標準，就能概觀身處中國文化之中的人難以一見的全貌，而得出一些極其深刻而不乏偏頗的見解，這固然大大拓寬了我們的視野，但如果不從整體上來考察其學說，就不免誤入其圈套。因此，在討論韋伯關於中國文化的現代化前景時，我們必須關綜韋伯關於現代資本主義興起以及現代化的全部理論，同時甄綜韋伯有關中國社會和精神的全部論述，兩相比較和分析，才能發現中國文化與現代資本主義，或者說現代性一般特徵的遠景。

---

❽　《理性化與資本主義──韋伯與韋伯之外》，第210–1頁。

　　我們已經看到，西方現代資本主義興起的因素，從合理化的制度到合理性的精神，其中主要的部分並非來源於新教，也不是來源於基督教。新教倫理就如筆者所說，乃是第一推動力，它將所有這些因素整合為一個自成體系、自我運動的資本主義機器，或者更準確地說，以資本主義經濟為核心的現代社會體系。那麼，中國文化之中的合理性因素也必須從這個角度來觀察，而不能局限於儒家思想。就此而言，韋伯固然在《儒教與道教》的整個研究中努力全面地研究中國社會和精神的各個方面，但最後結論還是歸結在儒家一說之上。以為儒家文化可以代表整個中國傳統文化，其實是直至今日還頗為流行的偏見。這種觀點無疑妨礙人們深入客觀地理解中國文化本身所包含的多元性，這就是說，妨礙人們去考察其他學說、宗教、民間倫理習俗和規範對於中國精神和行為的影響。中國社會制度和精神並沒有經過西方宗教專制那種徹底的整合，多元性就是中國歷史實在的本質，而正是這個情勢蘊涵了促進中國社會向現代資本主義發展的某些積極因素。

　　然而韋伯卻無法正確理解這種多元性的積極意義，或者合理性，尤其它與現代社會的親和性。原因是多方面，既有材料掌握的不充分的成份，亦有由於概念手段不足的偏見。譬如，他認為，道教與佛教，至少對俗人而言，沒有成為在社會學上具有決定性意義的宗教團體。因此，只有個人求助於道教的巫師和佛教的僧侶。他一方面不瞭解佛教在中國社會，尤其在經濟文化發達地區的深入而普遍的影響，另外一方面他不能正確把握與基督教教會不同的佛教組織的社會功能，因而得出的結論既與歷史實在不符，亦顯自相矛盾之態；他另外還說過：佛教在倫理史上具有重大的影響，它在中國民間生活中的宗教講道、個人的救贖追求、對報應與來世的信仰，

以及宗教倫理與深入內心的虔誠等方面，畢竟紮下了根。他也注意
到商人接近道教，但除了財神是由道教培植起來的虛辭之外，並沒
有令人信服的說明。他的概念手段、歐洲中心主義和方法的不一貫，
無法讓他的觀察，有些或許是鑑識，得出比較全面和客觀的結論，
而相反從總體上對中國文明，尤其中國人的道德品質做出消極評價。

　　不過，韋伯的依違不定，或者從積極的方面來說，他對歷史因
果聯繫多種可能性的洞察力使他保留了對中國資本主義前景的樂觀
估計。在《儒教與道教》的結尾，韋伯說道：從一切跡象看，中國
人也許比日本人更有能力，採納無論技術上和經濟上在現代文明領
域都已充分發展的資本主義；與西方相比，中國具備大量有利於資
本主義產生的條件；在那些在中國出現的可能或必然束軛資本主義
的條件，有許多同樣也存在於西方，而且恰恰是在現代資本主義形
成的最後時期，比如，官僚制的家長制特徵，貨幣經濟的混亂和不
發達；而通常被我們認為阻礙西方資本主義發展的一些因素，幾千
年來就不見於中國，比如封建制的、莊園制以及部分行會制的因素；
此外，西方特有的妨礙貨物流通的因素，比如壟斷，也很少在中國
存在；競爭各國之間的戰爭和戰爭準備，乃是從古巴比倫和古希臘
羅馬以來的促進資本主義的政治因素，在中國歷史上也屢見不鮮；
但是，如果說現代資本主義發展不再憑藉這種以政治為取向的財富
積累和資本利用的手段，而是和平條件下的自由交換的話，那麼中
國這個世界帝國的和平雖然能夠說明古代的政治資本主義不再存
在，卻不能說明為何沒有出現純粹以經濟為取向的現代資本主義。
韋伯在列舉了上述有利於資本主義的條件之後，得出一個結論：中
國缺乏一種意向，或者說心態，後者雖然受政治與經濟的命運的影
響，但卻是一種重要的阻礙因素❸。其實，即使根據韋伯在別處已

經提到過的事實，這個有利條件的單子就還能增加許多項：比如自由遷徙，自由選擇職業，自由決定生產方式；比如韋伯認為，中國以士大夫為主體的經濟與行政管理是一種合理的管理；又比如韋伯十分強調的中國人異乎尋常地強烈和早就發展的營利欲，無與倫比的勤奮與勞動能力；任何其他國家所沒有的中國工商業者行會組織的強大和不受限制的自治，以及儒教的高傲的、剛強的、理性的、清醒的精神，儒家的合理主義，如此等等。如果，我們再仔細地檢視韋伯的論述，還能找到更多的內容。

　　然而，有一些東西確實是在中國文明中不存在的，或者發展十分微弱的，這就是古希臘追求事物本身及其隱德萊希的形而上學，以及與此共生的徹底理智化的科學及其精神，徹底合理化的技術實驗及其精神，邏輯體系，一神論的宗教及其宗教革命，尤其其中表現出來的支配世界的冷酷無情的欲望，如此等等。這樣，我們至少就可以得出一個與韋伯不同的結論，中國之所以沒有發展出現代資本主義，至少並不僅僅由於缺乏新教倫理所產生的那種心態。沒有古希臘羅馬這一文化傳統，單單基督教文化，單單新教的革命，根本無法發展出現代資本主義，甚至根本不可能出現新教改革這一歷史轉折。如果我們從世界合理化進程來檢視韋伯的中國研究及其與西方的比較，尤其與新教的比較，那麼問題就會更加複雜，因為韋伯的主題在其實際的研究中是多元的。只有在確實一定的合理化方向的前提之下，我們才能夠來分析評判韋伯的研究和學說。就此而論，韋伯實際上是非常明確地將現代社會或現代資本主義的合理性，即目標合理的方向，作為評判中國文明中的合理性因素，以及儒家合理（理性）主義的基本標準，而他最想清楚解釋的是：儒家為什

❽⁹　《宗教社會學論文集》第一卷，第535–6頁／王譯，第300–1頁。

麼沒有產生此類合理（理性）主義的決定根據，或者說，基本動力。

韋伯的研究確實別開生面，為我們打開了全新的視野，這一點我們已經比較清楚了；而他中國研究的方法論問題以及他的誤解和偏見，筆者也已在相關的具體分析中適時指出了。這裏再分析一個事關整個研究的偏差。如果從文明與宗教的比較研究角度來考察《儒教與道教》，那麼要使比較具有歷史—社會的對等性，儒家的比較對象就不應當只是新教，而應當包括整個基督教，因為新教只是基督教之中的一個派別，而儒家本身也包括許多派別。韋伯以基督教最具資本主義精神的新教來與整個儒家相比較，儒家之中的傳統主義和不合理的因素就會顯得特別的突出。即使整個儒家之中沒有像新教一樣的改革派，韋伯也必須對基督教與儒家作出整體的比較，分析儒家為何沒有產生此類變革的可能的歷史因果關係，更不用說儒家確實有革新派別的存在。此外，儒家即使從整體上看，似乎包含著阻礙原發資本主義的因素，就像基督教從整體上看也有同樣的性質一樣，但是這並不意謂儒家的具體派別就不可能通過某種「改革」導致積極的「心態」，就像傳統的馬克思主義從整體上來說是排斥市場經濟的，但這並不妨礙鄧小平思想恰恰造就了中國市場經濟全面發展的大氣候。

韋伯現代資本主義興起的學說現在所面臨的種種批評和挑戰之中，有一種學說對於匡正其中國研究的缺陷，並且解釋中國何以沒有原發的現代資本主義，極具啟發意義，這就是以法國年鑑學派和華倫斯坦的世界體系理論為代表的整體主義觀點。依照這種學說，資本主義的形成與擴張，是西方在中世紀以來許許多多內在和外在條件的際會和相互配合之下的一種獨特的發展。這些條件不可能，也不會在其他非西方的地區出現。在這些條件中，地理環境、政治

結構，甚至氣候變化都各自有其獨立性及決定性，它們與經濟因素
一樣重要；決定歷史變遷的因素是多元的，而不能化約為某一種單
獨的因素，無論它是經濟的，精神的，還是政治的。筆者需要強調
的是，在這種整體主義的觀點之下，關注某些因素歷史的和地理上
的際會，仍然是必要的，而且有效的，因為注意到諸多因素並非均
衡地發揮作用，而確實存在著歷史的契機，不僅是理論的需要，而
且才能夠解釋歷史為什麼會在特定的時期和地理條件下向特定的方
向變化。

# 第五章 政治理論與政治態度

## 一、政治理論

　　韋伯生前沒有形成完整的政治社會學理論，然而，政治理論研究在韋伯的學說中占有相當大份量和重要的地位。我們看到，僅在《經濟與社會》之中，直接的政治理論研究就有《政治共同體》、《統治社會學》、《統治的類型》、《等級與階級》等專題，此外還有由溫克爾曼摘編而成的《國家社會學》；除了這些專門的理論研究之外，韋伯許多政治論文也直接討論政治理論問題，譬如《作為職業的政治》就簡明扼要地討論了政治和國家的定義等等。再者，韋伯其他領域的研究也經常涉及具體歷史—社會境域中的政治理論問題，比如《經濟史》和《儒教與道教》。韋伯的政治理論研究與他的別的研究一樣，牽涉很廣，但由於其中不少文字並非最後定稿，所以思想的成熟程度和研究質量參差不齊。然而，其中卻有十分傑出的研究，韋伯關於統治類型，官僚制的學說是公認的無與倫比的成果，而它們也正是筆者在這裏所要論述和分析的主要內容。

## 1.政治與政治共同體

　　韋伯的政治理論固然牽涉甚廣，他對作為理論對象的政治活動的規定卻十分簡古。在《作為職業的政治》的講演的開場，韋伯指出：政治一詞，覆載極廣，每一種自主的領導活動都包羅在內。人們可以說銀行的匯兌政治（策）、帝國銀行的貼現政治（策）、工會的罷工政治（策）、城鄉的學校政治（策）、協會主席的領導政治（策）、精明的妻子影響其丈夫的政治（策）。韋伯上述發揮是就德文政治(Politik)的雙重意義而言的，即它既有政治一義，亦包含政策一義。然而，德文政治一詞的本義直接來源於希臘文，指治理國家的技藝，比如亞里士多德的《政治學》就是這個意思。韋伯所謂的政治也是取此一義，所以它就是指「領導一個政治團體即今天的國家，或對這種領導的影響」❶，而其他衍生意義不在其政治理論的討論之內。

　　無論領導國家，還是影響這種領導，其實際內容就是爭取權力，所以韋伯說：「政治」就是爭取分享權力或者爭取對權力的分配施加影響，而不論它是國家之間的權力分配，或者國家所覆載的群體之間的權力分配。這基本上也符合習慣用語。如果談到一個問題時說它是一個「政治的」問題，談到一位部長或官員時說他是一位「政治」官員，談到一項決定時說它是受「政治」制約的，那麼這總是指如下一個事實：權力分配的利益、權力保護的利益或者權力轉移的利益，對於回答這個問題，或者確定有關官員的工作活動領域，或者制約這個決定，乃是舉足輕重的。誰在搞政治，他就在爭取權力：或者作為服務於其他目的——理想的或者利己主義的——權力，

---

❶　《政治論文集》，第505頁。

或者「為權力而權力」的權力：為了享受權力帶來的威望感❷。韋伯的這個規定可以說是價值無涉的，因為在這裏他將運用權力的目的放在一個無關緊要的地位；就此而言，他純粹是從技術和藝術的觀點來界定政治活動的。政治權力分配的合理模式在韋伯看來應當是競爭意義上的鬥爭，從這個意義上來考察，那麼一切政治的本質就是鬥爭，徵募盟友和自願的追隨者❸。

　　在韋伯政治學說裏，政治活動是以國家為其基本領域的。那麼什麼是國家呢？如果綜觀韋伯的全部學說而從頭說起，我們就必須從人類的各種共同體討論起，然而篇幅不允許筆者如此做。簡明的辦法就是直接檢視韋伯關於這個領域的論證。於是，我們就看到，政治與國家直接關聯，而國家最鮮明最獨特的特徵便是它與暴力的關係。在韋伯政治理論的一般論述之中，政治、政治共同體（團體）、國家、暴力等概念是始終密切關聯而互相倚賴的。在《政治共同體》、《統治社會學》、《統治的類型》和《國家社會學》中，從不同的角度以不同方法對這些問題的研究，使得這些章節在內容上頗多重複，但也讓人們看到這些問題是如何在不同方式的考察之下呈現出不同的側面的。

　　如果以理論的嚴格性要求來考察，政治共同體並不就是國家；當韋伯用《政治共同體》來命名其以研究國家理論為主的文字時，他所考慮的是這個名稱更為一般的意義。然而在其具體的行文之中，韋伯常常將這兩個概念等同起來使用，不僅如此，在這個題目之下韋伯所研究的無非就是國家理論。正是從這個意義上來說，溫克爾曼將其所編輯的《統治社會學》的第八節《合理的國家強制機構和

❷　《經濟與社會》下卷，第731–2頁。

❸　《經濟與社會》下卷，第784頁。

現代的政黨與議會》加上「國家社會學」的副標題就顯得頗不合適，至於他對韋伯原稿的增添是否得當，則是另外一個問題。

那麼什麼是政治共同體呢？韋伯所理解的政治共同體是其行為以如下方式進行的共同體：一片領土——不一定是有絕對永恆的和固定邊界的區域，然而始終可以用某種方式確定其界限的區域，以及長久地或者也包括暫時地居於這塊領土上的人的行為，準備通過採取有形的暴力（一般也包括武力），以讓其成員對這片區域進行井然有序的統治，或者可能為他們拓殖疆土。為了強調這種統治的政治特點，韋伯說，只有當政治共同體不是一個純粹的經濟共同體時，即它擁有的制度不是調節經濟對貨物和勞動效益的直接支配時，它才是存在的。除了暴力統治領土和人民以外，共同體的行為還有什麼其他的內容，無論「強盜國家」、「福利國家」、「法治國家」，還是「文化國家」，對於理論研究來說，都是無關緊要的。由於政治共同體影響的強烈性，它特別有能力包攬一切團體行為種種可能的內容，而且事實上，世界上恐怕沒有什麼東西不曾在一定的時間和一定的地點成為政治共同體行為的對象❹。

在《作為職業的政治》的講演裏，韋伯指出，在社會學上，國家不能用它的活動內容來規定，因為沒有哪項事務曾在某個時候不為政治團體接手過；另一方面，也沒有哪項事務始終是完全由國家獨占的。於是，界定國家的唯一有效方式就是從其所使用的手段的特殊性上來著眼：對於有形暴力的獨占。「國家就是在一個固定的疆域內自主地肯定對於合法的有形暴力的壟斷。對於當代來說特殊之處在於：只有在國家允許的情況下，其他團體和個人才有使用有形暴力的權利。因此，國家是暴力權利的唯一來源。」❺上面所引兩

❹　《經濟與社會》下卷，第218頁。

處文字說明：第一，政治共同體的本質行為就是國家的行為，但政治共同體也將其他類似國家的政治團體也囊括在內；第二，韋伯以對有形暴力的壟斷和暴力權力的唯一來源界定國家，其思考背景主要是歷史的和現實的西方社會，尤其是現代西方社會，而頗不適合於比如像中國這樣的國家；第三，有形暴力不是國家正常的或唯一的手段，只是它的特有手段；第四，國家是在一定區域的人類的共同體，因此區域屬於國家的基本特徵之一❻。

但是，共同體的暴力行為本身是一種原始的東西，從家族共同體到政黨，為了保護其成員的利益，只要有需要和可能，都訴諸有形的暴力。現代發展的結果乃是政治共同體對合法暴力的壟斷，以及它合理地社會化為一種強制機構。現代國家的各種基本職能都是發展的產物，它們包括：法律的確立（立法），保護個人的安全和公共秩序（警察），保護業已獲得的權利（司法），維護健康衛生、教育、社會政策和其他文化利益（行政管理的不同部門），以有組織的武力防禦外犯（軍隊組織）❼。這種發展過程實際上就是國家的形成和政治共同體合理化的過程，而其核心就是合法的暴力壟斷，換言之，在合理的法律秩序之下建立有形暴力運用的規則。

政治就是在這樣一種政治共同體內追求分享權力的行為及其技藝。人們大概早已想到一個問題，這就是，人為什麼要追求權力？政治共同體的權力追求的動力不止一個源泉。首先是自然的、到處直接存在的經濟利益；其次韋伯特別強調一種特別的動力：權力可以成為其成員要求一種特殊「威望」的基礎，而這種要求又影響政

---

❺　《政治論文集》，第506頁。

❻　《經濟與社會》下卷，第731頁。

❼　《經濟與社會》下卷，第221頁。

治共同體對外的行為。所謂威望，是指統治其他政治共同體的一種榮譽，即「權力擴張」。體現這種權力擴張的政治共同體就是所謂的「強權」❽。將強權視為國家權力的一種動力，正是那個時代的西方人，尤其德國人的普遍心態。韋伯本人就具有強烈的民族擴張主義，這一點我們後面將要談到。

西方現代國家的形成是以民族國家的形式出現的，所以在國家理論的研究之中，民族問題往往具有相當重要的地位，然而這不是韋伯的關切所在；韋伯在否定民族所有肯定性的規定之後，認為它不是一個清楚的概念。在韋伯的時代，由於馬克思主義在理論和實踐兩個層面的巨大影響，階級和階級鬥爭成了政治理論，尤其是國家理論的主題和主要的概念手段，但它們並不受韋伯的重視，然而馬克思經濟基礎決定包括權力結構在內的上層建築的觀點，卻無時不刻地影響著韋伯論證的思路。韋伯的中心關切乃是權力的結構和運作，換言之，即統治的結構形式和運作方式。

## 2.統治類型

韋伯認為，統治乃是權力的特殊情況。一般而言，統治乃是共同體行為最重要的因素，儘管並非所有共同體都顯示出統治的結構。在大多數情況下，正是統治及其實施的方式，才能使某種無定形的共同體發展出合理的社會化；尤其在過去和現在經濟上最為重要的社會結構，即采邑和大型資本主義企業中，統治發揮了決定性的作用。儘管韋伯認為，統治並非僅僅用來追求經濟利益的，而且並非任何的統治都是憑藉經濟的手段建立起來和維持下去的；但他還是承認，在絕大多數統治形式中，而且恰恰在其中最重要的統治形式

---

❽　《經濟與社會》下卷，第227-9頁。

中，情形就是這樣，而且達到了如下的程度：為了保持統治，利用經濟手段決定性地影響統治結構的樣式。這樣，韋伯的觀點實際上非常接近了馬克思的觀點。不僅如此，韋伯還指出，所有經濟共同體，尤其其中最重要的和最現代的共同體中的絕大部分，展示了統治結構。另一方面，統治結構的關鍵特徵並不與經濟結構的任何具體形式的明確樣式相關聯，但是，統治結構仍然既是具有重大經濟意義的因素，亦以某種方式受到經濟條件的制約❾。

　　按照韋伯在《社會學基本概念》裏面的定義，統治是指如下一種行為：某個特定的命令，或者所有命令，為一定群體所服從。如上所說，並非任何統治都利用經濟手段，亦非任何統治都有經濟目的。對於多數人的任何統治，一般都需要一套人馬，即行政管理組織，亦即有一個特定的班子，能夠受託去執行一般的政策和特定的命令。於是，這裏就涉及行政管理班子與統治者的服從關係。這種服從或者出於習俗，或者出於純粹的情緒，或者出於種種物質利益的複合體，或者出於理想的（價值合理的）動機。在日常的情況下，習俗和物質利益，即目標合理的利益，支配著統治者與行政管理班子的關係；而在異常的情況下，決定性的動機可能是情緒的或價值合理的。但是，所有這些動機都不能構成統治的一個足夠可靠的基礎。除此之外，通常還需要一個進一步的因素：對正當性的相信。韋伯強調，任何統治都企圖喚起並維持對其正當性的相信。韋伯這個獨特的觀點就構成了他的統治類型學說的一個基本命題。韋伯說，依照人們對正當性的要求種類，服從的類型、為保證這種服從而建立的行政班子、實施威權的樣式，在根本上都是不同的。因此，它們的實際效果也是根本不同的。在這種情況之下，區分統治的類型

❾　《經濟與社會》下卷，第264頁。

的有效方法，就是以人們對正當性所提出的各種要求為依據❿。

需要解釋的是，韋伯在《經濟與社會》裏還提出了統治類型的另外一種劃分，它與這裏所提出的標準和歸類不盡相同，頗有出入，這一點在下面行文的適當位置將得到展開的分析；這裏我們將先來檢視韋伯關於正當統治三種類型的學說。

既然正當統治的類型是根據對於正當性要求的種類來確定的，那麼對正當性的不同要求也應該有其根據才能為人接受而行之有效，這就涉及各種要求有效性的不同根據，而這些根據從根本上確定了不同的統治類型。

有效性的第一個根據是合理的根據：相信所頒布的法規的合法性，相信在這些法規之下那些被提升的統治者發布命令的權利的合法性。以此為有效性根據的統治類型就是合法統治。有效性的第二個根據是傳統的根據：相信自古以來的傳統的神聖性，相信在那些傳統之下實施統治的人的正當性。以此為有效性根據的統治類型就是傳統統治。有效性的第三個根據是神力的根據：獻身於某位個人的神聖性、英雄主義和榜樣品格，以及由他啟示和頒行的規範模式和秩序的神聖性、英雄主義和榜樣品格。以此為有效性根據的統治類型就是神力的統治。韋伯在給出上述規定之後解釋說，這三種統治類型的每一個，在歷史上都沒有以其純粹的形式出現過，這就是說，它們是韋伯所建立的統治行為的理想類型，是一種概念手段；這一點是我們在研究韋伯學說時不可忘記的一個方法論前提。下面我們分別檢視這三種統治類型。

合法統治主要是一種現代的統治形式，它實際上以相當複雜的觀念為其前提：⑴任何通過一致同意而達成的或強加的法律，都有

合理的指向，即或者具有目標合理的指向，或者具有價值合理的指向，或者兩者兼而有之，它們制訂成文，並且要求至少共同體的成員服從，一般也要求處於這個權力領域之內的其他人也服從。(2)任何法律在本質上都是一些抽象規則內在一致的整體，它們是以規範的方式有目的地建立起來的；所謂司法就是將這些規則應用於具體的案例；所謂行政管理就是合理地追求存在於如下那種秩序中的各種利益，這種秩序支配在合法的指令所劃定的界限之內的組織，並且遵行如下一些原則：它們能夠化為一般的公式，並為了支配這個團體的目的而得到批准，至少不會遭到反對。(3)於是，典型的合法統治者，即上級，在他發號施令時也要服從一種非個人的秩序，即以此校正自己的行動。這一點也適用於並非通常意義官員的那種統治者，比如，一位選出的總統。(4)一個人只有在他有能力成為共同體的成員時才服從統治，而且他所服從的乃是法律。(5)由此，共同體成員服從統治者，並非服從他個人，而是服從那些非個人的制度，因此僅僅在由制度賦予他的、有合理界限的事務管轄範圍之內，才有義務服從他。

上述觀念一方面就是對合法性的要求，另一方面也就是對這些觀念有效性的確信。如果那些觀念缺乏有效性，或者為其成員所懷疑，那麼統治的正當性就會失去基礎。根據上面的信念，合理的合法統治就應當具有如下一些基本特徵：(1)行政的（職務的）事務持續的、受規則約束的運作。(2)具有特定的權限範圍，這包括：(a)有職責去發揮按照分工體系所規定的功能；(b)設置賦以必要權力的現職；(c)確定許可的強制手段和使用強制手段的前提條件。這就構成了照章辦事的機構。(3)職務等級原則，任何機構都有固定的監督和監察制度，下級機構都有權向上級機構投訴或提異議。(4)行政過程

的規則是：(a)技術性的規則，以及(b)準則。為了完全合理地應用規則，就需要專業培訓；只有經過培訓且合格者，才有資格加入一個行政管理班子，才允許被任命為官員。(5)行政管理成員必須同生產工具或行政管理工具的所有權完全分離；職務機關（企業）的財產（以及資本）與私人財產（家計）完全分開；職務場所（辦公室）與住所完全分開。(6)就其合理的類型而言，完全沒有在任者對職位的獨占；所授予的職務不服務於私人目的，而服務於受準則制約的工作。(7)行政管理檔案制度：各種預備性討論、動議和決議、形形色色的指示、法令都用文字記錄下來。韋伯這裏指出現代社會的一個重要事實：檔案和行政官員的持續運作結合在一起，就使辦公機關成為任何現代團體行為的核心。(8)合法統治類型可以有其極為不同的形式，而其最典型的統治結構就是官僚制⓫。下文我們將專門檢視韋伯的官僚制學說，此處且先不論。

合法統治可以說是統治形式合理化的現代產物，它體現了合理性的基本性質：形式化的，非個人的，可計算的即可預期的運作過程。在這樣一個統治類型裏，行政管理班子及其成員，從信念上來說，只是服從法律或者規則，他們聽從某個具體當權者的命令和指示，完全是出於遵守規則，而不是由於個人的緣故。正是在這一點上它與其他兩種統治類型有著根本的區別。

望文生義，傳統統治就是依照傳統而運作的統治。韋伯的定義當然要更加精確一些：傳統統治的正當性要求建立在遺傳下來的（自古就存在的）制度和統治權的神聖性，以及對於這種神聖性的相信之上。統治者（或若干統治者）是依照傳統規則指定的，也是因為他們傳統的特殊尊嚴而受到服從的。這類有組織的統治首先是以個

---

⓫　《經濟與社會》上卷，第242–5頁。

人的忠誠為基礎的。統治者不是「上司」，而是個人的主子。他的
行政管理班子首先不是他的官員，而是他個人的家臣，被統治者不
是共同體的成員，而是他傳統的「同志」，或者臣僕。行政管理班
子同主子的關係，不是職務上的事務關係，而是臣僕的個人忠誠。

　　在這種關係裏面，服從不是指向頒行的規則，而是指向由傳統
或由傳統的主子所選定的當權的個人。這位個人的命令的正當性只
限於兩種方式：⑴部分根據傳統；傳統明確決定法令的內容，而且
傳統也為人相信在一定的意義和範圍是正當的；這個界限是不能逾
越的，否則統治者本人的傳統地位就會不保。⑵部分根據統治者的
任意專斷，傳統為這種任意專斷保留了一定的餘地。這種任意專斷
首先依賴於如下一個事實，個人服從的義務實質上有不受限制的趨
勢。於是，就存在著一種雙重的王國：⒜實質上受傳統約束的行為
王國，⒝實質上不受傳統約束的行為的王國。在後一個王國裏面，
統治者常常是為所欲為的。統治者當然也會依照原則行事，但這些
原則具有實質上的倫理公正和平等的特徵，或者具有功利主義便宜
行事的特徵，而不像在合法統治之下那樣，乃是形式的原則。韋伯
認為，在純粹的傳統統治之中，通過立法深思熟慮地制訂法律和行
政規則，是不可能的。即使實際上新制訂的規則，也要聲稱是向來
就是可行的，只是以某種手段加以確認而已。這就是說，任何規則
都需要從傳統那裏獲得正當性的根據。

　　這類統治，或者不憑藉行政管理班子，或者憑藉行政管理班子。
如果是後一種情況，那麼在其純粹的類型中，它的行政管理缺乏如
下的特徵：⑴按照事務規則確立的、固定的權限；⑵固定的、合理
的等級制度；⑶在自由契約基礎之上有規則的官員任命，有規則的
晉升；⑷專業培訓；⑸（經常地）固定的薪水和（更為經常地）貨

幣薪水。我們看到，傳統統治的行政管理所缺乏的特徵或制度，都是合法統治的行政管理所具有的。我們必須注意的是，韋伯這裏所說的傳統統治的純粹類型，它是韋伯自己構造出來的理想類型，而未曾在歷史或現實中實際存在過。

韋伯認為，傳統統治的原始類型沒有個人的行政管理班子，它們或者是老人統治，或者是原始的宗法制。由於沒有行政管理班子，所以共同體的成員還是同志，而非臣僕。這種同志關係的根據是傳統，統治者與被統治者雙方都受傳統的約束。隨著行政管理班子的建立，任何傳統統治都趨向於家長制。家長制的極端情形就是蘇丹制。這時候，成員就成了臣僕。等級制是家長制的一種形式，這種傳統統治類型有一個重要的特點：其行政管理班子占有一定的統治權力和相應的經濟機會。占有的方式可以有如下兩類：⑴由某一團體或具有一定特徵的某一類人占有；⑵由個人占有，即終生占有，也可以繼承占有或作為自由財產占有。因此，在等級制的統治之中，統治者選擇其行政班子的自由受到限制。

傳統統治類型包含若干特殊的類型，其中最主要的就是家長制統治，然而家長制統治無非是宗法制統治的特例。對這個統治類型的研究乃是韋伯的統治社會學研究中用功最多，收穫頗豐的一個領域。這個領域的研究也是韋伯統治類型學說的礎石之一，它提供了《儒教與道教》有關中國政治研究的理論基礎。對於中國傳統社會的基礎結構以及政治、經濟制度與儒家之間的關係，韋伯之所以達成不少鑑識，頗得益他這方面相當深入的研究。同時，中國傳統社會統治形式的自成一體，實際上對韋伯的學說也是一個重大的挑戰。韋伯雖然為自己的學說預留了相當大的迴旋餘地，然而一種理論的例外太多，它的解釋能力就會大為減弱。

　　比如，前面提到，韋伯認為傳統統治典型的行政管理缺乏五個特徵，但是其中的若干，如(1)按照事務規則確立的、固定的權限，(2)固定的、合理的等級制度，(5)固定的薪金和用貨幣支付的薪金，中國傳統的官僚制度並不缺乏，或者恰恰相反，有些正是中國官僚制度的基本特徵。由於具有這些特徵，被韋伯歸入傳統統治類型的中國等級制的家長制官僚制度就具有了合法統治的行政管理特徵。韋伯所列舉的合法統治行政管理的七點特徵都可以在中國傳統官僚制度之中發現，儘管它們是以非純粹的形式存在的，但第八點正是說明這種非純粹性乃是實在的本來面貌。韋伯在分析了古埃及，西方中世紀乃至近代等典型的家長制統治之後，不得不承認說：中華帝國則是一種根本不同的類型 **⓬**。當然，筆者並不認為中國傳統的官僚制度已經演化成現代的官僚制度，這與韋伯的觀點是一致的，而是指出，韋伯的學說，至少對統治類型的行政管理的規定，尚有概括性和獨特性方面的重大缺陷，因為如果如此獨特、持久而有效的中國傳統行政管理類型，在韋伯的學說裏面不成為典型，而僅具過渡的乃至邊緣的意義，這不能托辭於中國文明的獨特性，而只能委過於韋伯學說的理論的和價值觀念方面的缺陷。

　　韋伯關於家長制統治類型的許多具體判斷和規定也都與中國傳統社會的情況相去甚遠。比如，韋伯認為，家長制的職位缺乏(合法統治的）官僚制那種對私人領域與職務領域的區分，因為政治的行政管理也被看作是統治者的純粹個人的事務。人們雖然批判中國傳統的統治是家天下，但是，中國的帝皇制度按其規範是將家庭事務與國家事務區別開來的，所以太監干政在中國向來被指責為不正當的做法，儘管它是歷史上屢見不鮮且惡名昭著的現象。又如，韋

**⓬**　《經濟與社會》下卷，第371頁。

伯認為，家長制官員的收入是不穩定的，他們經常性的、正常的收入是實物津貼，可能還有土地租息和收費，以及在有特別的功勞或者統治者情緒特別愉快時，統治者的饋贈等等❸。但是，中國歷代的俸祿，雖然各有變異，乃至不給付和貪汙受賄，卻是有一定的制度和標準的，甚至退休官員都有一定的俸薪給付制度❹。

　　不過，儘管大可商榷的觀點還可以列舉許多，有些相關的問題我們在論述官僚制還會涉及，但韋伯對於中國傳統統治弊端的某些見解確實深刻，比如，他關於中央與地方權力分配提出了一個令人難忘的觀點：中華帝國的官員階層儘管有其一致性，但是無論從中央到地方，以及上下級行政管理之間並未形成有機的整合，由此產生了現代中國行政改革的最重要的問題：中央政府和地方政府如何合理地分配財稅收入，中央與地方權力的合理劃分。我們看到，這依然是今天中國行政改革的目標所在。

　　作為《經濟與社會》一書的特點，韋伯關於統治類型的研究，始終是與廣義上的經濟聯繫在一起考察的。韋伯認為，傳統統治的類型一般對經濟具有消極的影響。其中的家長制類型，不僅由於它的財政政策，而且首先由於它的行政管理的普遍特性，給合理的經濟造成障礙：(1)由於傳統主義妨礙制訂形式上合理的、持久可靠的，因此也是在經濟影響方面可以預計的章程；(2)由於典型地缺乏受過正式專業訓練的官員；(3)由於統治者及其行政管理班子在實質上任意專斷和為所欲為的領域很廣——同時，可能的貪汙受賄只不過是

---

❸　《經濟與社會》下卷，第360頁。

❹　鍾興永：《中國古代退休制度述略》，載《光明日報》，1998年5月29日第七版。此文認為，退休制度是中國古代官僚制度的一個重要組成部分。

收取管理費用權利的章法無度的變種；⑷由於整個宗法制和家長制固有的傾向，即它們傾向於以物質——以功利主義的或社會倫理的或者物質的「文化」理想——為取向的經濟調節，即突破經濟上形式的、以法學家們的法律為取向的合理性**⑮**。韋伯的判斷對於處於現代化變革過程之中的各種政權機構仍然是有效的，這正是人們至今仍然必須重視韋伯的主要原因之一。

第三種統治類型是神力統治。何為神力？韋伯說，它應該是指某個人所謂非凡的品質，不論體現在先知身上也好，體現在精通醫術的或者精通法學的智者身上也好，還是體現在狩獵的首領或者戰爭英雄也好，它原先都被看作是受巫術制約的。因此，他被視為天份過人的，具有超自然的或者超人的、或者特別傑出的、任何其他人無法企及的力量或素質，或者被視為神靈差遣的，或者被視為楷模，因此也被視為「領袖」。當然，至於將如何從任何一種倫理的、美學的或者其他的立場，來客觀正確地評判相關的品質，這在概念上完全是無所謂的：唯一的關鍵是，接受神力統治的人即追隨者們對這種品質實際上作出何種評判**⑯**。

神力有效性的決定性因素是被統治者的承認。承認是自由地做出的，並且由實際的證驗，起初總是奇蹟，來保障的。這種承認就在於獻身於相關的啟示，對英雄的崇拜，或對領袖的絕對信賴。韋

---

**⑮** 《經濟與社會》下卷，第267頁。

**⑯** 《經濟與社會》下卷，第269頁。根據此處所引的這個定義，筆者將Charisma一詞譯為神力；倘若譯為魅力，那麼無論「魅」的本義，還是「魅力」的現代意義都大大弱於Charisma所強調的這樣一種特性：非常人所能企及和理解的神授異稟。音譯成「卡里斯瑪」或「奇里斯瑪」既不達意，也不洗練，與其他詞語組成詞組時頗為彆扭。

伯說，在這裏承認不是神力統治的正當性的原因；關鍵是證驗。倘
若實際的證驗不能持久，就表明蒙受神力者為神所拋棄，或者喪失
了他的魔力，他的英雄力量；倘若他長久未能取得成就，尤其他的
領導倘若沒有給被統治者帶來幸福安康，那麼他的神力性的權威就
會消失。這就是神恩賜的神力的真正意義。韋伯將中國皇帝在遇到
重大天災時下詔罪己，或者被迫讓位，當作證驗決定神力的正當性
的實例。

　　臣屬於神力統治的有組織的團體就是神力共同體，它是建立在
一種共同的情感之上的。神力統治的行政管理人員不是官員，也不
是按照等級或按與宗族或個人的依附關係來選擇的，而是按照神力
的品質選擇的：比如，有先知就有信徒，有軍閥就有親兵，有領袖
就有追隨者。神力統治與其他統治類型都是截然對立的。它幾乎完
全沒有合法統治，尤其不具備官僚制的那些特徵。它沒有任命也沒
有罷免，不講資歷也不講升遷，領袖根據直覺，依照被召喚者的神
力資格予以任用；沒有等級制，沒有權限，更沒有薪俸；總而言之，
沒有行政管理機構，沒有法律和規則，也沒有傳統的約束。它唯一
的，或者根本的積極作用就是：當下創立法律，創立新的規則；為
這種創立提供根據的是啟示、神諭、靈感，或者是為各種共同體所
承認的具體的創造意志。由於這種創造，神力領袖們之間就會出現
鬥爭，鬥爭的結局必定是只有一方被承認為正義的，而另一方則被
宣判為罪惡的。

　　在三種統治類型之中，就受制於可以推理分析的規則而言，韋
伯認為官僚制最為合理，神力統治因為毫無規則可言，所以最不合
理。傳統統治因為受以往的傳統規範和習俗的約束，因此也是以規
則為取向的，並且是保守的，而神力統治意在推翻歷史，創立新法，

就此而言，是特別革命的。從這個意義上來說，神力領袖覆載甚廣，從先知，戰爭英雄直到由平民選出的神力統治者，革命領袖，宗教領袖，都包括在內。由於這種與日常的形式合理的生活格格不入的革命性，神力統治就具有極強的反經濟特性，它不會通過有目的的、持續的經濟活動來獲取收入。韋伯指出，《聖經》裏面保羅針對傳教士的寄生生活所說的「不勞動者，不得食」，決不是對經濟的肯定，而是指他們負有義務。

韋伯指出，在受傳統束縛的時代，神力是巨大的革命力量。這種革命力量與理性不同，它是發自內心的改造，改造的動力來自於改造者的困頓、衝突或激情。它會造成核心態度和行動方向的徹底轉變，從而對於世界上各種不同的問題的一切態度會有全新的指向。在前合理（理性）主義時代，一切行動的指向都由傳統和神力兩者窮盡了。理性同樣也是革命的力量，但它恰恰從外部發揮作用，通過改變生活處境及其問題，最終藉此改變人們對這種處境和問題的態度。按照韋伯的分析，新教在西方的歷史上實際上一方面發揮了神力的革命力量，另一方面發揮了理性的革命力量。這就是新教學說的弔詭之處，而且也是韋伯對神力頗多仰慕的原因。不僅如此，韋伯對於神力性的力量，還有更深一層的精神寄託：在合理化了的現代資本主義自動機裏面，人們已經完全受了外在的力量，比如物質的控制，沒有能力走出這種麻木不仁的境地，而來自某種新的先知的聲音或許有可能重新喚起人類的精神追求，成為突破這種新傳統的革命力量。這就是韋伯在《新教倫理和資本主義精神》結局處所表達的情懷。

然而這是否意謂歷史要再一次重演傳統與革命的循環呢？尼采說，萬物永恆回歸。於是，神力必然要歸於平凡。在論及如斯巴達

那樣的軍事共產制度的基礎不可避免地要受到侵蝕而瓦解時，韋伯說過一段令人難忘的話：「在從感情上猶如暴風驟雨的、對經濟陌生的生活到在物質利益的瘋狂襲擊下緩慢地窒息而死亡的道路上，任何一種神力都無可逃避，在其存在的每時刻，它都行進在這條道路上，而每增加一個時刻，它就在這條道路上走得更遠。」**⑰**

　　神力統治及其追隨者的生活方式都是非常規則的，而維持這種狀態的前提就是神力領袖的神力品格的證驗。因此，純粹的神力統治是不穩定的。無論是統治者，還是追隨者都希望變更，把神力和對統治者的天賜神力，從非常時間和非常人物的一次性的、外表上容易消失的、自由的恩賜，變為日常生活和持久性的財富。但是，這樣一來，統治結構的內在性質就會無情地發生變化。神力領袖及其追隨者向哪個方向轉變，這對於理論考察是無關緊要的。關鍵之點，亦即構成變更的轉折的樞機在於，神力的存在形式總是聽任日常生活條件和統治著它的政權，首先是經濟利益的擺布**⑱**。於是，無論是追隨者想使通過神力品格及其證驗而建立的共同體長久維持下去，還是神力領袖缺位而需要繼承，這種神力品格的維持都要與規則發生聯繫。在這種情況下，傳統就出現了**⑲**。韋伯更重視由繼承而引起的神力平凡化的過程，我們在現代社會中仍然能夠找到與此大體符合的歷史事件。在這個過程中，行政管理班子也傾向於平凡化，不僅人員招募的方式，而且行政管理機構的設置，都不僅逐漸有規則地進行，而且都向著傳統統治類型，尤其向著等級制類型和官僚制演變**⑳**。

---

**⑰**　《經濟與社會》下卷，第456頁。

**⑱**　《經濟與社會》下卷，第457-8頁。

**⑲**　《經濟與社會》上卷，第275頁。

在現代社會，神力統治亦以其典型的方式發揮作用，這就是政黨活動和平民表決的民主。在現代社會裏面，這種統治類型限制了民主這種管理形式所能達到的合理化的水平。但是，它對於現代官僚制的影響並非僅是消極的。這就涉及民主制度與現代官僚制度之間相當複雜的技術與信念之間的關係，而這一點正是下面所要討論的官僚制的一個重要內容。

# 二、官僚制

韋伯整個學說體系為他的具體研究、觀點和理論提供了多種觀察和詮證的可能性。官僚制也是一樣，人們可以從許多不同的理論維度，歷史因果關聯中來檢視它，從而對它獲得不同的認識。比如，倘若從世界合理化進程著眼，人們就會看到官僚制是行政管理合理化的一個典型，如果尚不能稱為極致的話，而且它也是目標合理的行為普遍化的體現；倘若從統治類型變遷的角度著眼，那麼它是現代最普遍最合理的統治類型。筆者這裏的檢視就是從後一種觀點切入的，即討論它作為一種統治類型的一般特徵。然後，我們再考察它在現代社會發展的前提，它在現代社會中的作用和意義等等題目。

## 1.官僚制特徵

在現代社會裏，官僚制如果還是一種統治形式，那麼這應當從統治形式最廣泛的意義上來理解。現代官僚制不僅構成了國家權力實體的技術的和形式的結構，而且也在相當大的程度上影響了國家權力的政治結構。此外，它存在於現代一切或大或小的團體裏面，

⑳ 《經濟與社會》上卷，第280頁。

並且發揮這兩種作用。筆者在討論現代資本主義興起的條件時，曾提到韋伯如下的判斷：在所有的領域裏（國家、教會、軍隊、政黨、經濟企業、協會、利益集團等等），現代團體形式的發展一般是與官僚制行政管理的發展和不斷增強相一致的。不僅如此，韋伯繼續強調指出，形形色色表面看來相互對立的機構，如合議制的利益代表機構，議會的委員會，蘇維埃專政，名譽官員或陪審員，都有一個共同的特點：一切持續的工作都是由官員在辦公機關裏完成的。我們的整個日常生活都納入了這個框架之內。因為官僚制的行政管理在任何地方都是形式一技術上最為合理的，所以它對今天大眾性的行政管理（人事管理或事務管理）是不可或缺的。在這一方面，現代社會只可能在行政管理的官僚制化和外行化之間選擇。這樣，官僚制就以自己形式一技術上的巨大優越性日益貫穿於現代社會的各個層面，成為維持這個社會的主要結構。

官僚制的這種強大力量來自於它本身的充分合理化的特徵。這些特徵筆者在分析現代資本主義興起的條件時已經簡要提及，而其精髓實際上就體現在合法統治類型的那些特徵之中。不過為了論述的清楚，筆者也依照韋伯的方式，將與合法統治類型一般特徵仍有差異的官僚制特徵予以詳細的闡述。在《統治的類型》與《統治社會學》，韋伯論述官僚制特徵的方式頗有差異。前者將相關的特徵都排列在一起，而後者分官員功能和官員個人地位兩項分別論述。筆者這裏的分析主要依照《統治社會學》的闡述。

現代官僚制的官員以如下方式運作：

　　⑴存在著機關的權限的原則，這些原則是固定的、通過規則即法律或行政規則普遍而有序地安排好的。它包含三層意思：(a)固定的分工，明確的職務責任；(b)權力界限的明確劃分，並賦以相應的

強制手段；(c)條理分明的條款，以便經常地和持續地履行這樣分配的義務，行使相應的權利，而且只有合格的人員才得以聘任。在國家的範圍內，這三個要素構成官僚制的行政機關，而在私有經濟的範圍內，它們構成了官僚制的企業。

⑵存在著職務等級的原則和申訴渠道的原則，即有一個明確規定的上下級從屬的體系，在這個體系之中，上級監督下級；這種等級制在其充分發展時是按照集權制原則安排的。韋伯強調，在權限原則得到充分執行時，至少在國家公共職務之中，等級的服從並不等於上級可以包攬下級的事務，情況正好相反。

⑶現代職務的執行是建立在文件（案卷）之上——檔案保存著原始文件和草案——和建立在一個各種各樣的常設官員和班子的基礎之上的。在這一項下，韋伯強調，現代的機關組織原則上把辦公室與私人住所分開，因為它根本上把職務工作作為一個獨立的領域，而與個人生活領域區分開來，並且把職位的財產與官員的私人財產區別開來。這種情況既存在於國家公共機關，也存在於私人經濟企業裏，而在後者這個原則也擴大到處於領導地位的企業家本人身上。韋伯所說的這個原則在今天比他那個時代更加普及和深入。

⑷職務工作，至少是一切專門化的職務工作，一般是以徹底的專業培訓為前提的。這一點既適用於國家機關，也適用於私人經濟企業。

⑸職位得到充分發展時，職務工作要求官員全身心地投入，儘管他在辦公室裏履行義務的工作時間標準可能有固定的界限。這就是說行政管理人員把他們的職務視為唯一的或主要的職業。這也同樣適用於私人經濟企業。

⑹官員職務的執行，是根據一般的、或多或少固定的、或多或

少詳盡說明的、可以學會的規則進行的。因此，有關這些規則的知識就是一種專門的知識，比如法學，行政管理和企業管理❷。

與其功能相關，現代官僚制的官員亦享有如下的地位：

⑴個人是自由的，僅僅在事務上遵守官職的義務。韋伯的這一觀點說明，現代官僚制官員與現代資本主義的自由勞動，具有同樣的法律地位。

⑵與前面密切相關的是如下一項：根據契約受命，原則上建立在自由選擇之上。

⑶根據專業資格而不是通過選舉任命，確認資格的方式是考試；選舉出來的官員不是純粹的官僚制官員。

⑷官員定期獲得貨幣報酬，一般採取固定的薪水和退休金的形式。薪水原則上不是按照勞動效益，而是按照等級制和職務工齡。

⑸職位的晉升依據年資和政績，在專業考試發達的情況下，也注重考試成績❷。

從前面所列的官僚制的特徵可以看出，由於現代官僚制的形式—技術的原則，嚴格按照章程辦事的原則，以及一切職務和權限都是預先安排好的特點，官員事實上與資本主義企業的雇傭工人並沒有本質的區別；尤其在現代資本主義企業中，作為官僚制官員的行政管理人員，也只具待遇和權限上面的優勢而已。這種平等依照韋伯的觀點首先來自現代資本主義企業的要求，而這構成了現代社會民主的經濟基礎。

---

❷　以上諸項見於《經濟與社會》下卷，第278–81頁。

❷　以上諸項見於《經濟與社會》下卷，第282–6頁。

## 2.官僚制現代發展的前提

官僚制行政管理的出現一方面自然有統治類型自身發展的內在趨勢，韋伯的學說包含著這一層意思，但沒有直接清楚地表達出來；另一方面，它也迎合了現代資本主義對於持久穩定、嚴謹的和可預計性的行政管理的需要。就此而言，現代資本主義乃是現代合理的官僚制產生的動力，但與此同時前者也是後者最合理的經濟基礎。當然，現代合理的官僚制還需要其他的前提條件，它們可以從社會和經濟兩方面來考慮，下面讓我們來看看韋伯的相關分析。

⑴貨幣經濟的發展。固定的貨幣薪水對於整個官僚制的外部特徵極為重要。韋伯認為，根據歷史經驗，沒有貨幣經濟的發展，官僚制的內在結構就會不可避免地改變它的本質，或者成為另一種結構，比如，官員就會直接從其轄區和權力所及的事務上獲得收入，或者買賣官職，這就意味著行政官員的職務變成了謀取私人利益的手段，這是與韋伯所說的官僚制的本質相違背的。

⑵行政管理任務數量上的發展。譬如在政治領域裏面，官僚制的典型基礎就是大國和群眾性的政黨。韋伯指出，並不是歷史上著名的、真正的大國的形成都會帶來官僚體制的行政管理，它們可能依靠其他的方式，比如文化的統一，或者強大的教會機構來維持，因而都處於一種不穩定的政治狀態之中，而官僚制的行政管理對於現代大國的穩定卻是必不可少的。韋伯的這個論斷並不完全適用於中國的傳統國家權力形式。

⑶與行政管理任務範圍的擴展性和量的擴大相比，其強度和質的擴大和內在的發展，更加是官僚制化的誘因。比如，從古代起，對於國內大型公共工程、常備軍及與此相關的財政制度，對外擴張，

維持一個和平社會而需要的對一切領域的秩序的保護，直到現代隨著技術發展而出現的交通手段，如公路、水路、鐵路、電報等等，都需要國有經濟來保證，因而成為官僚制的前導。

⑷官僚制組織的發達和拓展的決定性的原因，向來是由於它純技術的優勢超過任何其他的形式，韋伯用機械與非機械之比來刻劃這種關係。官僚制運作的特點是：精確、迅速、明確、精通檔案、持續性、保密、統一性、嚴格的服從、磨擦減少、節約物質費用和人力。韋伯在這裏尤其突出現代官僚制那兩個著名的要素，即筆者前面已經論述過的「就事論事」和「可預計的規則」。在傳統社會裏，統治者或官員需要個人關係的動機，而現代文明對維持自己的機構來說，所要求的是熟悉業務的專家。韋伯說，這種文明愈是複雜，愈是專門化，就愈是要求不摻雜個人性的、因而嚴格的「業務」專家。韋伯對於官僚制的這種讚譽的背景，應是德國的官僚體制——它至少在當時是世界上最有效的官僚體制。但是，官僚體制的這些積極特徵並沒有絕對的普遍性，而只有相對的普遍性，因為它外在的社會條件、經濟條件和政治條件不同，官僚制本身運行的效果就會不同。

⑸官僚制結構與行政管理的客觀手段集中在統治者身上，這兩者是並行的。這一點在現代資本主義大型私人企業裏，在官僚制的軍隊裏，與國家行政管理是一樣的，比如，官僚制的國家集中管理整個國家的行政費用。

⑹官僚制成為統治形式的基礎之一，就是經濟和社會差距的齊平化。這種齊平是相對的，但涉及經濟與社會差距對於行政管理功能的意義。在韋伯看來，官僚制必然伴隨大眾民主。官僚制的典型原則是實行抽象的統治規則，後者產生於個人和功能意義上的法律

平等，從而拒絕任何特權和按具體個案分別處理問題。因此，官僚制化和民主化具有更加經濟的性質❷。

仔細考察這六個方面社會和經濟的前提條件，我們便可以看到，其中有些實際上在傳統統治的社會裏就已經出現和發揮作用，而且在某種意義上乃是現代社會和經濟制度產生和發展的前提。這不僅意謂，官僚制的現代性是僅僅就其理想類型而言的，而其某些成份雖然不那麼典型，卻早已經以不同的程度和形式出現在傳統的統治形式之中，並且發揮著具體的功能，而且還意謂，社會經濟條件之間的際會使它們能夠產生出特別革命的力量，而這在它們未曾結合之前是不可能實現的。

## 3.官僚制與現代社會

現代社會作為一種共同體，無論是政治的、經濟的、文化的、還是技術的、民族的，或者任何其他性質的共同體，與官僚制的關係都可謂水乳交融。官僚制的一些特徵並非在現代社會才出現，而有其久遠的歷史淵源。在西方中世紀之後的社會變遷過程之中，官僚制的一些特徵作為一種積極的統治形式，為現代社會的合理化進程準備了必要的制度因素。倘若沒有這些因素，新教倫理就不能憑空從頭創造出來，即使它能夠，現代社會可能直到今天還在蹣跚學步；這個情形正如科學之於新教的關係，新教並無科學精神，但它的倫理卻使人善於利用科學成果於經營之中。另一方面，現代資本主義也需要這樣一種合理化的行政管理，這種需要便成了官僚體系合理化的動力。嚴格地說，只要它趨於合理化，它就必然成為一個內在一致的體系，一貫的體系在任何意義上都是合理化的體現。更

---

❷　《經濟與社會》下卷，第286-306頁。

進一步，韋伯強調，現代資本主義經濟也為合理的官僚制提供了經濟的基礎，沒有這種基礎，即使官僚制的要素已經出現，也會變質，在韋伯心目中，中國傳統的家長制官僚制就是這樣的典型。如果我們將視野進一步拓寬，那麼就會領會，現代社會的那些制度要素的多數在以前就已經分別存在，並且在不那麼典型的意義上發揮作用。如果它們不是因新教改革而際會──按照韋伯的學說──的話，它們會怎樣發展，仍是一個不定的疑問；而它們一旦際會，就相互促進，漸趨盤根錯節之勢，而終成水乳交融之態。現代官僚制只要繼續保持它的系統合理性，它上述那些性質，那麼它就無法排除法律平等的前提，而這個前提就同時規定著每個人都應分享基本權利，民主制度和自由原則自然就蘊涵在其中了。

依憑現代官僚制，現代社會才有能力保證整個社會的秩序和各個領域的日常生活精確地按規則進行，使社會行為具有連貫性和經濟性。生活在現代社會之中的每一個人無疑都享受了「就事論事」和「可預計的規則」帶來的便利，更準確地說，人們的一切行為和日常生活無法擺脫由這種原則支配的行政管理機器。但是，它因此也給人類帶來巨大的問題。韋伯在其《議會與政府》一文指出了官僚制所造成的三個問題：

第一，面對官僚制化傾向這種壓倒的優勢，如何還有可能去拯救某種意義上的「個人主義的」活動自由的任何殘餘呢？韋伯認為，「個人主義的」活動自由是人權時代的成就，如果沒有這些成就，我們今天就無法作為人而繼續生活下去。官僚制的優勢來自於它的合理化，而這種系統的合理化使它像機械一樣刻板地運作，它要求的是與法律面前人人平等對應的章程面前人人一律，從根本上不顧及任何個性的差異。它至少在三個層次上將人的社會行為納入它的

機械化的程序之中：⑴統治者既然離開了這個手段就無法成其為統治者，他們就必須屈服於它的規則和原則；⑵官員雖然是根據自由契約而受聘的，但在官僚制機器之中，他的權限是已經由章程和規則確定了的，他也必須服從上級的指示和命令，而且他也只有在這部機器的連動之中才能有所作為；⑶現代社會的日常生活和行為都只有通過官僚制行政管理才能進行，如果官僚制一旦停止運作，現代社會的整個日常生活就會崩潰。與此相反，韋伯認為，在家長制行政結構的基礎上，統治者貫徹他意志的純粹個人的能力，在特別高的程度上是絕對起決定性作用的，就此而言，人們曾正確地稱中世紀為個性的時代❷。

第二，面對國家官僚的日益不可或缺，以及以此為條件的它的權力地位日益上升，如何能夠保障某些力量，以限制這個階層，並且有效地監督它的權力呢？韋伯認為，這個問題實際上也就是民主如何可能的問題。

第三，韋伯認為這一點是所有問題之中最重要的問題：在公共的、國家的一政治的運作領域裏也好，在私人經濟內部也好，官僚制的效率有著固定的、內在的局限。這種內在的局限就是官僚制的官員容易缺乏領導精神。韋伯說，官僚的固有信念是執行指示，他的官職責任感高於他自己的意願。但是，如果一位主政的人在其工作精神上只是一位官員，即習慣於根據規章制度和命令，肩負著責任感和榮譽感去完成他的本職工作，那麼即使他是一位精明幹練的人，也不會被用在一家私人企業的最高領導崗位上，亦不會用在一個國家的最高領導崗位上。現代社會需要一種與官僚制官員不同的精神：為自己的權力而鬥爭，以及由這種權力引申出來的對自己的

❷　《經濟與社會》下卷，第365頁。

事業承擔責任，換言之，能夠獨立自主地作出決定，具有根據自己的思想進行組織的能力，這是政治家和企業家的生命元素㉕。這個問題也是韋伯一向批評的德國政治的弊病：缺乏具有原創性思想、開拓精神和宏偉魄力的偉大領導人。如果先知難再降臨，那麼在韋伯看來，這樣的領導人還是應當和有可能脫穎而出的。

　　上述三個問題並不像韋伯自己所說的那樣，只涉及未來的政治組織形式問題，而是關涉現代社會的精神和行為方式這兩個基本的方面。資本主義精神在現代社會如果還存在的話，那麼它頂多就是目標合理的行為的一些普遍原則，革命性的力量則早已付之東流了，就此而言，它實際上已經淪落為傳統了。這樣，在韋伯看來，在現代社會之中，人的自主性和自由精神就趨於消失，而與此同時發生的卻是官僚制的無孔不入地深入社會的各個領域，超越行政工具的職能，成為控制社會的力量。韋伯清楚地認識到：官僚制一旦充分實行，就屬於最難摧毀的社會實體。官僚制化是這樣一種特殊的手段，它把由默契達成的共同體行為轉變為合理地安排的社會行為。因此，官僚制機構，作為統治關係的社會化的工具，對於擁有的人來說，過去是、現在仍然是頭等的權力手段㉖。

　　韋伯認為，官僚制結構在全世界都是後起的體制，官僚制的合理性質，即規則、目的、手段和就事論事的非個人性控制著它的行為，因此，它的產生和傳播都發揮了革命性的作用，同時，摧毀了不具有這種特殊意義的合理性質的統治形式，即宗法制的和家長制的統治㉗。但是，如果官僚制不僅只是難以摧毀的社會實體，而且

㉕　以上三個問題，見《經濟與社會》下卷，第755-8頁。

㉖　《經濟與社會》下卷，第309頁。

㉗　《經濟與社會》下卷，第324頁。

同時成為無堅不摧的社會力量時，那麼它就會從人類社會合理化的革命力量轉變為人類存在本身的毀滅力量。

但是，現代社會同樣也存在著節制官僚制的力量。韋伯在不同的場合提到了這兩種力量，一種是政治的力量，這就是現代的民主制度，另一種是經濟力量，這就是現代資本主義私人經濟。我們看到，這兩種力量作為社會存在，都與官僚制直接結合在一起。現代資本主義大企業如前所說，它的行政管理乃是典型的官僚制結構。但是，資本主義經濟作為一種獨立的社會力量，它抗拒的不是官僚制的合理的行政管理方式，而是它超越行政而控制社會的權力。韋伯指出：倘若私人資本主義被鏟除，國家官僚制就會獨自統治。現在相互平行的和——至少有可能——相互對立的，因此無論如何在某種程度上相互鉗制的私人的和公共的官僚制，就會熔化為唯一的一個等級制度❷。至於民主，韋伯認為當代民主無一例外都是官僚制民主，但在民主的條件下，政治領袖能夠脫穎而出，成為領導官僚制行政機構，制衡官僚制擴張的主導力量。然而，韋伯雖然明白民主政治扼制官僚制無限度擴張的意義，但沒有充分認識到民主政治對於維持和促進社會自由精神和創造力的重要性，尤其沒有認識到由普選產生的政治領袖在這方面所能發揮的巨大作用。

韋伯更沒有認識到，限制官僚制過度擴張的另一個重要力量乃是社會的力量，這就是公民社會或曰民間社會。民間社會作為一種共同體，固然無可避免地需要採納官僚制的形式，但即便如此它也一如私人資本主義經濟那樣，構成對抗國家官僚制力量的又一極。但是，更重要的是，它的力量主要不在於其官僚制的組織形式，而在於它為拓展自己的空間必然要限制國家官僚制的適用範圍。韋伯

---

❷　《經濟與社會》下卷，第754頁。

根本沒有發現如下一個重要的因果關聯：中國傳統的鄉村自治就是對抗官僚制的一種積極的、儘管傳統的社會力量，而這正是它們彼此能夠維持長久的力量平衡關係的原因。但是在談到官僚制與資本主義和社會主義的不同關係時，韋伯似乎倒洞察到某種玄機：資本主義是官僚制可能以最合理形式存在的最合理的經濟基礎，而社會主義的問題大概就在於，它是否能夠像資本主義制度那樣，依照更加確定的形式規則，為一種似乎更合理的官僚制創造類似的條件。倘若不能，那麼這裏就存在著社會學必然會遇到的許多巨大不合理性中的一個：形式的合理性和實質的合理性的二律背反❷。

# 三、民主與議會

在韋伯的政治學說裏，民主理論始終是在一個目標合理的觀點之下被研究的；這就是說，韋伯從技術的角度出發考慮民主的形式合理性，而幾乎不顧及民主自身的價值。這種方式自然有其方便之處，它使韋伯洞見到，即使在民主制度之中，統治的基本形式無非就是精英政治；但這同時也就讓他忽略了人民主權和基本自由權在現代民主和法制社會中的終極意義。當然這並非韋伯特有的理論短視，而是那個時代整個德國社會的心態。對於韋伯一類的德國知識分子來說，它原來也可以只是一件披風，然而他們卻願意它成為一件鐵罩衫，所以他們就必然與他們的民族一起承受歷史的回歸和理論的回歸帶來的懲罰。

現代民主的濫觴原本不止一源。韋伯在各個專門的研究之中，揭示了現代民主各種可能的前提和實際的因素，譬如，古希臘羅馬

的民主傳統、中世紀自治城市的法制和選舉制度、官僚制的發展、現代資本主義經濟對於自由勞動的需求等等。韋伯自己並沒有將這些因素統統關綜起來，撰成系統的民主發展史。他關於民主的集中論述把重點放在分析民主的兩種類型，比較它們對於領導社會的能力和效力上面。正是這一方面的內容最為昭著地體現了韋伯對於民主的看法。

第一類民主形式就是直接的民主。它運作的基本程序是這樣的：行政管理人員由選舉任命，而選舉則在某一次共同體全體成員大會上舉行。行政管理基本上按口頭方式進行，只有當某些權利必須記錄在案存檔時，才有文字記錄。所有重要的法令都要呈交給全體成員大會。只要成員大會是有效的，行政管理的這些方式以及接近這種類型的方式，就應該叫做直接的民主。韋伯認為，北美和瑞士的鄉鎮、大學機構的管理模式就採取這種形式，雅典的城邦民主和中世紀的城市已經超過了這個形式❸。這種形式之所以是民主的，有兩個原因。首先，它建立在所有人都原則上具有領導共同事務的相同資格這個前提之上；其次，它把命令權力的範圍降低到最低程度。行政管理的職能或者乾脆通過輪流執政繼承，或者通過抓鬮和直接選舉移交，或者短期任職；一切決定或者重要的、實質的決定留給全體成員去做決議；根據成員大會的指令，僅把準備與執行決議，經常性事務的執行，交給幹部們去完成。韋伯對直接民主取相當消極的態度，實際上並不把它看作國家統治的有效手段，而看作邊緣的形式。他認為，凡是存在共同體的地方，直接民主的行政管理處處都是不穩定的❸。但是，筆者需要指出的是，直接民主在國

---

❸　《經濟與社會》上卷，第321頁。

❸　《經濟與社會》下卷，第271–2頁。

家權力機構之外的民間社會的養成和拓展，乃是現代社會抗拒韋伯所說的官僚制化，阻礙託管式民主滋長和滲透的現實力量。

　　民主的第二種形式就是間接民主。現代社會所實行的民主，就國家權力機構的範圍而言，基本上是間接民主；其中代議制是最普遍的形式。儘管如此，韋伯更願意從統治類型的演變這一脈上來解釋現代民主制度的出現：「甚至在國家的行政之內，在法國、北美和現在的英國，官僚制的進步都表現為民主的平行現象。同時當然要時刻注意，『民主化』這個名稱可能發揮著誤導的作用：在較大的團體中，無組織意義上的『民』始終沒有自己進行過『管理』，而是被管理，所變化的只不過是選擇實行統治的行政領導人的方式，以及『民』，或者更正確地說，由他們之中產生的社會圈子通過所謂的『公共輿論』影響行政活動的內容和方向的大小。在這裏所指意義上的『民主化』，並非必然會增加被統治者對於社會內部統治的參與。參與的增加只是民主化的結果。但情況並非必然如此。」❸上述引文至少表達了韋伯對於民主進程的三個重要觀點：⑴民主化是統治形式變遷的結果；在這個意義上，⑵民主的參與不是人民自己爭取來的，而是統治者讓與的；⑶民主始終不是全體人民的參與，而依然只是少數人的事情，只不過這類少數人產生的方式與以前的統治類型是不同的。

　　韋伯循著統治形式合理化的思路分析說，上述意義的民主是從被統治者的法律平等之中產生出來的，它還蘊涵著更為深遠的要求：⑴阻止形成一個封閉的官員等級，以利於擔任官職機會的普遍化；⑵統治暴力的極低化，以利於公共輿論影響的範圍盡可能地擴展，也就是說，只要有可能，就力爭通過選舉和罷免來縮短任期，而不

---

❸　《經濟與社會》下卷，第306頁。

受專業資格約束。這樣一來，民主就不可避免地陷入同由它產生的官僚制化傾向的衝突之中。如果民主化在這裏只是被理解為職業官員統治權力的最小化，以利於「民」盡可能的直接統治，而這實際上意謂「民」的領袖盡可能直接統治，那麼這就不是什麼民主化，而是被統治者的拉平化。同時，統治集團有可能在實際上，往往也在形式上，占有一種十分專制的地位❸。

　　正是在這個意義上，韋伯認為議會化和民主化之間完全沒有必然的關聯，而是處於對立之中，甚至兩者必然對立❹。因為真正的議會制在韋伯看來只是兩黨制，這樣實際地實行統治的就只是政黨內部的精英階層；公民在政治活動中實際上是無所作為的，他們所做的無非是每隔幾年把事先印好發給他們的選票塞入投票箱內。

　　議會是代議制的現代形式。所謂代議制就是指如下的形式：某些特定的團體成員（代表）的行為也算作其他成員的行為，或者讓他們認為自己進行的行為是合法的，並且對他們也應該有約束性，同時實際上也有約束性。代議制在歷史上有過各種形式，韋伯舉出的有占有的代議制，其代表乃是君主等家長制統治者；有等級代議制，如等級會議——它是例外，而不是普遍而必經的階段；有受約束的代議制，其代表是由選舉（或輪流、抓鬮等方式）產生的，他們的代表權力受命令式的委託和罷免權的局限，受被代表者同意的約束；有自由的代議制，其代表一般是選舉出來的，也可能在形式上或者實際上是通過輪流的辦法確定的。自由代議制的代表不受任何指令的約束，而是自己所作所為的主人。他們只有篤守自己關於事務的信仰的義務，而不必去履行他所代表的人的利益❺。韋伯認

---

❸　《經濟與社會》下卷，第307頁。

❹　《政治論文集》，第383頁。

為，自由代議制就是現代各種議會所採取的形式。韋伯的解釋不符合現代議會制度的原則，也忽視了議員的道德條件和政治責任。

韋伯認為，間接民主的另一種形式是公民表決民主。公民表決作為一種統治形式，它所選擇出來的統治者在韋伯看來就是神力統治者，對於這種形式及其統治者來說，公民的承認是至關重要的，是統治形式正當性的基礎。但是公民表決對於統治者來說僅僅是一種適當的手段。凡是這種統治形式力圖獲得正當性的地方，都是企圖通過主權人民的公民表決這種承認方式，尋求合法性；個人的行政管理班子是神力性的，由招募來的聰明公民組成❸。這種民主與議會制民主一樣，也是領袖民主。與領袖民主對立的是無領袖民主，它的特點在於使人對人的統治極小化❸。

韋伯的政治學說從技術的角度反對公民表決的民主。他認為，利用這種形式的領袖其實是一群煽動者，比如古希臘的僭主、羅馬的格拉古、意大利城邦的民政官和市長，而其現代的例子便有克倫威爾的專政、法國革命當權派的專政等等。公民表決的缺陷之一就是：群眾無法選擇合適的領袖，他們也無法就國家方針大政做出正確的決定。因為無論由哪個階層組成的群眾，在現實的政治活動中，情感因素總是勝過其他因素；他們只想到後天，總是處於現實的純粹情感和非理性的因素的影響之下。缺陷之二在於：群眾表決只能回答「是」或「否」，他們無法考究像財政預算一類具體而重大的政策，不知平衡各種對立的利益，因為不僅缺乏經驗和專業知識，而且也缺乏獲得這些經驗和專業知識的可能性。與此相反，議會民

❸　《經濟與社會》上卷，第324-6頁。

❸　《經濟與社會》上卷，第298-9頁。

❸　《經濟與社會》上卷，第300頁。

主卻能勝任這些任務。因為議會民主的主角，即政黨，依照韋伯的要求，應當是受過訓練的職業政治家，因而自然要比群眾高明。

韋伯把政黨定義為這樣一種團體：其成員是通過自由招募而結合在一起的，其活動的目的是保證政黨領導人在組織內部的權力，以便為其積極分子獲取理想的或實質的好處。政黨可以是暫時的組織，也可以是長久的組織，可以在任何形式的共同體之中，以任何形式的團體出現。政黨既可能以個人利益為指向，或者更多地以事業目的為指向。實際上，最為常見的政黨宗旨有兩種，其一是為了使政黨領袖獲得政權，從而讓其班子占據行政管理機構的各種職位，這就是以政治分紅為目的的政黨；其二是以具體的事業目標或抽象的原則為指向，這便是世界觀政黨。其實這兩種宗旨總是結合在一起的，世界觀政黨也有獲得政權的要求，否則它的世界觀就是無法現實化的。政黨的政治運作韋伯歸納為如下幾個方面：⑴政治運作由政黨領導人或其班子掌握；⑵黨員積極分子主要是拉拉隊員，有時參與某種形式的監督和討論，提出投訴，乃至通過決議；⑶同路人只是選舉或投票時爭取的對象；⑷政黨的資助者一般是隱蔽的。韋伯關於政黨的論述應該說是比較粗糙的，儘管他抓住的一些特徵是實質性的。

韋伯分析了政黨與官僚制之間的微妙的關係：今天在相當大的程度上，它恰恰是受官僚制統治的被統治者，即國家公民的整個政治意願的代表，但是政黨卻必須在官僚制的原則之下活動，而且在具有一定規模之後，它也不得不採用官僚制的行政管理。於是，這就導致了如下的內在衝突：按其最內在的本質，它是自願地建立的，旨在自由招募的和不得不總是更新的組織，從而與所有由法律或者契約劃定固定界限的團體大為不同，但是它又千方百計地把它們的

追隨者長期歸入自己麾下❸。

　　韋伯關於政黨有兩個非常入木的刻劃，乍一看卻頗有荒唐之感。其一描述美國的政治分紅政黨，或曰獵官制政黨：它們的目標僅僅是通過選舉，把它們的領袖送到領導職位上，以便隨後把國家的職務分給他的追隨者：黨的官員和競選班子成員；它們競相把最有招攬力的要求寫進它們的綱領裏，而毫不考慮其內容的意義❸。另一個涉及政黨領袖的品格：他是一位絕對冷靜的人，不追求社會的名譽，僅僅追求權力；他沒有固定的政治原則，根本沒有思想原則，只關心什麼可以撈到選票；他往往是一種相當沒有教養的人，不過在他的私人生活中，一般無可挑剔，道貌岸然❹。

　　我們已經知道，現代議會制度來源於代議制，而代議制又來源於更為普遍和古老的合議。從這個意義上來說，合議可以理解為民主的源頭，因為任何一種統治都可能由於合議原則而失去它的集權主義的、受一個人約束的性質；儘管如此，這個原則本身卻可能具有極為不同的意義❹。韋伯指出，從歷史上看，合議才使行政機關得到充分發展，因為它使機關（成員）與家庭（成員）區分開來；正因如此，西方現代的行政管理史正好完全與專業官員的合議機構的發展同時開始。在現代民主的各種形式裏面，韋伯對於議會制民主情有獨鍾，但他嚮往和推薦的是英國那種強有力的議會，而非當時德國那種象徵性的，因而軟弱無能的議會。

　　議會在現代三權分立的民主政體裏屬於立法一極。但是韋伯當

---

❸　《經濟與社會》下卷，第758頁。

❸　《經濟與社會》下卷，第758頁。

❹　《經濟與社會》下卷，第775頁。

❹　《經濟與社會》上卷，第303頁。

時所推崇的英國議會，與美國議會有很大的不同。其中一點就是韋伯十分重視、反覆論述的政治領袖的產生途徑：在美國，國家總統是由公民普選產生的，而在英國，國家的政治領導人是由議會選舉出來的。這樣，在韋伯看來，議會除了立法，批准或否決政府提出的財政預算或法案，監督行政權力等等之外，還有一個重大的作用，就是產生民主政治的領袖，或者說國家的政治領導人。議會能夠比公民普選更好地完成這些任務，其原因乃是因為群眾在政治活動中有其難以克服的弱點，而凡在群眾政治活動表現出弱點的地方，正是議會的優點得以發揮的地方。

首先，議會的議員都是職業政治人物，不僅專業化，而且富有經驗；其次，在做出負責任的決定時，冷靜而清醒的頭腦和卓有成效的政策占據主導地位，而⑴參加考慮決定的人數越少，⑵賦予他們當中每一個人本身和由他們領導的每一個人的責任越是一目了然，議員的頭腦就越冷靜而清醒，制訂的政策就越有成效；而卓有成效的民主政策也是要靠頭腦制定的❷；再者，議員具備從事政治活動的相應的物質條件，而絕大部分群眾則付諸闕如。

議會以及議員的這些長處固然有利於議會進行消極統治，即通過拒絕通過撥款法案和拒絕批准立法建議，或者面對居民的抱怨，通過非正式的動議而對行政權力機構施加壓力；但是這些長處更有利於議會從事積極的統治，或者說，韋伯舉出議會這些優勢，完全是為了實現這個積極的統治：議會讓行政領導人或者必須從它中間產生——這在韋伯看來才是真正意義上的議會制度；或者議會多數的信任或不信任的表決，決定行政領導人的去留，這就是說，由議會選擇領袖；因此行政領導人要對議會負責，並且必須按照議會批

---

❷　《經濟與社會》下卷，第811頁。

准的方針來領導行政，也就是說，議會監督行政施行❸。筆者可以
說，由議會產生政治領袖，或者退一步說由議會選擇領袖，正是韋
伯議會民主學說的中心所在。韋伯在同一篇文章裏面，還提到議會
的其他一個重要的作用，即維持公民抗拒政治領袖獨裁的法律保證，
以及如果獨裁者失去群眾信任，有一種罷黜他的和平形式❹。

　　韋伯所認識的積極的議會統治主要是英國議會的模式，而最受
他重視的乃是它形式上合理的功能。但是，韋伯很少顧及這種民主
制度的權利基礎，以及它與三權分立原則和實踐的關係。比如，他
認識到，議會大大有利於經濟和國家的形式的合理化，有利於資本
主義的發展。他也意識到，權力分立往往有利於經濟的形式合理化，
因為它如同任何占有的形式一樣，創造著固定的管轄權，儘管還不
是合理的權限，並且因此而給機構的職能注入一種可預計性的因素；
而旨在取消權力分立的努力（蘇維埃共和國、國民大會政府和公安
委員會政府），無非是要抗拒對經濟的合理改造，抵制形式合理
化❺。但他幾乎沒有談到公民表決，尤其對於涉及社會和國家重大
體制變更、法律和政策制訂等事項的公民表決，乃是人民主權的體
現，基本權利的要求。實際上如果沒有人民主權，沒有自由權這些
理論的和觀念的前提，現代民主制度是不可能在純粹技術的和形式
合理性的觀念之上建立起來的。

　　但是，在1919年德國由公民直選第一次選出帝國總統之後，韋
伯的觀點發生了很大的轉變，主張未來的總統絕對由人民直接選舉
產生，並為此提出了七條理由。比如，各種職位既然都已直接選舉

❸　《經濟與社會》下卷，第782-3頁。
❹　《經濟與社會》下卷，第802頁。
❺　《經濟與社會》上卷，第316頁。

產生，總統如果再由間接選舉產生，無非在嘲弄民主原則；唯有得到千百萬選票支持的總統才有權威推行社會化；唯有人民直接選舉總統，才能形成挑選政治領袖的機會和時機，促進政黨改革，而使真正的人才得以脫穎而出——這個觀點與他以前的觀點徑直反對。韋伯還認為，直選總統雖然使議會讓出了這項權力，但反而於議會有利，總統無需依賴議會裏面的力量組合而獲得支持，卻具有制衡議會的權力，如解散議會，反而成了民主的真正守護者。他現在認識到，以為只有議會裏的多數而不是人民的多數不會犯錯誤，是一樣地反民主的❹。

儘管如此，韋伯精英政治的觀點似乎沒有改變。韋伯有一句名言：「民主就是服從自主選舉出來的領袖。」❹這個觀點出自韋伯對精英政治的技術上合理的理解。在他看來，無論在何種統治類型裏面，少數人原則，即精幹的領導班子的高度政治機動性，總是有效的：他們能夠很快地相互理解，並且隨時形成和有計劃地領導一次合理的社會行動，以保持其權力地位。韋伯又稱之為少數人優越性❹。在現代民主社會，政黨首先就是以精英制原則，或少數人優越性的原則運作的——這已由前面所述的政黨運作的第一點特徵表明了。韋伯還曾強調，其存在以參與國家權力為目的的政黨，把黨的一切利益和生死存亡，都維繫於如下一點：黨完全服從它所擁有的、具有領袖素質的人。因為議會人數眾多的大會是無法執政的，無法搞政治的。廣大群眾僅僅是領袖個人或少數幾個組成內閣的領袖們的追隨者；而且他們想有所成就，就得盲目聽從他們。「少數

❹　《政治論文集》，第498–501頁。
❹　《政治論文集》，第501頁。
❹　《經濟與社會》下卷，第275–6頁。

的原則」也就是說，領導核心集團的優越出眾而運籌帷幄的政治能力，總是控制政治行動。這種獨裁特點（在大國裏）是無法根除的**⑲**。所以，儘管韋伯反對極權主義，因為極權國家(1)根本不給個人以任何選擇；(2)給個人的不是領袖，而是高高在上的各種官員。這無疑就是一種區別**⑳**。然而，這同時表明他的民主觀念與以自由權為基礎的民主觀之間仍有相當大的距離，因為根據後者，根本不是統治者給個人以某種選擇，而是人民具有選擇政治領導人的權利和權力；更為重要的是，人民具有直接決定統治形式的權利和權力。因此一個政治共同體的基本政治形式，它的領導人，都應當是人民選擇的產物，而他們應當是他們利益的代表人。然而，正如韋伯的任何研究一樣，韋伯的考察始終是力求全面的，他也看到了領袖民主的消極意義：政治的重大決定是由個人作出的，而且恰恰在民主制度裏也是如此；這種不可避免的情況造成了如下的限制：自伯里克利時代以來群眾民主的積極成果，總是通過向領袖選擇的獨裁原則進行重大妥協換取來的**㉑**。

# 四、政治態度

　　韋伯的政治理論，他對現實政治的判斷以及他的政治能力之間的關係，尤其後兩者之間的關係，是多數韋伯研究者頗感興趣的問題。韋伯對現實政治的判斷力和洞察力，使其崇拜者大為折服，比如雅斯貝爾斯就認為，韋伯錯失了在第一次世界大戰之後領導德國

---

⑲　《經濟與社會》下卷，第786頁。

⑳　《經濟與社會》下卷，第787頁。

㉑　《經濟與社會》下卷，第802頁。

的機會，或者更為準確地說，德國錯失了韋伯的領導。因為如果韋伯當政，那麼德國就會出現真正的政治，而德國人民就會考慮如下問題：認識清楚如何行動才能復興，認清真相而不昧於事實地勇敢行動。如果韋伯執掌政權，至少德國會有一個具有英雄氣概和不容動搖的決心的領袖人物，而不至於攤上個令人失望的君主❺。在我們經歷了如此漫長如此枯燥的韋伯學說分析之後，這個話題想必會令讀者精神為之一振，至少也可以放鬆一下繃緊的神經。然而這對筆者卻是一個難以著墨的故事。這裏只分析韋伯實際的政治態度，並且介紹其他重要的思想家對此有見地的評價，這或許也是讓人有興趣的內容。

　　韋伯的政治態度與他的政治理論之間應有一定的距離。在政治理論的領域裏，按照他自己的方法論原則，韋伯應當保持價值無涉的立場，而以合理的、科學的態度對待研究的對象，從而告訴人們客觀的分析。而在現實政治領域，韋伯是作為一個具有特定價值指向、明確的政治立場的公民出現的，他固然要告訴人們，事實是怎麼樣的，更應當聲明，面對這樣的情勢，人們應當如何做。不過，兩者的明確區分是在他後期才做到的。即使如此，實際措置卻仍然面臨難以將兩者清楚剝離的問題，而不像韋伯在討論方法論時那麼簡明。因為政治理論的分析總是要涉及具體政治事件的評價，因此韋伯政治理論的一些部分體現在他關於具體政治實體、制度、行為和事件的具體研究之中，如他關於德國的選舉權與民主、議會與政府的研究就是如此。政治形勢的發展也往往會影響他的理論見解，從而導致學說的修正和改變，最為典型的事例就是他從主張國家領導人由議會選出轉向主張由公民直選。理解這種轉變的意義，以及

---

❺　雅斯貝爾斯：《論韋伯》，第45頁。

一般地理解他的政治態度，要求人們瞭解當時整個德國特殊的政治
情勢，德國大眾的複雜心態，但這又是一個過大的題目。這裏我們
只能檢視韋伯最主要的政治態度，即他的資產階級立場，他的民族
主義乃至帝國主義抱負，他的自由主義態度以及他的精英民主思想，
以及它們是如何奇妙地結合在韋伯身上的。

　　理解韋伯現實政治態度的基點是他的資產階級立場。韋伯曾明
確宣布：「我是市民階級的一員。我能感受到自己是一個市民，而
且我歷來生活的氛圍就使我具有市民階級的觀點和理想。」⑬在韋伯
時代，與資產階級對立或衝突的階級是容克階層和無產階級。容克
曾為國家利益作出貢獻，但他們已經完成了自己的使命，今天處於
經濟上垂死掙扎的狀況中，韋伯說，我看不出有任何理由，讓一個
像我這樣出身市民階層的學者會熱愛他們⑭。至於無產階級，韋伯
認為他們還未成熟，尚是沒有政治意識的市儈。可是，當時的德國
資產階級在韋伯眼裏也相當的糟糕，其上層寄希望於一個新皇帝來
保護他們，而下層也差不多墮落成市儈了。資產階級既已未老先衰，
無力承擔領導民族國家的重任，那麼抱負遠大的韋伯自稱為資產階
級一員，意指什麼呢？首先，韋伯認同的是具有他所謂的資產階級
精神的那個階層：承負天職觀念，以取得現世最大成就為生活目標，
工作勤奮、節儉、誠實、採取合理的生活方式，如此等等；凡在《新
教倫理和資本主義精神》歸入資本主義精神的那些德行，一般都可
以在韋伯身上找到，儘管履行的嚴格程度或有不同。但這些僅僅是
倫理上的，資產階級在韋伯那裏原是具有政治意義的，他們應當是

---

⑬　馬克斯・韋伯：《民族國家與經濟政策》(甘陽編選)，三聯書店，1997
　　年，第103頁。

⑭　《民族國家與經濟政策》，第100頁。

現代社會的締造者和擔綱者。然而在德國，資產階級卻坐享由最偉大的容克俾斯麥造就的成果。從這個意義上來說，韋伯所認同的是經過偉大的政治教育之後未來的德國資產階級。這樣的資產階級具有的觀點和理想正是韋伯的那些政治態度。

德國民族主義是韋伯最鮮明的政治態度。它包含兩個基本的判斷，第一，德國民族利益至上，第二，德國民族缺乏民族國家政治領導的擔綱者。這種態度是韋伯在弗賴堡大學就任教職那篇著名講演，即宣明其前期政治立場的《民族國家與國民經濟政策》之中，明確表達出來的。這篇文章也可以說是德國民族主義的宣言。韋伯的話題是從德國東部德國人口下降，波蘭人口增長說起的。由於落後的階級關係，德國人不能繼續容忍當容克的農奴，離開農村，波蘭人於是就取而代之。韋伯由此指出：德國人都會認為，他們需要從經濟上得到保護，而且都認為德國人在德國東部『應當』受到保護，都認為國家的經濟政策「應當」從保護德國人這種角度出發來制定。這就引出一個重要的問題：為什麼我們認為我們有權利提出這種要求？韋伯認為答復就在於：德國是一個民族國家❺。這個著名的講演通篇都在論述德國人對於德國民族國家應該取何種態度和行動。

在這篇文章裏，韋伯表達了德國民族優越的情感，而將波蘭民族稱為劣等民族。他認為，德國人和波蘭人在德國東部的消長，最終都是基於同一個理由：像波蘭人這類斯拉夫民族，不知是天性使然，還是歷史形成，對物質生活和精神生活的期望都較低。波蘭人也就這樣在東部戰勝了德國人❺。韋伯認為，德國民族應當成為一

❺　《民族國家與經濟政策》，第89頁。

❺　《民族國家與經濟政策》，第89及82頁。

個統治民族，為了達到這種目的，德國在國際關係中應當採取強權政策，使德國國旗飄揚在世界沿海，促進德國海外貿易。這樣，民族主義在韋伯的政治邏輯裏就自然而然地成為帝國主義。

韋伯反對馬克思的民族學說，認為民族國家絕非只是單純的上層建築，絕非只是經濟統治階級的組織，相反，民族國家立足於根深蒂固的心理基礎，這種心理基礎存在於最廣大的國民中，包括經濟上受壓迫的階層。民族國家無非是民族權力的世俗組織，在這個意義上，經濟政策的終極價值標準就是「國家至上」。實際上，韋伯也將國家至上當作了其他一切政策的終極標準。當然國家至上是有其具體內容的，這就是德意志民族的經濟和政治的權力利益❺。於是，政治經濟學就得充當政治的僕人，而所謂政治，其宗旨就是德國民族長遠的權力利益。韋伯這個觀點無疑與其方法論時期的價值無涉原則正相反對。

在韋伯的民族主義裏面有一個意義頗深卻不完全正確的觀點。現代西方民族國家形成的歷史到韋伯那時並不太長，德國作為一個民族國家也幾乎是剛剛呱呱墜地。然而韋伯敏銳地注意到：民族之間的經濟鬥爭從不停歇，儘管它是在和平的外表下進行的。在民族國家之間，經濟的生死鬥爭永無寧日可言。於是，一個德意志國家的經濟政策，只能是一個德國的政策；一個德國經濟理論家所使用的價值標準，只能是德國的標準。這在韋伯看來就是理所當然的事情。這種情況並不因為現代經濟發展已經超出國界而成為一種全球經濟體就有所改變。民族主義的評價標準與經濟政策的民族利己主義的標準依然有效。韋伯預見到：全球經濟共同體的擴展並沒有使各民族為捍衛自己文明的鬥爭變得更容易，而恰恰使得這種鬥爭變

---

❺　《民族國家與經濟政策》，第99及93頁。

得更加困難❸。

使韋伯大為憂慮和不滿的是，在這樣一個緊要的歷史關頭，德國卻沒有一個足以勝任領導民族進行這種鬥爭的階級。現在當政的階級是一個經濟上沒落的階級，就如德國東部農業工人問題所表明的那樣，這不僅危險，而且從長遠的觀點看有悖於民族利益。資產階級和工人階級的狀況一如上面所說，也不能勝任擔綱者。韋伯認為，這就是德國面臨的最大危險。韋伯的抱負就是要通過政治教育來改變這種情況：如果德意志民族的領導階層有能力使自己成熟到堅韌而又清醒，德國政治就能穩定達到德國民族成為統治民族的目標❸。

雅斯貝爾斯曾為韋伯辯護說：韋伯同意以民族主義為國家的基礎，因為這個問題不能單單取決於憲法或統治階層，關鍵在於一個政治體制能否讓人民的政治才能得以發揮，並且能否成全社會的正義與自由❸。雅斯貝爾斯的觀點一半是對的，因為民族問題與民主問題並不是相互從屬的，而是互相交叉重疊；但關於事實的一半並不正確，因為韋伯很少關切正義問題。阿隆雖然也傾向於回護韋伯，對於相關問題的評價卻比較客觀：「馬克斯·韋伯是一位像上個世紀末許多歐洲人一樣的民族主義者（這些人今天已不再是民族主義者了）。這種民族主義不僅僅是一種愛國主義，不僅僅關心國家的獨立和自主，它幾乎不可避免地會導致今天我們傾向於稱為帝國主義的東西⋯⋯韋伯像尼采那樣，常常批評德國人，指責德國人具有消極服從的惡習，指責他們接受傳統的制度和一個有文藝癖好

---

❸ 《民族國家與經濟政策》，第89–92頁。

❸ 《民族國家與經濟政策》，第108頁。

❸ 《論韋伯》，第128頁。

的君主，批評他們的暴發戶式的態度，而這種態度是與一個承擔並
且應當承擔世界責任的民族不相稱的。他出自內心盼望民主制度，
盼望由全體人民自己選出領袖。他盼望的這種民主制度具有我們時
代所有的民主制度都具有的某些特徵，與戴高樂將軍的第五共和國
特別相似。」**⑥**

　　其實，在一次世界大戰德國戰敗之後，韋伯向德國大眾提出了
相當合理的建議，並且反思說，當德國以其理性的主張，通過參與
西方自由世界贏得了自信；但當德國發動非理性的行為時，不僅為
德國，而且也為世界帶來了災難**⑥**。令人扼腕嘆息不已的是，大多
數德國人並沒有像韋伯這樣敢於直面自己的靈魂深處，所以他們就
得接受浩劫的教訓。

　　自由主義與民族主義乃至帝國主義，在近現代西方世界經常是
結合一起的，這在表面上顯得非常奇怪，但是卻有其深刻的西方文
明背景，這就是其猶太─基督教傳統中普世主義，種族主義，善惡
鬥爭的道德思維模式和內外有別的雙重倫理標準。韋伯在談到全球
經濟鬥爭時就認為，人與人的嚴酷鬥爭才能創造自由行動的機會。
自由經濟原本就是一種自由的競爭。所以在論述自由主義在西方的
興起的歷史前提時，他舉出的第一個因素就是遠洋擴張，它與中世
紀後期西歐特有的經濟和社會結構，科學支配生活以及一定的宗教
觀念同樣重要。現代資本主義在合理化的驅使之下，正在日益消滅
這種自由精神存在的條件。所以韋伯說，「事實上，今天，自由的
精神已經很少進入沉寂的書齋，叩問我們的心靈了。天真而年輕的
自由思想，已經衰落；不少現代人變得未老先衰，甚至過分聰明，

⑥　《社會學主要思潮》，第599-600頁。

⑥　《論韋伯》，第122頁。

還以為人類心裏對自由的最基本的衝動，已經隨著『政治』、『經濟政策』之類的毫無生氣的概念，給帶進墳墓了。」❻❸韋伯的自由概念固然可以分為幾種不同的類型，但其基本精神是獨立自主、具有創造力的思想和行動。這樣一種自由概念嚴格來說是具有價值合理的傾向的，因而造成價值衝突的結果。現代社會之所以對自由造成危險，就是因為過分機械化的、官僚等級化的、壟斷化的制度，以及與之相偕的凝固的思想和機械化的被迫行為，使人們失去了這種精神和行動能力。韋伯希望政治領袖將價值倫理與責任倫理結合起來，有獨立自主的能力和主動性，主張自由經濟，反對社會主義，提倡一般民眾的自由思想和價值追求，都旨在於造成一種積極的力量，以抗拒窒息自由的現代力量。韋伯的自由主義在阿隆看來，卻有其最現實的目的：「在他筆下，自由主義的和代議的體制是一個民族起世界作用必不可少的條件。他有時推舉這些條件，以便證明一個民族即德意志民族是能夠起世界作用的。」❻❹這裏應當指出的是，韋伯的自由主義精神還包含著對自由本身價值的認同。

　　與自由主義態度一樣，韋伯精英政治觀點也包含著現實政治的目的。他在《民族國家與經濟政策》談到德國所需要的那個成熟而清醒的領導階層時說，這個階層存在的唯一政治理由就是，他們能夠成為對於民族政治即民族權力和經濟利益的意識的擔綱者，而這種政治本能雖然普通國民也皆具有，但通常沉澱在大眾的無意識層次。韋伯精英政治的觀點更多地來源於他對民主運作的程序認識。這在韋伯的時代以及後來乃是一個頗為流行的觀點。曾一度與韋伯過從頗多的熊彼特在他那本專門討論資本主義、社會主義與民主的

---

❻❸　《民族國家與經濟政策》，第83頁。

❻❹　《社會學主要思潮》，第690頁。

著作中就強調，民主是一種程序。所以，民主並不是指，也不可能指，按照「人民」和「統治」這二個詞的明顯意義說的人民確實在那裏統治的意思。民主不過是指人民有機會接受或拒絕要來統治他們的人的意思。為了防止想要統治的人以不民主的方式來決定這件事情，所以他們之間必須進行自由競爭。在這個意義上，民主就是政治家的統治❻。這種精英統治的觀點在今天既不會為人全盤接受，但人們也無法徹底反駁它。在間接民主的基礎上建立起來的只能是精英統治，儘管其形式會有各色變種。韋伯的民主觀點在德國第一次總統選舉之後，發生了重大的轉變，但精英統治的見解依然未變。

　　盧卡奇這位曾經深受韋伯影響的馬克思主義者為我們提供了考察韋伯民主觀念的另外一個視點。他說，韋伯的社會概念包含著深刻的矛盾：一方面，他肯定有必要發展德國民主（當然是為更加強有力的德國帝國主義服務的），　以對抗普魯士容克地主反動派，另一方面，他又批判現代民主和一般的資本主義文化，從而對它們深深地抱有悲觀主義。因此他對社會發展前景的預斷有自相矛盾的說法。我們已經知道他有民主帝制的反動烏托邦思想。除此而外，他在第一次世界大戰德國失敗以後，還明確地持有下列看法：德國實現帝國主義的可能性在未來很長一段時間裏是破滅了，德國民族只好對它的處境逆來順受，而在這種情況下民主好像是這種逆來順受的政治形式，同時也是對抗革命工人運動的最有效的武器❻。盧卡奇的批判沒有將認識的因素考慮在內，只是突出了階級對立對韋伯民主觀的意義，所以得出有偏頗的深刻見解。

　　隨著韋伯學說意義在現代社會得到越來越深入和全面的闡發，

❻　　《資本主義、社會主義和民主主義》，第337、355頁。

❻　　盧卡奇：《理性的毀滅》（王玖興等譯），山東人民出版社，第557頁。

韋伯的政治態度也越來越受到同情的理解，以至更多地得到正面的
評價。施路希特爾繪就的韋伯政治態度的一幅肖像就頗具這樣的色
彩：「租金對利潤的優先性，辦公室對政治競爭的優先性，價值等
級體系對價值衝突的優先性，服從對自我決定的優先性，總而言之，
秩序對自由的優先性──這些刻劃了韋伯眼中的帝制德國的結構模
式。他以利潤、政治競爭、價值衝突和自我決定──總而言之，以
自由主義(liberally)結構的，或者更準確地說，以自由(freely)結構的
資本主義來反對帝制德國的威權主義。他始終在政治上作為一個自
由主義者，然而在理論上作為一個敏銳而有遠見的結構歷史學家，
亦即精通歷時的與共時的比較的歷史學家，為這種『秩序』的德國
利益爭論。」**❻❼**

　　韋伯的確是一位自由主義者，但是自由主義確實可以以各種方
式存在和表現出來，而且也依賴不同的價值根據。雅斯貝爾斯認為，
韋伯從事什麼事情都保持清醒的自覺：在神的面前，世上一切都形
同虛無，但是做為一個人，我們有責任去探索生命的意義，並且踏
實地完成我們的任務。若非如此，我們的生命就毫無意義可言了**❻❽**。
這樣一種心態造成了韋伯所說的精神的緊張對立，而後者在韋伯看
來源於非理性的宗教信念。但雅斯貝爾斯說，韋伯不是基督教徒**❻❾**。
他是現代社會的先知嗎？韋伯意義上的先知應當以其神力的思想和
行為帶領人們走出傳統的束縛，而韋伯僅僅告訴人們現代社會將會

---

❻❼　Schluchter, Wolfgang: *Rationalism, Religion, and Domination──A Weberian Perspective*, tr. by Neil Solomon, University of California Press, 1989年，第314頁。

❻❽　《論韋伯》，第13頁。

❻❾　《論韋伯》，第14頁。

趨於一種怎樣的機械、麻木不仁和凝固的狀態，而我們今天正深刻地感受到在這種狀態面前我們是多麼的無力。但是，韋伯自己也不知道出路何在！

　　雅斯貝爾斯曾感嘆韋伯錯失了領導德國的機會，因為韋伯對實際政治情勢具有十分準確的判斷。然而就這一點還是韋伯有自知之明：政客必須時刻具有自信，而他無法信賴自己，覺得「我會犯錯」──韋伯始終以科學的態度，即以理智主義對待世界，所以他所秉持的遠大政治眼光，便缺乏得以馳騁政治疆場的載具：政客必須妥協，而科學無法妥協；群眾需要鼓動，而他無法把一件事情說到絕對的地步。所以，韋伯沒有追隨者❼。韋伯至今仍然沒有追隨者，因為科學與學術面向理智和事實本身；韋伯建立的是學說而不是教義，樹立的是一個範式而不是榜樣。

---

❼　《論韋伯》，第43–7頁。

# 韋伯年表

**1862年**

俾斯麥出任普魯斯王國首相。

**1863年**

費迪南德‧拉薩爾創建泛德意志工人協會。

**1864年**

4月21日韋伯出生於埃爾富特，是馬克斯‧韋伯和海倫‧韋伯（娘家姓法倫斯泰因）的長子。

**1866年**

患腦膜炎。

**1867年**

《資本論》第一卷出版。

**1868年**

弟阿爾弗雷德出世。

**1869年**

全家從埃爾富特遷往柏林。

**1870年**

普法戰爭。

**1871年**

德國統一暨德意志第二帝國建立。

1882年

進海德堡大學學習法律。

1883年

開始在斯特拉斯堡服兵役。

1884年

轉到柏林大學學習法律。

1885年

轉到哥廷根大學學習；《資本論》第二卷出版。

1886年

通過法律考試，獲得見習律師資格。

1888年

參加社會政策學會。

1889年

以博士論文《中世紀商業公司史》獲得博士學位；第二國際成立；希特勒出生。

1890年

受社會政策協會之派遣，前往東普魯士調查農業工人情況；俾斯麥下野。

1891年

完成就職論文《羅馬土地史及其對於公法和私法的意義》，獲得教授羅馬法、日爾曼法和商法的資格。

1892年

春季學期起在柏林大學講授法律課程，發表《易北河以東德國農業工人狀況》(1892)

1893年

　　與瑪麗安妮結婚。

1894年

　　就任上一年就接受的弗賴堡大學國民經濟學與財政學教授職位;《資本論》第三卷出版。

1895年

　　5月在弗賴堡大學發表《民族國家與國民經濟政策》的講演,在德國引起不小反響。

1896年

　　就任海德堡大學政治學教授。

1897年

　　7月與父親激烈爭吵,老馬克斯·韋伯不久去世。

1898年

　　精神開始崩潰,隨後幾年深受此疾劇之苦,不能正常工作,到各地旅行休養。

1901年

　　在意大利南部旅行,期間曾在修道院中從事宗教研究,此為新教研究的發軔。

1902年

　　桑巴特《現代資本主義》出版。

1903年

　　第三次辭呈為海德堡大學接受,成為退休教授,夏天,完成《羅雪爾和克尼斯與歷史的國民經濟學的邏輯問題》的第一部分,發表在《施其勒年鑑》上;開始著手准備和撰寫《新教倫理和資本主義精神》。

1904年

　　年初完成《社會科學和社會政策認識中的客觀性》，完成《新
　　教倫理和資本主義精神》第一部分，發表在《社會科學與社會
　　政策文獻》的秋季號上面，仲夏受原先同事而當時在哈佛任教
　　的明斯特堡教授之邀，與夫人一起赴美國聖路易參加國際會
　　議，同時參觀訪問紐約、芝加哥、費城、波士頓、巴爾的摩和
　　華盛頓等地，接手主持《社會科學與社會政策文獻》。

1905年

　　從俄國流亡者學習俄語，研究俄國革命。

1906年

　　參加社會民主黨大會。

1907年

　　瑪麗安妮出版第一部著作《法律發展中的妻子與母親》。

1909年

　　接受主編《社會經濟學大綱》的工作。

1910年

　　德國社會學會成立。

1914年

　　第一次世界大戰爆發，被任命為後勤部隊軍事醫院委員會的軍
　　紀官，負責短期之內在海德堡建立起一批後勤醫院。

1915年

　　軍事醫院委員會解散，回到《世界宗教的經濟倫理》研究上來
　　並開始在《社會科學與社會政策文獻》上發表部分成果，9月
　　發表《導論》和關於中國宗教研究的第一章，11月發表了這個
　　研究的結論和《世界宗教的經濟倫理》的〈中間考察〉；幼弟

卡爾戰死。

1916年

發表反對限止潛艇戰等戰時論文，發表《世界宗教的經濟倫理》的〈印度教與佛教〉部分。

1917年

發表《社會科學和經濟科學價值無涉的意義》、《世界宗教的經濟倫理》的〈印度教與佛教〉部分和〈古代猶太教〉；俄國十月革命。

1918年

5月發表《德國新秩序下的議會與政府》，發表《世界宗教的經濟倫理》的〈古代猶太教〉（續），任維也納大學試任教授並講授經濟學，參與創立德國民主黨，參與締結布列斯特和約；第一次世界大戰結束。

1919年

1、2月間在慕尼黑發表〈作為職業的學術〉和〈作為職業的政治〉兩個演講；6月就任慕尼黑大學教授，講授社會學，作為德國代表團成員參與凡爾賽和約談判，選入德國民主黨執行委員會，發表《世界宗教的經濟倫理》的〈古代猶太教〉（續）；母親海倫去世；瑪麗安妮當選為德國婦女聯合會主席。

1920年

將《新教倫理和資本主義精神》和《世界宗教的經濟倫理》編訂為《宗教社會學論文集》，修訂《經濟與社會》第一部分；6月14日因急性肺炎去世。

1921年

《經濟與社會》由瑪麗安妮編輯出版。

# 參考文獻

## 韋伯著作・西文

1. *Gesammelte Aufsätze zur Religionsoziologie*, Ⅰ, Ⅱ, Ⅲ, J. C. B. Mohr (Paul Siebeck) Tübingen, 1988（引稱《宗教社會學論文集》第一卷，第二卷，第三卷）。

2. *Gesammelte Aufsätze zur Sozial-und Wirtschaftsgeschichte*, J. C. B. Mohr (Paul Siebeck) Tübingen, 1988（引稱《社會經濟史論文集》）。

3. *Gesammelte Aufsätze zur Wissenschaftslehre*, J. C. B. Mohr (Paul Siebeck) Tübingen, 1988（引稱《科學論文集》）。

4. *Wirtschaftsgeschichte*, aus den nachgelassenen Vorlesungen herausgegeben von Prof. S. Hellmann und Dr. M. Palyi, Dritte, durchgesehene und ergänzte Auflage besorgt von Dr. Johs. F. Winckelmann, Duncker & Humblot/Berlin 1958（《經濟史——社會經濟通史綱要》，引稱《經濟史》）

5. *Gesammelte Politische Schriftern* J.C.B.Mohr (Paul Siebeck) Tübingen, 1988（引稱《政治論文集》）。

6. *Economy And Society*, Ⅰ and Ⅱ, edited by Guenther Roth and Claus Wittich, University of California Press, 1978.

# 韋伯著作・中文

1.《經濟與社會》，上下卷，林榮遠譯，商務印書館，1998年。
2.《儒教與道教》，王容芬譯，商務印書館，1995年。
3.《儒教與道教》，洪天富譯，江蘇人民出版社，1997年。
4.《新教倫理和資本主義精神》，于曉等譯，三聯書店，1987年。
5.《文明的歷史腳步——韋伯文集》，黃憲起等譯，上海三聯書店，1988年。
6.《民族國家與經濟政策》， 甘陽編選，三聯書店，牛津大學出版社，1997年。

# 韋伯研究文獻・西文

1. Weber, Marianne: *Max Weber—A Biography*（引稱《韋伯傳》），with a new introduction by Guenther Roth, translated and edited by Harry Zohn, New Brunswick (USA) and Oxford (UK): Transaction Books, 1988.
2. Tribe, Keith (ed.): *Reading Weber*, London and New York: Routledge, 1989.
3. Schutz, Alfred: *The Phenomenology of the Social World*, Chicago, Northwestern University Press, 1976.
4. Schluchter, Wolfgang: *The Rise of Western Rationalism—Max*

*Weber's Developmental History*, translated by Guenther Roth, Berkeley: University of California Press, 1981.

5. Schluchter, Wolfgang: *Paradoxes of Modernity—Culture and Conduct in the Theory of Max Weber*, translated by Neil Solomon, Stanford, California: Stanford University Press, 1996.

6. Schluchter, Wolfgang: *Rationalism, Religion, and Domination— A Weberian Perspective*, tr. by Neil Solomon, University of California Press, 1989.

7. Burger, Thomas: *Max Weber's Theory of Concept Formation*, Durham: Duke University 1987.

# 韋伯研究文獻・中文

1.雅斯貝爾斯:《論韋伯》,桂冠圖書股份有限公司,1992年。

2.高承恕:《理性化與資本主義——韋伯與韋伯之外》,聯經出版事業公司,臺北,1988年。

3.比瑟姆:《馬克斯・韋伯與現代政治理論》,徐鴻賓等譯,浙江人民出版社,1989年。

4.盧卡奇:《理性的毀滅》,王玖興等譯,山東人民出版社,1988年。

5.金子榮一:《韋伯的比較社會學》,李永熾譯,水牛出版社,臺北,1977年。

6.顧忠華:《韋伯學說新探》,臺北唐山出版社,1992年。

7.蘇國勛:《理性化及其限制》,上海人民出版社,1988年。

8.菲根:《馬克斯・韋伯》,王容芬譯,三聯書店,1988年。

9.陳介玄等:《韋伯論西方社會的合理化》,巨流圖書公司,1989年。

10.翟本瑞等：《社會實體與方法——韋伯社會學方法論》，1989年。

# 其他研究文獻・西文

1. Braudel, Fernand: *On History*, tr. by Sarah Matthews, London: Weidenfelf and Nicolson, 1980.

2. Richman, H. P. (ed. & intro.), *Meaning in History—W. Dilthey's Thoughts on History and Society*, London, 1961.

# 其他研究文獻・中文

1.魏特夫，卡爾・A:《東方專制主義》，中國社會科學出版社，1989年。

2.阿隆，雷蒙:《社會學主要思潮》，葛智強等譯，上海譯文出版社，1988年。

3.布迪，D和莫里斯，C:《中華帝國的法律》，朱勇譯，江蘇人民出版社，1998年。

4.科恩:《十九世紀至二十世紀初資產階級社會學史》，上海譯文出版社，1982年。

5.李約瑟:《中國科學技術史》第二卷《科學思想史》，科學出版社，上海古籍出版社，1990年。

6.李凱爾特:《文化科學和自然科學》，涂紀亮譯，商務印書館，1986年。

7.周枏:《羅馬法原論》上下冊，商務印書館，1996年。

8.余英時:《士與中國文化》，上海人民出版社，1987年。

# 索 引

## 人名索引

## 九　劃

## 十　劃

## 十一劃

## 十二劃

## 十四劃

## 十五劃

## 十六劃

# 術語索引

## 四　劃

## 五 劃

## 六 劃

## 九　劃

## 十　　劃

### 十二劃

300

## 十三劃

**十四劃**

## 十五劃

## 十六劃

### 十七劃

### 十八劃

### 十九劃

# 世界哲學家叢書（一）

| 書　　　　　名 | 作　　　者 | 出　版　狀　況 |
|---|---|---|
| 孔　　　　　　子 | 韋　政　通 | 已　　出　　版 |
| 孟　　　　　　子 | 黃　俊　傑 | 已　　出　　版 |
| 荀　　　　　　子 | 趙　士　林 | 排　　印　　中 |
| 老　　　　　　子 | 劉　笑　敢 | 已　　出　　版 |
| 莊　　　　　　子 | 吳　光　明 | 已　　出　　版 |
| 墨　　　　　　子 | 王　讚　源 | 已　　出　　版 |
| 韓　　　　　　非 | 李　甦　平 | 已　　出　　版 |
| 淮　　南　　子 | 李　　　增 | 已　　出　　版 |
| 董　　仲　　舒 | 韋　政　通 | 已　　出　　版 |
| 揚　　　　　　雄 | 陳　福　濱 | 已　　出　　版 |
| 王　　　　　　充 | 林　麗　雪 | 已　　出　　版 |
| 王　　　　　　弼 | 林　麗　真 | 已　　出　　版 |
| 郭　　　　　　象 | 湯　一　介 | 排　　印　　中 |
| 阮　　　　　　籍 | 辛　　　旗 | 已　　出　　版 |
| 劉　　　　　　勰 | 劉　綱　紀 | 已　　出　　版 |
| 周　　敦　　頤 | 陳　郁　夫 | 已　　出　　版 |
| 張　　　　　　載 | 黃　秀　璣 | 已　　出　　版 |
| 李　　　　　　覯 | 謝　善　元 | 已　　出　　版 |
| 楊　　　　　　簡 | 鄭　曉　江貴<br>李　承 | 已　　出　　版 |
| 王　　安　　石 | 王　明　蓀 | 已　　出　　版 |
| 程顥、程頤 | 李　日　章 | 已　　出　　版 |
| 胡　　　　　　宏 | 王　立　新 | 已　　出　　版 |
| 朱　　　　　　熹 | 陳　榮　捷 | 已　　出　　版 |
| 陸　　象　　山 | 曾　春　海 | 已　　出　　版 |
| 王　　廷　　相 | 葛　榮　晉 | 已　　出　　版 |

# 世界哲學家叢書 (二)

| 書　　　　　名 | 作　　者 | 出　版　狀　況 |
|---|---|---|
| 王　　陽　　明 | 秦　家　懿 | 已　　出　　版 |
| 方　　以　　智 | 劉　君　燦 | 已　　出　　版 |
| 朱　　舜　　水 | 李　甦　平 | 已　　出　　版 |
| 戴　　　　　震 | 張　立　文 | 已　　出　　版 |
| 竺　　道　　生 | 陳　沛　然 | 已　　出　　版 |
| 慧　　　　　遠 | 區　結　成 | 已　　出　　版 |
| 僧　　　　　肇 | 李　潤　生 | 已　　出　　版 |
| 吉　　　　　藏 | 楊　惠　南 | 已　　出　　版 |
| 法　　　　　藏 | 方　立　天 | 已　　出　　版 |
| 惠　　　　　能 | 楊　惠　南 | 已　　出　　版 |
| 宗　　　　　密 | 冉　雲　華 | 已　　出　　版 |
| 永　明　延　壽 | 冉　雲　華 | 排　　印　　中 |
| 湛　　　　　然 | 賴　永　海 | 已　　出　　版 |
| 知　　　　　禮 | 釋　慧　岳 | 已　　出　　版 |
| 嚴　　　　　復 | 王　中　江 | 已　　出　　版 |
| 康　　有　　為 | 汪　榮　祖 | 已　　出　　版 |
| 章　　太　　炎 | 姜　義　華 | 已　　出　　版 |
| 熊　　十　　力 | 景　海　峰 | 已　　出　　版 |
| 梁　　漱　　溟 | 王　宗　昱 | 已　　出　　版 |
| 殷　　海　　光 | 章　　　清 | 已　　出　　版 |
| 金　　岳　　霖 | 胡　　　軍 | 已　　出　　版 |
| 張　　東　　蓀 | 張　耀　南 | 已　　出　　版 |
| 馮　　友　　蘭 | 殷　　　鼎 | 已　　出　　版 |
| 湯　　用　　彤 | 孫　尚　揚 | 已　　出　　版 |
| 賀　　　　　麟 | 張　學　智 | 已　　出　　版 |

# 世界哲學家叢書（三）

| 書　　　　名 | 作　者 | 出　版　狀　況 |
|---|---|---|
| 商　羯　羅 | 江　亦　麗 | 已　出　版 |
| 辨　喜 | 馬　小　鶴 | 已　出　版 |
| 泰　戈　爾 | 宮　靜 | 已　出　版 |
| 奧羅賓多・高士 | 朱　明　忠 | 已　出　版 |
| 甘　地 | 馬　小　鶴 | 已　出　版 |
| 尼　赫　魯 | 朱　明　忠 | 排　印　中 |
| 拉達克里希南 | 宮　靜 | 已　出　版 |
| 李　栗　谷 | 宋　錫　球 | 已　出　版 |
| 道　元 | 傅　偉　勳 | 已　出　版 |
| 山　鹿　素　行 | 劉　梅　琴 | 已　出　版 |
| 山　崎　闇　齋 | 岡　田　武　彥 | 已　出　版 |
| 三　宅　尚　齋 | 海老田輝巳 | 已　出　版 |
| 貝　原　益　軒 | 岡　田　武　彥 | 已　出　版 |
| 石　田　梅　岩 | 李　甦　平 | 已　出　版 |
| 楠　本　端　山 | 岡　田　武　彥 | 已　出　版 |
| 吉　田　松　陰 | 山　口　宗　之 | 已　出　版 |
| 中　江　兆　民 | 畢　小　輝 | 排　印　中 |
| 柏　拉　圖 | 傅　佩　榮 | 已　出　版 |
| 亞　里　斯　多　德 | 曾　仰　如 | 已　出　版 |
| 伊　壁　鳩　魯 | 楊　適 | 已　出　版 |
| 柏　羅　丁 | 趙　敦　華 | 已　出　版 |
| 伊本・赫勒敦 | 馬　小　鶴 | 已　出　版 |
| 尼古拉・庫薩 | 李　秋　零 | 已　出　版 |
| 笛　卡　兒 | 孫　振　青 | 已　出　版 |
| 斯　賓　諾　莎 | 洪　漢　鼎 | 已　出　版 |

# 世界哲學家叢書（四）

| 書　　　　　名 | 作　者 | 出　版　狀　況 |
|---|---|---|
| 萊　布　尼　茨 | 陳　修　齋 | 已　　出　　版 |
| 托馬斯・霍布斯 | 余　麗　嫦 | 已　　出　　版 |
| 洛　　　　　克 | 謝　啓　武 | 已　　出　　版 |
| 巴　　克　　萊 | 蔡　信　安 | 已　　出　　版 |
| 休　　　　　謨 | 李　瑞　全 | 已　　出　　版 |
| 托馬斯・銳德 | 倪　培　民 | 已　　出　　版 |
| 伏　　爾　　泰 | 李　鳳　鳴 | 已　　出　　版 |
| 孟　德　斯　鳩 | 侯　鴻　勳 | 已　　出　　版 |
| 施　萊　爾　馬　赫 | 鄧　安　慶 | 排　　印　　中 |
| 費　　希　　特 | 洪　漢　鼎 | 已　　出　　版 |
| 謝　　　　　林 | 鄧　安　慶 | 已　　出　　版 |
| 叔　　本　　華 | 鄧　安　慶 | 已　　出　　版 |
| 祁　　克　　果 | 陳　俊　輝 | 已　　出　　版 |
| 彭　　加　　勒 | 李　醒　民 | 已　　出　　版 |
| 馬　　　　　赫 | 李　醒　民 | 已　　出　　版 |
| 迪　　　　　昂 | 李　醒　民 | 已　　出　　版 |
| 恩　　格　　斯 | 李　步　樓 | 已　　出　　版 |
| 馬　　克　　思 | 洪　鎌　德 | 已　　出　　版 |
| 約　翰　彌　爾 | 張　明　貴 | 已　　出　　版 |
| 狄　　爾　　泰 | 張　旺　山 | 已　　出　　版 |
| 弗　洛　伊　德 | 陳　小　文 | 已　　出　　版 |
| 史　賓　格　勒 | 商　戈　令 | 已　　出　　版 |
| 韋　　　　　伯 | 韓　水　法 | 已　　出　　版 |
| 雅　斯　培 | 黃　藿 | 已　　出　　版 |
| 胡　塞　爾 | 蔡　美　麗 | 已　　出　　版 |

# 世界哲學家叢書（五）

| 書　　　　　名 | 作　　者 | 出　版　狀　況 |
|---|---|---|
| 馬克斯・謝勒 | 江日新 | 已　出　版 |
| 海　德　格 | 項退結 | 已　出　版 |
| 高　達　美 | 嚴　平 | 已　出　版 |
| 哈伯馬斯 | 李英明 | 已　出　版 |
| 榮　　　格 | 劉耀中 | 已　出　版 |
| 皮　亞　傑 | 杜麗燕 | 已　出　版 |
| 索洛維約夫 | 徐鳳林 | 已　出　版 |
| 費奧多洛夫 | 徐鳳林 | 已　出　版 |
| 別爾嘉耶夫 | 雷永生 | 已　出　版 |
| 馬　賽　爾 | 陸達誠 | 已　出　版 |
| 布拉德雷 | 張家龍 | 已　出　版 |
| 懷特海 | 陳奎德 | 已　出　版 |
| 愛因斯坦 | 李醒民 | 已　出　版 |
| 皮爾遜 | 李醒民 | 已　出　版 |
| 玻　　　爾 | 戈　革 | 已　出　版 |
| 弗雷格 | 王　路 | 已　出　版 |
| 石里克 | 韓林合 | 已　出　版 |
| 維根斯坦 | 范光棣 | 已　出　版 |
| 艾耶爾 | 張家龍 | 已　出　版 |
| 奧斯丁 | 劉福增 | 已　出　版 |
| 史陶生 | 謝仲明 | 排　印　中 |
| 馮・賴特 | 陳　波 | 已　出　版 |
| 赫　　　爾 | 孫偉平 | 排　印　中 |
| 愛默生 | 陳　波 | 排　印　中 |
| 魯一士 | 黃秀璣 | 已　出　版 |

# 世界哲學家叢書（六）

| 書　　　　　名 | 作　　者 | 出　版　狀　況 |
|---|---|---|
| 詹　　姆　　士 | 朱　建　民 | 已　　出　　版 |
| 蒯　　　　　因 | 陳　　波 | 已　　出　　版 |
| 庫　　　　　恩 | 吳　以　義 | 已　　出　　版 |
| 史　蒂　文　森 | 孫　偉　平 | 已　　出　　版 |
| 洛　　爾　　斯 | 石　元　康 | 已　　出　　版 |
| 喬　姆　斯　基 | 韓　林　合 | 已　　出　　版 |
| 馬　克　弗　森 | 許　國　賢 | 已　　出　　版 |
| 尼　　布　　爾 | 卓　新　平 | 已　　出　　版 |